猴面包树

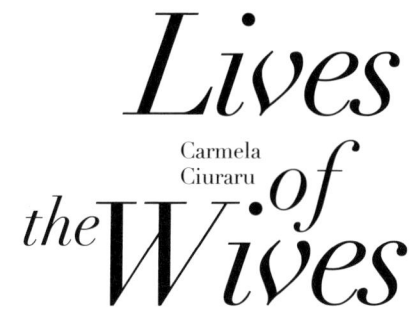

# 作家背后的妻子们

[美]
卡梅拉·丘拉鲁
著

王思宁
译

上海文艺出版社

图书在版编目（CIP）数据

作家背后的妻子们 / （美）卡梅拉·丘拉鲁著；王思宁译. -- 上海：上海文艺出版社，2024. -- ISBN 978-7-5321-9017-1

Ⅰ．K811

中国国家版本馆CIP数据核字第2024L1U591号

copyright © 2023 by Carmela Ciuraru

著作权合同登记图字：09-2024-0155

发 行 人：毕　胜
总 策 划：李　娟
执行策划：邓佩佩
责任编辑：肖海鸥　叶梦瑶
装帧设计：熊　琼

书　　名：作家背后的妻子们
作　　者：[美]卡梅拉·丘拉鲁
译　　者：王思宁
出　　版：上海世纪出版集团　上海文艺出版社
地　　址：上海市闵行区号景路159弄A座2楼 201101
发　　行：上海文艺出版社发行中心
　　　　　上海市闵行区号景路159弄A座2楼206室 201101　www.ewen.co
印　　刷：苏州市越洋印刷有限公司
开　　本：1240×890　1/32
印　　张：11.375
插　　页：3
字　　数：239,000
印　　次：2024年7月第1版　2024年7月第1次印刷
I S B N：978-7-5321-9017-1/K.487
定　　价：68.00元
告 读 者：如发现本书有质量问题请与印刷厂质量科联系　T:0512-68180628

# CONTENTS

## 目　录

前言：妻子该做什么　　7

1　乌娜·乔布里琪和瑞克里芙·霍尔　　30

2　艾尔莎·莫兰黛和阿尔贝托·莫拉维亚　　90

3　依琳·邓蒂和肯尼斯·泰南　　156

4　伊丽莎白·简·霍华德和金斯利·艾米斯　　224

5　帕德里夏·尼尔和罗尔德·达尔　　268

致谢　　350

参考书目　　352

中英文对照表　　358

# Introduction
### 前言

## 妻子该做什么

"凡是有钱的单身男性,肯定想娶位太太,这已经成了一个举世公认的真理。"简·奥斯丁在《傲慢与偏见》一书中写出这样的名句。两百年后,玛格丽特·阿特伍德从另一个角度巧妙地回应:"曾经渴望他,得到了他。坏了。"做妻子的问题就是做妻子本身。有史以来,婚姻的基本功能就是将女人作为财产绑定在男人身上,保护血脉,保证后代的血统纯正。女人的存在就是为了服务男人,不论从哪个角度讲都是如此,事实也是如此。"对年轻人来说,妻子是情妇;对中年人来说,妻子是陪伴;对老年人来说,妻子是护士。"弗朗西斯·培根于1597年写道。女性困境的根本可以追溯到亚当与夏娃的神话,在这个故事中,女性的自主意识成了对天堂存在的威胁。夏娃的诞生便是用亚当的肋骨做成的——女人来自男人——这构建了一个概念:女人的存在完全依托于一个占主导地位的男性,也只能靠他来认证。在《创世记》中,上帝命令夏娃:"我要大大增加你怀胎的痛苦,你会在痛苦中生产儿女;你要恋慕你的丈夫,他却要管辖你。"夏娃可能在想:"杀了我吧,上帝。"但是这个模式已经生成。

曾经，女人都听过这样的说法：有一天，她们的王子会来临。做一个妻子是一种荣耀徽章，不论婚姻有多么凄惨。另一个选项——成为单身老女人——却是更加糟糕的。做妻子就是被献祭，做一份不动产、一个厨子、一个管家、一个保姆，还要兼任其他职责。女人发誓服务、顺从，从法律意义上来讲，她就不存在了，而丈夫所被要求的就很少。有句箴言："得着贤妻的是得着好处。"婚姻的发明是给男人的礼物，也是一种家庭之间战略结盟的手段。据说，社会稳定要靠婚姻。当婚姻关系不如男人所愿的时候，他可以为了满足自己做任何他认为必须做的事，谋杀除外。如果他打自己的妻子，法律会维护他的权威。他也有权要求性，即使是无爱的、强迫的。（在美国，1993年以前，婚内强奸在全部50个州都不是犯罪。）13世纪，英国法学家及宗教领袖亨利·德·布莱克顿，埃克塞特大教堂名誉主席，宣称一对已婚夫妇就是一个人，那个人是丈夫。1863年，露西·吉尔莫·布雷肯里奇，一个弗吉尼亚州的19岁女孩——在战争中写日记以排解寂寞——私下里抱怨说，她永远都无法学会爱一个男人："哦，我可真想娶个妻子啊！"

妻子的历史主要是关于沉默、坚韧、忍让的，数不尽的女人被妖魔化、边缘化、歪曲报道、捂嘴。当她们被困在糟糕的婚姻中，她们的丈夫却可以去外面找更多、更好的女性。妻子们必须为了大局埋葬自己的欲望、希望、遗憾，粉饰太平——同时还得做好一个贤内助。

当丈夫走上歪路，妻子又多了一份责任——改造他。在一本记录婚姻历史的书中，"妻子和酗酒"是其中一个章节的题目，这一点也不让人惊讶。

当代的婚姻在理想状况下应该是平等的，给双方性满足，是双向支持的联盟，由爱和友谊构成。可是对于很多情侣来说，不论是不是异性恋，这种完美的婚姻几乎看不到。现代婚姻是一系列的妥协，夫妻双方不断地在工作、看孩子、家务、金钱相关的争吵、积攒的牢骚、发酵的敌意、亲密关系之间挣扎。（对于社会经济地位低的人，这些负担极为沉重。）也许，这解释了为什么婚姻的"经营"是永恒的话题，两个人在一起生活了很长时间之后，产生乏味感不足为奇。"阿诺德·贝内特说婚姻的荣誉藏在'日常'之中，"弗吉尼亚·伍尔夫在1926年的日记中写道，"一段恋情中所有的敏锐都会被这些所磨灭。"

再加上名气、男性优势、不择手段的野心、自恋、厌女、不忠、酗酒，还有一两种情绪障碍，你将不难理解为什么这么多著名作家的婚姻如此风雨飘摇、短命，互相折磨。既然这些出色的文学作品都是他们婚姻的产物，"婚姻失败"的意义如何解读就有些难以界定了。典型的规则在这里并不适用。（对妻子来说，"过上幸福生活"通常意味着"离婚后过上幸福生活"。）可是，结束并不总能提供通往救赎的康庄大道，即使在妻子才是著名作家的时候也是如此。在2013年的一次采访中，普利策奖获奖诗人莎朗·奥兹被问到她在毁灭性的离婚之后是否重新塑造了自己的形象。她说："我当时已经55岁了，我不知道该怎么做全新的自己。我能做的只有坚持。"

在传统的文学婚姻中，妻子所面对的前景相当惨淡。她必须满足那个所谓的"大作家"的超常需求，她自己的工作永远没时间做。文学作家的妻子是独一无二的一群人，她们需要一种独特的刚毅，没有什么手册可以给她们指导。"早晚，这些伟人都会露出相似的真面目。"维克特·索顿·普里切特曾哀叹道，"他们从不停止工作。他们从不会失去一分钟时间。这很让人压抑。"更压抑的是他们的妻子。"我真不知道她是怎么做到的"这句话通常是用来评价妻子和母亲的，她们总是有服务他人的超自然天赋，但我们不大可能听到有人这样说她们的作家丈夫。我们太清楚他们是怎么做到的了。

他们的自我有一个小国家那么大，文学雄狮在纸上很强大，在日常生活中却成了无助的小猫咪——什么事都依赖妻子，小到收起雨伞、接电话、舔邮票（说你呢，弗拉基米尔！）。

这些西方文学中高大、孤独的天才们——列夫·托尔斯泰、狄金斯、陀思妥耶夫斯基、海明威、弗拉基米尔·纳博科夫——没有他们的妻子，他们又是谁呢？

在历史上被赞颂的文人婚姻中，丈夫都享有盛名，而妻子则沦为脚注。是的，这个结构是简化了，在极少的情况下，妻子是艺术家，被男人服务、支持——或者，在同性关系中，被一个女人服务、支持。不过在历史中寻找后面这种情况的例子并不容易，一只手就能数完。（我能想到的有乔治·艾略特和弗吉尼亚·伍尔夫。）

不过，不论性别、性向，长久以来存在且被浪漫化的"孤独天才"的概念挥之不去，同样顽固的还有"受折磨的天才"神话。即使有时候，故事中的作家顶多算得上平庸，他们在其他方面算不上天才，但在有些方面确实算，很会让其他人——准确说，是他长期受折磨的妻子——抬举他，传递"他很伟大"这个神话。黛安·约翰逊在她出色的传记《第一任梅瑞狄斯夫人和其他不值钱的生命真实历史》中完美描述了这样的场景：

很多人描述过著名作家脖子上挂着餐巾坐在餐桌旁主持大局的场景。他很出名，所有人都记得他的话。他记得自己说过的话，毕竟他是个作家，他会在自己的日记里写下这些话。我们忘记了餐桌旁还有其他人——一个安静的人，被时光磨得模糊不清，变成一个影子。她的心跳动着，装满了爱，也许当我们的作家在自己书房里踱步时，她的心还装满了愤怒、恐惧；她的双手关节惨白，紧紧抓着围裙，她的脑海里思绪万千。或者，她离开房间时忍不住地啜泣。

人们通常把同性关系尊崇为平等关系的典范，一个人的生命并不比另一个"低"。在2014年的采访中，研究员罗伯特-杰伊·格林说，他的调查结果显示，同性伴侣"在关系中更加平等。他们在决策过程、经济、家务、育儿方面都更加平等。简单来说，不论我们调查的是哪个维度，同性伴侣的平等程度都远超异性伴侣"。人们可能会想当然地认为，一对女性伴侣中如果有一人或者两人都是作家，那么她们的家务关系将会处于完全平和的状态，像个乌托邦，能毫无阻碍地激发智慧和创作欲望。可现实要复杂得多。

"公众普遍相信，如果不是因为爱丽丝·托克拉斯，格特鲁德·斯坦因可能会继续写很多年几乎没人感兴趣读的东西。"珍妮特·马尔科姆在《两个人生：格特鲁德与爱丽丝》中写道。1907年，斯坦因在巴黎遇见托克拉斯的时候，她已经对这位天才很有了解。斯坦因需要关照和营养，托克拉斯的出现正是时候。"她将怀疑从斯坦因作为艺术家的意识中赶出去了，"马尔科姆写道，"她之后还会将那些能力不足的人从斯坦因的沙龙里赶出去。"两人同居之后，托克拉斯建立了严格的时间表。她通常早晨6点钟起床，据说这时候开始亲自打扫起居室，这样才能保证里面的东西不被摔坏。她管理家里的仆人，做每餐计划，将斯坦因的手稿打印出来，享受其中的亲密感。"我有一种格特鲁德·斯坦因专用技巧，就像演奏巴赫一样。我的手指已经适应了格特鲁德的作品。为《造就美国人》打字的时候是我非常幸福的一段时光，"托克拉斯在《那些被铭记的》中写道，"我本希望那样的日子能永远继续下去。"

她对斯坦因才华的信仰让斯坦因本人更加有信心。毋庸置疑，斯坦因是这家里的男人，托克拉斯则扮演新娘和缪斯的角色。（斯坦因经常叫托克拉斯"老婆"。）"家务劳动在两个女人之间的分配是这样的，一个大包大揽，另一个什么也不做，这是斯坦因的才华得以绽放的先决条件之一。"马尔科姆写道，暗示一个伟大的女人背后，总有一个更加伟大的女人。"做一个天才要花很多时间。"斯坦因在《每个人的自传》中写道，"你得坐在那儿，无所事事很久，真的什么也不做。"斯坦因于1946年去世，享年72岁，而托克拉斯之后一直没有恢复过来。"她维护着斯坦因的文学圣殿和私人传说，像一条狗守着主人的墓穴一样忠诚，"马尔科姆写道，"她会冲任何太过靠近墓碑的人狂哮。"

托克拉斯大概可以被描述为女同版的薇拉·纳博科夫，有史以来最伟大的作家妻子和一个名字成了文学妻子艺术代名词的人。托克拉斯像许多天才的妻子一样为了服务伴侣，放弃了自己的野心，她曾经是一个颇有前途的钢琴演奏家。托克拉斯于1967年3月7日逝世，享年89岁，她在巴黎的拉雪兹神父公墓与斯坦因同葬，永久地保护她们之间的联系。

另一个重要的女同作家奥黛丽·洛德长久"婚姻"的故事也伴随着伴侣疯狂的牺牲。1934年，奥黛丽出生于哈勒姆，父母是加勒比移民,她成了一个有影响力的黑人诗人和活动家,大胆地在她的作品中直面种族主义、性别歧视、恐同等问题,还有其他一些社会公平问题。1962年,洛德似乎遵从了传统,跟一个白人律师、她的好友艾德·罗林斯结婚。两人都是同志,都想要孩子。生下一儿一女之后,他们在1970年离婚。两年前,洛德获得一项赞助资金,并成了陶格鲁学院的驻校诗人,这是一所位于密西西比州的传统黑人大学,她在这里遇见了弗朗西丝·克莱顿,一个来自中西部的白人,她以拜访教授的身份来到陶格鲁学院。她们相爱了。克莱顿是个野心勃勃、颇有成就的学者——在布朗大学,她是她所在的部门第一个获得终身教职的女性——但她还是为了自己爱的女人放弃了她令人艳羡的工作,搬到纽约与洛德和她的两个孩子同住。放弃常春藤大学终身教职之后再找工作并不容易。在曾经的生活中,克莱顿享受着体面的教职工作,还主导着动物行为方面的突破性研究。现在她在皇后学院教授心理学概论课程。她将自己的精力注入家务劳动,为洛德打造专属书房,包揽所有烹饪和打扫工作。这段关系保证了洛德在事业方面的多产,让她得以逃避中断克莱顿事业的那些妻子的责任。

洛德在20世纪70年代名声大噪,在全世界出差、演讲,而克莱顿则留在家里照顾孩子,上课,计划转行做心理诊疗师。到了1984年,在两次跟癌症激烈斗争之后,洛德开始跟另一个女人有染,格洛丽亚·乔瑟夫,她们在1979年相遇于一个黑人女权主义者静修营。很快,洛德开始有规律地前往圣克罗伊岛，乔瑟夫在那里有一栋度假房。洛德的健康每况愈下，坚定的克莱顿继续为她的伴侣提供无条件的支持，甚至还陪她去瑞典的一家私人诊所治疗。

洛德坚定地想"让我剩余的人生尽可能充满快乐"，她在1986年的日记里这样写道，她完全搬去了圣克罗伊岛跟乔瑟夫同居。（一个医生告诉洛德，她可能还剩不到五年的寿命。）分手对克莱顿来说是毁灭性的，她为了陪伴相伴近二十年的伴侣，放弃了太多。1992年，洛德在59岁生日前几个月死于肾癌，在乔瑟夫的陪伴下长眠于圣克罗伊岛。克莱顿在2012年去世，享年85岁。

当然了，最著名的文学情侣故事都是异性情侣之间的，故事里的"伟大作家"都是白人男性。他与他的文学前辈之间有一场俄狄浦斯式战斗，他既敬仰他们，又嫉妒他们——文学评论家哈罗德·布鲁姆口中的"影响的焦虑"——伟大的作家成功的动力是无穷无尽的。他富有魅力、深受爱戴，他的作品被奉为杰作，至少在他自己的脑海里是这样的。他只忠于文学，他将自己投入文学先驱者事业的同时，也渴望家里稳定的存在。有人可以保护他不受打扰。我们对著名作家的日常生活和仪式心存幻想——他们喜欢在哪儿、什么时候、以什么方式工作，他们喜欢喝什么、抽什么来激发创作灵感，诸如此类——我们无视让这一切得以发生的妻子，是她们将她们的丈夫从日常生活的暴政中解放出来的。

"名人身上有一份沉重的父权包袱——他们生活的脚注。"伊丽莎白·哈德威克在《妻子与情人》中写道。这些脚注中也有一些被称作"女人",她们所提供的灵感激发了一些诗句,"或者为了虚构文学的转变被侵占"。哈德威克的话来自亲身经历,她给前夫的书信被改编为《海豚》,成了一件丑闻。她的前夫罗伯特·洛威尔是个患有狂躁抑郁症的诗人。她照顾、支持了洛威尔二十余年,经历他的多次崩溃,后来他抛弃了她,在1972年跟卡萝琳·布莱克伍德结婚,她是一个英裔爱尔兰贵族。两年后,他的书获得了普利策奖。("以我的个人经历来讲,"哈德威克曾写道,"没有人会让男人为他对自己妻子的残忍负责。")哈德威克把她本人这样被利用、被抛弃的女人称为"侍者",她们"写过信、收过信,被欺骗、被侵吞、被抛弃、被尊敬,或者被诽谤诋毁。但她们依然跟那些被铭记的画家、上将、首相、总统、大亨一起进入历史"。

作家的妻子们也一样。文学作家的妻子与阿里阿德涅非常相似,她在希腊神话里协助忒修斯完成了他斩杀弥诺陶洛斯的伟大任务。她给他提供了斩杀弥诺陶洛斯的工具(一把剑),还有逃跑的办法(一团能指引他走向安全的红线),确保她的爱人能归来。

她给忒修斯提建议,将红线的一端绑在迷宫的入口处,进入山洞深处的同时展开线团,在斩杀怪物之后再跟着红线回去,她就在那里等着他。

随后，忒修斯在纳克索斯岛上抛弃了她。这个神话有很多版本：其中一个版本中，阿里阿德涅上吊自尽；另一个版本则告诉我们，忒修斯让她自生自灭，她被酒神狄俄尼索斯救下，成了他的妻子。每个版本里她的结局都不好。

在作家的婚姻中，书稿是需要被斩杀的怪物。衷心的妻子给了丈夫成功完成任务所需的工具和条件，在创作通道的尽头等着迎接勇敢的天才。像阿里阿德涅一样，有时候她也会被抛弃，自生自灭。

著名作家的理想妻子是不想被提及的那种。她不会尝试掌控自己的命运，她会毫无怨言地接受她被给予的任何命运。她的野心不会被阻挠，因为她根本没有野心。"明确地做一个女人，意味着什么呢？"卡罗琳·海尔布伦在她1988年的女权主义研究《书写一个女性的人生》中写道，"意味着将一个男人放在你生活的中心，只能允许那些巩固他主要地位的事发生。"可是，妻子有时候会因为孤独、乏味、从来都没有目标感而感到疲惫。苏珊·桑塔格曾在她的日记中写道："婚姻是基于惯性原理的。"也许，被一个强大的男人爱着还不够。她叠衣服的时候、付账单的时候、给丈夫再拿一杯咖啡的时候，可能会想，她是否浪费了自己的生命。她的丈夫即使被看到不端行为，也不会有任何后果。"所有人都会说，狄金斯是有点渣，对妻子不太好。"演员拉尔夫·费因斯在2012年的采访中这样评价他所扮演的人物："但是他有丰富的创造力。"换句话说，狄金斯虽然愧对凯瑟琳，他十个孩子的母亲，待她的残忍无法原谅，但是呢，这就是生活啊，那可是个天才。

一个作家的妻子如果幸运的话，能在伴侣的作品中扮演更积极的角色，也许一开始是个读者，或者编辑。乔伊·大卫曼，一个美国离异的犹太裔单身母亲，小时候曾被誉为天才儿童，在1938年获得耶鲁青年诗人奖，可她更为人知的名号——如果有人知道她的话——是C.S.刘易斯的妻子。她皈依基督教，成了丈夫的智慧伴侣，在他写小说《裸颜》的时候，基本上成了他的协同作者。"不论我作为单人作家的才华究竟如何，"她在一封信中透露，"我真正的天分跟麦克斯·铂金斯更相像，做一个合作编辑，我做这件事的时候最快乐。"她在45岁时死于乳腺癌。

当一个妻子有野心时——或者更糟糕，她有才华——麻烦便会随之而来。在1943年，海明威的第三任妻子玛莎·盖尔霍恩在战火连天的欧洲做报道，他从古巴的家里发电报跟她抱怨："你到底是个战地记者还是我床上的妻子？"1954年夏，爱尔兰作家埃德娜·奥布莱恩在都柏林做药剂师的时候跟厄内斯特·盖布勒结婚。他比她大16岁，这是他的第二段婚姻。

他读完她的首部小说《乡村女孩》的书稿之后，告诉她："你会写作，我永远不会原谅你的。"作家之间的竞争太难承受了。奥布莱恩的书在1960年出版的时候，30岁的她成名了。（她试图做一个好妻子，用本就不多的预付金买了一台缝纫机。）"他非常生气、非常仇恨、非常受挫。"他们的大儿子卡洛后来评价他怀恨在心、控制欲强的父亲，"他感到她在文学上的成功让他很受挫。他觉得这项成就应该以某种方式归功于他，他帮助她成了一个作家。"盖布勒破坏了她的很多机会：欧布莱恩的第二部小说《孤独的女孩》于1962年出版，他拦截了伦敦一个戏剧制作人的信，这位制作人想把这部小说改编成音乐剧。他假装奥布莱恩的经纪人，一个不存在的"爱德华·克莱赛特"，回复说版权不可售——但是《爱的侦探》，厄内斯特·盖布勒的一部小说，可以授权，而且这本更好。这之后，这段婚姻很快就结束了。

对于一些文学情侣来说，双向的自负也有好处。正如琼·狄迪恩的丈夫约翰·格雷戈里·邓恩所说："如果我的伴侣不是作家，我就不能像现在这样以自我为中心了。"（狄迪恩也曾在采访中说，她和她的丈夫"极其，甚至过于依赖对方"。）有着独立思想又追求文学事业的女人经常被称为"女作家"。而男作家就只是作家。一个女作家暗示着某种猎奇、出乎意料，就像是会下棋或者会说法语的猴子。

我们要是把文学妻子比作一个虚构类别，那么它可以被形容为言情——汹涌、激情、亢奋——和反乌托邦的结合。（《牛津词典》将反乌托邦定义为"一个想象中的地方或情况，在那里，最糟糕的都已经发生"。）20世纪最著名、最悲剧的文学爱情之一开始于西尔维娅·普拉斯与泰德·休斯相遇的那晚，他是"那个高个子、深沉、壮实的男孩"，他们在1956年相遇于英国剑桥的一个派对。他吻了她，"狠狠地撞上嘴"，她咬了他的脸颊，咬出了血。"如此暴力，我可以理解为什么女人们都愿意为艺术家躺下。"她之后在日记里写道。这两个诗人4个月后就结婚了。普拉斯继续描述他们之间恋情是怎样"盛大、激烈、危险的爱"，虽然她跟他有同样的野心，她却因为对休斯的依赖而挣扎——她私下里承认"我的整个存在都完完全全跟泰德的长在了一起、缠在了一起，要是他出什么事，我不知道我该如何活下去。我要么会疯掉，要么会自杀"。她在日记里反反复复，一会儿想要讨好丈夫，一会儿渴望一个独立于他的身份。"让他快乐：做饭、玩、阅读……永远不要指责或者唠叨——让他跑、收获、撕裂——在他无情力量的短暂阳光中骄傲。"她在一篇日记里写道。但是在1958年的夏天，她坦言："我必须做自己——塑造自己，不能允许他塑造我。"1963年2月11日，休斯为了另一个女人抛弃她之后，普拉斯自尽了，她年幼的孩子们就在隔壁房间。这是一个最糟糕的但已经发生的结局。在官方的婚姻记录中，谁能做记录者和叙述者呢？《作家背后的妻子们》是一本开垦、弥补的书，为这些女人正名，她们作为著名作家的经纪人、编辑、经理、公关、校对、译者、秘书、知己、啦啦队员、守门员、管家，提供情感上、精神上，甚至还有经济上的支持。她们都是拯救者、照料者、推动者、合作者。

每一个伟大的男人背后都有一个伟大的女人，或者说，老话是这么说的。（格劳乔·马克斯曾说过这句著名的话："每一个成功的男人背后都有一个女人，她的身份是他的妻子。"）研究著名作家的生活时，是时候重新定位妻子了。我们必须把欠作家妻子的还给她们，为她们的成就和她们帮助完成的成就惊叹，反思她们本可以达成的成就。这些伟大的妻子都拥有琼恩·狄迪恩在另一个场合所描述的："一种和解的天赋，通常更多出现在女人而不是男人身上"。

《作家背后的妻子们》描写这些不平衡的关系的悖论、限制、意料之外的好处。（即使在两个人都是作家的情况下，女性也经常被遮挡，必须斗争才能获得获取自己成功的权利。）这本书讲述的是婚姻的童话状态和婚姻的噩梦状态。世界上最著名的一些作家是难以伺候的伴侣，完全寄生于他们的妻子，而妻子们提供着他们活下去所需要的支持。"如果要写薇拉，不提弗拉基米尔是很难的，"艺术家索尔·斯坦伯格曾说，"但是如果想在不提薇拉的情况下写弗拉基米尔，那是完全不可能的。"

在2014年与《纽约时报》的一次采访中，伟大的短篇小说、长篇小说作家洛丽·摩尔表示她也渴望拥有一个自己的薇拉。她谈起作为一个离异单身母亲遇到的挑战，做创意写作教授的同时还要继续自己的写作。"这很难，"她说，"我认识一些同时教学、写作，还做单亲父亲的男人，但是并不多。男人们大部分都有伟大的、忠诚的妻子，某种版本的薇拉·纳博科夫。每个作家都需要一个薇拉。"

在52年的婚姻中，除了其他责任，薇拉引导着她丈夫的事业，为他做合同谈判，帮他把手写书稿打出来，没错，还负责舔他的邮票。这是一个出名的趣事，她丈夫打算烧掉一版早期的《洛丽塔》，她阻止了他，把烧焦的纸页从火里抢救出来，告诉他："我们要留着。"薇拉不仅是个书稿拯救者，还兼任丈夫的保安，在包里放着一把手枪保护他。

许多有创意的女人都被家庭生活的重担所拖累，写作成了一种反叛行为。她们不应该做点别的吗？答案总是"是的"。也许这就是托妮·莫里森开始写她的第一部小说《最蓝的眼睛》的原因，她在霍华德大学读本科的时候开始写，直到她离婚后才写完，成为单亲母亲后，她才再次开始写作。诗人安妮·塞克斯顿曾经描述过这种困难，经营一段婚姻、做母亲，还要平衡对创造性成就的渴望，她承认自己在28岁曾精神疾病发作："我在尽最大的努力过循规蹈矩的生活，因为那就是我被教导的，也是我丈夫想要我做的。但是人不能靠建一些小栅栏挡住噩梦。"她在1974年自杀身亡。

对于很多女人来说，无限制的写作时间是不可能和幻想的结合，即使对畅销书作家来说也一样。小说家安·帕契特曾经思考过家庭生活的要求："作为一个女人，这有多累人啊，总是要做饭、换床单。"她在2016年跟《卫报》的采访中说：

"不论我有多么聪慧，有多么女权主义，我还是在做这些。我每写一本书，都会想：好吧，如果这本真的很成功，也许我就不需要再做晚餐了。"她对神圣的"每天都要写作"的建议表示怀疑。"你不觉得，这种话都是男人说的吗？"她说，"我不确定我听一个女人说过，你得每天都写作。她们要忙着做晚餐。我经常很久不写作，我也没事。"

时间似乎并没有带来进步。在1981年的采访中，丽贝卡·韦斯特被问到女人追求自己的事业是否变得容易了。"我不知道。"她说，"非常难。我一直觉得自己有太多的家务责任，没有足够的时间来写作。不然我能写得更好，写得更多。哦，男人，不论他们怎么说，他们和他们的事业之间是没有阻碍的，但我绝对有。"弗吉尼亚·伍尔夫给这种不成比例地困扰女人的困境起了个名字：房中天使。一个"无形的鬼魂"，在家庭生活和自我牺牲方面十分擅长，让女人不要去写字。"是她烦着我，浪费了我的时间，她折磨我，直到我最终将她杀死。"伍尔夫这样写道，"我直面她，抓住她的喉咙……我自卫反击了。"

并不是所有拥有自己薇拉的作家都对她们视而不见。斯蒂芬·金将自己的成功归功于他的妻子塔比莎："健康的身体和稳定的伴侣关系让我的职业生涯得以延续，我的伴侣是一个自立的女人，她不会纵容我和其他任何人在一起。"小说家诺曼·拉什也曾说起过结婚超过五十年的妻子对他的支持。他们的儿子年幼时，两人将工作日岔开规划，这样就能承担均等的育儿义务。在2013年《纽约时报》的一篇侧写中，记者怀亚特·梅森写道："艾尔莎并不是一个偷偷为阁楼上的天才端茶送水的文学伴侣，拉什称她为'在此过程中的伴侣'，他描述说，这是'向寻常宣战'。"

历史长河中，很多女人都充当了创意伙伴的角色，同时还要保证伴侣的每一个需求都得到满足，不论他们的需求有多么世俗、琐碎、荒谬。（薇拉·纳博科夫在吃饭时要帮她的丈夫切开食物。）这些女人中很多人在被贬低、折磨、虐待的时候依然保持忠诚，而她们的丈夫试图操纵、摧毁她们。英国评论家肯尼斯·泰南鼓励他的美国妻子依琳·邓迪写作，对她的才华表示赞赏——但是当她的首部小说成为畅销书时，他勃然大怒。他威胁她要离婚，警告她不许再出版下一部书。作为回应，她第二天早晨就开始写一部新的小说。无独有偶，罗尔德·达尔享受他魅力十足的电影明星妻子帕德里夏·妮尔所带来的星光，直到他开始痛恨她比他更加富有，将他埋没在星光中的事实。他的一个朋友建议她，如果她想要修复他们的婚姻，她可以继续做家里的经济顶梁柱，只要让她的丈夫控制账户就行——她必须承担所有做饭、打扫的责任。伊丽莎白·简·霍华德不得不跟金斯利·艾米斯离婚，逃离他令人窒息的需求，以投入她自己的写作事业中。在他们婚姻存续期间，霍华德欣赏丈夫的效率，认为他的纪律性是"一个无比优秀的例子"，但她也曾承认说，"我没有同样的时间去做那样的事。"她的精力被他的需求侵占，她只得将园艺作为她的主要创作出口。这三对伴侣都完美得令人羡慕，都娴熟地掌握了假装的技巧，可以藏起关上门后的那份痛苦。

意大利小说家艾尔莎·莫兰黛和阿尔贝托·莫拉维亚的婚姻从一开始就不稳定。莫兰黛与本书中的其他妻子不同，她是最不会牺牲自我、奉献他人的。但她依然是一个被著名的、多产的丈夫埋没星光的女人，她也经历了丈夫没有经历的关于创意野心的挣扎。莫兰黛像许多作家的妻子一样，也经常觉得自己的丈夫忽略她、不想要她，她的付出都被当作理所当然。她渴望丈夫的关注，但是他从来都不那么投入。

虽然这对夫妇在智力上旗鼓相当，但他们在性生活方面不和谐，从来没有相爱过。因为他们关系中无法逾越的问题使得这段婚姻几乎没有存续的可能性。不稳定的莫兰黛经常对丈夫有攻击行为——在公共场合斥责他、羞辱他，随时爆发愤怒。莫拉维亚则冷酷、漠然，情绪价值跟一块石头没什么区别——他的漠不关心和软弱只会让妻子更加愤怒。据说，她还对女人怀有敌意，一些朋友因此认为她厌女。（友谊并不能阻止她说出不经大脑的话：莫兰黛曾经邀请她的编辑——著名小说家娜塔利娅·金兹伯格出去吃晚餐，结果却告诉金兹伯格她写的新戏剧"愚蠢、白痴、甜腻、做作、虚假"。）莫兰黛的情绪非常不稳定，她有时确实恶毒、难以相处，尤其是面对她最亲近的人时。但莫拉维亚还是为她着迷，他这样描述她："她的性格里有一种极端的、令人心碎的、充满热情的品质。"他对她作品的欣赏从未褪去。莫兰黛也欣赏丈夫作为一个作家的能力，但她讨厌被人叫做"莫拉维亚太太"，拒绝跟他分享自己正在进行中的写作。他们的婚姻在二十年之后结束（两人从未正式离婚），但他们依然友好，保持联系。他们的关系给两人都带来意想不到的东西，莫兰黛在结婚期间获得了名气：她写出了她最强也最畅销的小说，获得了重大文学奖项，最终成为意大利战后最重要的作家之一。

很有趣，两个女同志，乌娜·乔布里琪和瑞克里芙·霍尔之间的关系——包括社交和政治方面——是《作家背后的妻子们》中最寻常的一对伴侣。乔布里琪扮演顺从妻子的角色，霍尔则扮演控制狂丈夫，她们并没有颠覆父权制的模板。两人都毫不掩饰地势利，怀有问题重重、令人愤慨的观点。两人都反感为女性平等权利奔走疾呼的女性组织的政治抗议。同时，霍尔和乔布里琪公开地过着"婚后"生活，随心所欲，这是她们特权和财富所带来的优势之一。乔布里琪曾经是一个早熟的孩子，立志要成为画家。她年轻时嫁给了一个比自己大25岁的海军军官。她痛恨做妻子，痛恨丈夫压抑她的创作冲动。可是当她为了霍尔离开丈夫时，乔布里琪乖乖接受了顺从的角色，没有一丝仇恨或嫉妒。她们的关系从一开始就是不对称的，劳动的事全被丢给乔布里琪。她享受作为守门员的权利——控制霍尔的日程表和与他人的沟通、管理家中工作人员，保护霍尔不受负面评价的伤害，还有其他责任。偶尔，乔布里琪会做一些翻译工作，寻找自己的兴趣，但是她作为妻子的责任总是优先的。

要是说乔布里琪生前没有得到应有的承认，那么她死后几十年在Goodreads上得到了书评人的赞赏，在理查德·奥姆罗德写的传记书评论里，读者这样写道："多迷人的一个女人啊！她似乎只想被当作瑞克里芙·霍尔的朋友铭记，但是她完全可以作为雕塑家、画家、翻译家拥有自己的事业。她有着极其慷慨的灵魂和热情、充满爱的本性……读过她的故事后，我感觉我很想认识她！"另一个读者写道："乌娜·乔布里琪真是个出色的女人！她真的应该更有名气、更被欣赏！有几次，我被瑞克里芙·霍尔气到了，决定不喜欢她了，可我又想：如果乌娜觉得她值得自己付出那么多，那她肯定值得！所以，约翰，你被原谅了！"乔布里琪和霍尔之间的"婚姻"并非没有许多心碎，只是两个女人都是对方的"北极星"。她们之间的关系持续了近三十年，直到1943年霍尔去世。失去一生挚爱之后，乔布里琪成了霍尔遗作的忠诚守护者。在本书记录的五段婚姻中，她们的关系是唯一一段得以持续的。

《作家背后的妻子们》探索了创作生活与家庭生活之间令人抓狂的紧张感在一段婚姻中是如何被化解（或者没有化解）的。这些故事充满脆弱、孤独、不忠、嫉妒、悲伤、放弃、心碎，还有原谅。这本书不只是为了审判，在我们所生活的"Me Too"时代，不挑战作家婚姻中权利的概念和沉默是不可能的。我们不需要再因为犯错的人编织美丽的句子就纵容或者忽视错误。我们必须持续审视用文学成就来掩盖禽兽行为的现象。自我吹捧的男人们一向为所欲为，因为他们可以。正如扎迪·史密斯所写："厌女的不寻常之处在于，有复杂的、智慧的上层结构长久地支持、鼓励这种行为，并非因为它是盲区或者认定它为有害的思想，恰恰相反，上层结构看得一清二楚。"

每一段婚姻都承载着自己的秘密，有着自己的节奏和共识，以及特别的妥协。（"一对情侣的私密语言可能很奇特，但对那对情侣来说是平常的，"诺曼·拉什曾这样说，"但是在外人看来奇特无比。"）婚姻本就复杂，随着时间还会发生难以捉摸的变化。每一段婚姻都是独特的。我开始写这本书的时候，惊叹于这些关系的复杂性，得知不论一段婚姻看起来有多么糟糕，双方都会从这种安排中得到好处。

选择写哪对情侣的时候，我想避开还在世的人物，因为他们的故事依然在上演。（戴安·米德尔布鲁克——最出名的作品应该是她于1991年出版的安妮·塞克斯顿传记——对她笔下已逝的人物们有着坚定的、不带感情的看法："逝者是不能被羞辱的。"）但乌娜·乔布里琪（出生于1887年）是个例外，这本书里的所有妻子都出生于20世纪的前几十年。我决定放弃那些全明星妻子，虽然她们非常吸引人，不可抗拒。这意味着泽尔达、薇拉、诺拉·巴纳克尔、索菲亚·托尔斯泰都不能入选。我还筛选掉了跟历史上最臭名昭著的厌女者有关系的一些女人：海明威的四个妻子、索尔·贝娄的五个妻子、诺曼·梅勒的六个妻子。

本书里的妻子们或多或少都有一些名气，但是透过她们婚姻的滤镜重审她们的故事时，我希望读者能以全新的视角看待她们，揭露新的角度、层次、真相。我常思考这些迷人的女人们有什么共同点，想到的词是"勇气"。

《作家背后的妻子们》中的每一个故事都探讨女人如何通过男人或者在与男人对立的角度定义自己，每一个故事都揭露创作过程的毁灭性——不光是对于作家本人来说，还包括对他们的伴侣和孩子的影响。这本书是关于金钱和名望的，以及在爱情不能将一对情侣绑定的时候，这些元素是如何做到的。它讲述的是权力和权力的磋商。如菲莉丝·罗斯在她撰写的出版于1983年的影响深远的作品《平行人生》中所论证，若每一段婚姻不是由一种叙述构成，而是两种角度——在不幸的婚姻里，有"两种版本的现实，而不是两个冲突的人"，一段婚姻如何因我们给自己讲述的故事而持续或者被伤害呢？裂缝出现时怎么办呢？把工作和生活分开的能力究竟会保护婚姻还是会破坏它呢？为什么在文学伴侣中，妻子们默认签订了秘而不宣的非竞争条款呢？为什么女人经常沦为耀眼男人传记的边缘人物——被历史无视、诽谤、捂嘴呢？当一个女人的丈夫宣称自己才是夫妻中更重要的那个时，她应该如何实现自我价值呢？如罗斯所写，如果"活着是一种创意行为"，那么在家务中娴熟地同时做几项任务、撑到极限，是否本身就是天才呢？

　　2020年秋天，我路过曼哈顿市中心的一家门店，不得不仔细看了看店的招牌，看我是不是看错了字母，读错了名。一家看起来像是武术用品店的店招牌上写着"鲍厄里婚姻艺术用品"。这样的商店要是真存在该多好啊。婚姻，至少在《作家背后的妻子们》一书中，是一种搏斗，妻子必须拥有很好的装备才能加入。

# 1

# 乌娜·乔布里琪
# 和
# 瑞克里芙·霍尔

"我只知道、只在乎,
我认识她之后,就无法再想象没有她的生活。"

那是1912年。乌娜·乔布里琪在伦敦的一个夏日派对上认识了作家瑞克里芙·霍尔，两人对对方的印象都不深刻。1915年8月1日，她们再次在一个茶话会上相遇——这一次见面改变了她们的命运。她们是二见钟情。

28岁的乌娜生活停滞不前，感到"深深的抑郁和强烈的孤独"。她看到这个风度翩翩的34岁女人，一头偏银的金发，眼神炙热，有着放荡不羁的微笑，觉得她"确实非常好看"。她的眼睛是"一种清亮的蓝灰色，形状漂亮，有一种奇异的炙热、高贵感……那神色不像是一个年轻女人的，而像是一个英俊的年轻男子的"。她的双手"不是女性的双手"，但"非常美丽"。霍尔穿着定制的白色西装，抱着一只迷你猎狐犬站在那儿。"她的外表是精心打理过的，目的就是引人注意。"乌娜表示，"她立刻吸引了我的注意。"

乌娜的丈夫是一名高等海军军官，还有一个5岁的女儿，安德利亚·锡奥多西亚，小名"小小"。霍尔总说她感到自己是一个被困在女人身体里的男人，让别人叫她"约翰"。因为一大笔遗产，约翰独立而富有，身处一段从1907年开始的恋情——"头脑、心、灵魂都沉浸在爱中"——对方是玛贝尔·巴登，比她年长20多岁，常用名为"拉蒂"：聪慧、美丽，她也处于跟男人的婚姻中，并且已经是一位祖母。拉蒂正好是乌娜的表亲，是乌娜母亲的旁系亲戚。正是拉蒂怀着爱意给她的情人取名为约翰，她有时叫她"乔纳森"。

拉蒂除了是个有地位的艺术收藏家、贵妇人，还是个业余的民歌歌手，声称爱德华七世曾是她的情人，他还给她的一个孙辈做了教父。1897年，约翰·辛格·萨金特为她作了画像，现在收藏在大都会艺术博物馆中。这幅油画的配套评价中写道，初次听过她歌唱后，萨金特"说服她为他摆造型，记录她沉浸在歌唱的愉悦状态中的样子，仰着头、张大嘴、挺着胸"。

1910年，拉蒂的丈夫乔治·巴登——印度总督秘书——去世后，拉蒂和约翰搬进了卡多根广场的一间公寓。拉蒂有着严苛的标准，曾因为一个仆人外表不端将其开除。即使在夏天，她也要带着两个热水瓶入睡，坚持每天换鲜花。约翰很喜欢拉蒂，也十分宠爱她。她把一只约克夏犬——克劳德，当做乔迁礼物送给拉蒂，不久后又领养了一只法国斗牛犬。（约翰已经有了一只柯利牧羊犬和一只鹦鹉。）那年，约翰的第三本诗集出版了，献给"乔治·巴登太太"。拉蒂骄傲地支持约翰的工作，帮忙编辑书稿，纠正约翰糟糕的拼写。一战期间，两人活跃在红十字会，参加演讲、学习急救知识、以其他方式支持战争。拉蒂有疑病症，也确实有一些小疾患，比如心脏不太好，她修改了自己的遗嘱，为约翰提供保障。她们之间的爱是永恒的。能出什么问题呢？

5年后，拉蒂年轻的表亲成了第三者，拉蒂感到这个恼人的问题可能一时半会儿解决不了。乌娜开始频繁拜访约翰：过来喝茶、留下吃午餐、留下吃晚餐，有时候甚至在家过夜，频率让人生疑，这让拉蒂很不悦。乌娜把自己的一些素描画送给约翰，作为回应，约翰大声把自己写的故事读给她听。她们之间的谈话涉及范围极广，包括艺术、书籍、宗教，还有更多。乌娜并不是没发现表亲对她越来越冷漠的态度，后来她承认说:"我对她没有什么顾虑,对任何人都是这样,把他们当6岁小孩来看。"她深陷爱河,没有撤退的机会。

追求新的伴侣让约翰很激动,她对已婚女性有种特别的兴趣。她穿着自己喜欢的量身定制的男士西装,非常英俊。她拥有近一百条领带,每天要抽几十根登喜路香烟。乌娜被约翰彻底迷住了,"浑身棱角、偏见、成见",从任何角度来说,她都让她无法拒绝。她们的关系严格来说是柏拉图式的,但这种情况不会持续太久:不出几个月,乌娜和约翰就成了情人,也并不怎么掩饰她们的外遇。

乌娜后来回忆说,直到她们相遇,约翰对拉蒂的忠诚都"像长明灯……她的爱曾经走偏过一次,没错,但那是微不足道、转瞬即逝的一个阶段,没有造成重大伤害。这都不太值得记录,拉蒂以宽容的微笑回应这件事过去了,除了约翰本人自我鞭挞,没有人觉得这次不忠有多么重要"。乌娜对背叛行为的轻易放过太能说明她对约翰不愿批判的完全衷心了。现实要更复杂、更痛苦。约翰跟一个已婚女人开展了一段完完全全的外遇,害得拉蒂陷入抑郁,还失眠了。一开始,约翰对乌娜的兴趣仅限于消遣。约翰是一个在恋情中享受,甚至要求自由的人,她直接给新情妇下了直白的警告:"我怎么知道我6个月后是不是还对你感兴趣?"乌娜并没有被吓跑,她拒绝被当成露水情缘。她的坚持最终有了回报。

乌娜生于1887年3月8日,维多利亚女王庆祝五十周年纪念的那一年,乌娜洗礼时的名字为玛格特·艾琳娜·格特鲁德·泰勒。跟她的表亲玛贝尔被叫小名"拉蒂"一样,她的家人也给她起了一个小名——"乌娜"。这是女性版的"乌诺",起源于拉丁词根"*unus*",意为"唯一"。她确实是独特的。她不仅放弃使用本名,选择听起来更有异域风情的乌娜,还给自己起了一个新的中间名——文森佐,从佛罗伦萨的亲戚那里借鉴来的。("乌娜·文森佐·泰勒"似乎很适合她,夸张、令人印象深刻。)乌娜跟她的姐姐薇欧拉关系很好,姐姐是她秘密的倾听者,也是她最好的朋友。

乌娜的父亲哈利·泰勒受过牛津大学教育,属于一个显赫的社交圈,圈子里包括爱德华·伯恩·琼斯、拉迪亚德·吉卜林——吉卜林的女儿乔瑟芬是乌娜的玩伴——但他作为人民公仆的收入十分微薄。一家人一开始住在肯辛顿,后来搬去了骑士桥。1907年,52岁的哈利因肺结核去世,就在乌娜20岁生日前,他留下一笔不小的债务,遗产却不到700英镑。乌娜的母亲米娜出身于一个爱尔兰上流社会家庭,她感到缺钱是丢脸的。

乌娜极其依赖父亲,他的死让她心碎。哈利曾保证他的女儿会在有文化氛围的家庭环境中长大,在这里,艺术是被珍视的,他还鼓励她们智力方面的发展、培养她们对书籍和音乐的热爱。(他少年时曾立志成为一个职业钢琴家,但是他父亲逼迫他参军。)因哈利的影响,孩子们一辈子都热爱动物。乌娜童年的众多宠物包括一只乌龟、一只老鼠、一只刺猬,还有一只名叫梅林的棕色猫头鹰,可以在房子里随便飞。

3岁时,乌娜的绘画技巧就已经开始展现,她画了一张出色的水彩画。乌娜7岁的时候，哈利在维多利亚和阿尔伯特博物馆为她安排了艺术课。乌娜11岁的时候，他带着女儿去看了第一场"成人"戏剧。几年后，乌娜在伦敦的英皇剧场看到了她的偶像莎拉·伯恩哈特的表演，此后又多次去看她的表演，且经常带着自己的素描本。乌娜得到跟莎拉见面的机会后，送给她几幅自己画的她，莎拉很善良地用一个吻感谢她。

在家里，乌娜和薇欧拉喜欢为家人和朋友们策划表演。（乌娜有点喜欢炫耀，并很享受来自成年人的目光。）她上舞蹈课、声乐课、钢琴课。她能流利地说法语，通常都是由保姆们照料——一开始是一个法国女人，后来是一个保加利亚家庭教师。乌娜自信又好强，人们认为她是个前途光明的神童。她认为自己命中注定要成为艺术家，一个伟大的艺术家。没有人会猜到，这个聪慧的女孩会为了一生挚爱从聚光灯下退出，甘愿成为一个配角。

乌娜喜欢尝试不分男女的装束，穿男孩的法兰绒衫和西装、漆皮牛津鞋。这让她的母亲难过，但她自己喜欢。乌娜崇拜拿破仑·波拿巴（她的头号"历史之神"，她说），沉迷于拿破仑的传记，并用他的画像装饰房间。她有一段时间喜欢法国大革命时期的衣服，曾经穿过这样一套衣服，"给人一种现实主义错觉，好像我出生在150年前，性别不详，但是自然了，肯定地位很高，跟我这个阶级其他幸运儿一起设法逃脱了断头台"。

1900年，13岁的乌娜决定完成皇家艺术学院的高难度入学考试。她的申请通过了，她成了当时这个项目最年轻的艺术生。她学习人像画，为朋友们做藏书票，创作了一系列以《简·爱》为灵感的插画，她为首席芭蕾舞者阿德琳娜·若奈创作的小雕塑被展出。到了16岁，乌娜开始通过作品赚钱，实现了部分经济独立。她最初的"客户"之一写道："等你以后出名了，我就说这个'作品'是多年前当这位艺术家还是个'默默无闻的女孩'时给我的。"

1907年，失去挚爱的父亲后，乌娜跟一个代替父亲角色的人开展了一段爱情：厄内斯特·乔布里琪，一个45岁的白发皇家海军上校，是一个鳏夫，有三个青春期的孩子。乌娜通过一个家族的朋友见过他几次。厄内斯特是英国海军出了名的"最英俊的男人"，有个绰号叫"银色国王"。在他年轻的新娘眼里，他肯定显得非常坚实、温暖，让她感到安全。他来自显赫的海军家族，未来会成为温斯顿·丘吉尔的私人秘书。她叫他"兹普"。他是个文化人，对歌剧和艺术感兴趣，爱唱歌，爱演奏班卓琴。

1908年秋天，两人在威尼斯的英国领事馆结婚。乌娜当时21岁。在结婚证上，她将"雕塑家"列为自己的"军衔或职业"。

从一开始，她就对自己的丈夫没有肉体上的欲望。（乌娜在她丈夫的身上从未感受过异性的强烈吸引力。）有一次，跟薇欧拉在意大利度假的时候，她在信中写道，她"就像男人一样"享受跳进海里，还补充说，即使海滩上有很多英俊的男人，她也不感兴趣——"这太悲哀了，不然我可能会玩得更开心。"

乌娜试图做一个好妻子，但是她的努力都是漫不经心的，也无法持续。她并没有放弃自己的艺术爱好，丈夫不支持，她的坚持让他十分不悦。他们婚姻的紧张还来自厄内斯特的孩子，他们都不喜欢她；厄内斯特的姐妹们十分宠爱他，也将乌娜拒之门外。

1909年秋天，乌娜跟厄内斯特定居伦敦，她开始每天上声乐课，去艺术博物馆、画画、做雕塑。她又开始展览作品了，在英国艺术家词典上注册为雕塑家。这些独立的活动让刻板、控制欲强的厄内斯特耿耿于怀，他认为乌娜应该更稳定地投入她的家务责任中——尤其是在1910年她成为母亲之后。乌娜差点因为宫外孕而丧命。他不介意妻子有些"爱好"，做些消磨时间的活动无伤大雅，但是严肃的才智方面的追求是不合适的。他的兴趣应该成为她的。她必须转移她的注意力。"我从未希望你做任何会从我身边离开的事。"他在一封信中对妻子严肃写道，"我更希望你不要将精力投入其他任何事。"

乌娜觉得为人母这件事她做不来。她陷入了产后抑郁，意识到即使她很想跟小小亲近，但"她整个人没有一处对我来说不是陌生的"。她的悲伤还时常伴随着头痛、失眠、焦虑、恶心。她感到自己不能融入丈夫的兴趣，更别说能够满足他在性方面的需求了。她枯燥阴郁的生活中有一些闪光点，那就是受邀去参加高端活动，比如去威斯敏斯特教堂参加乔治五世国王和玛丽女王的加冕典礼。至少，做一个重要人物的妻子还是有一些好处的。

乌娜开始求诊于一个神经紊乱方面的专家——休·克莱顿-米勒医

生——做了精神分析（当时刚刚开始流行）和催眠。他的费用高得很。她为了自己的抑郁而做各种治疗，从来不公开提她在性取向方面的矛盾心理，还对改善婚姻心存幻想。她将自己全情投入到为这段关系所做的"努力"中，就像人们下定决心减肥那样——一心想要成功。除过去看歌剧的小愉悦，心理治疗成了她的例行工作，她几乎每天都要去治疗。同时，厄内斯特升职了，成了海军少将乔布里琪，地中海首舰防御号第二巡洋舰中队的指挥官。他的中队在马耳他岛，他自然也认为乌娜会陪他去。想到这，她就感到抑郁，有一天晚上，她在日记里写道："我今晚试图离开英格兰，没成功——去见了休·克莱顿-米勒。"她在青春期皈依天主教，肯定相信维持婚姻是正确的。数年之后，她在一封信中揭露："我就不应该结婚，那是走了歪路。"在她结婚20多年之后，她在日记里写道："我选择一个年纪足够做我爸爸的男人做丈夫，于是我努力地让自己看起来跟他的年龄相仿。"没错，她当时穿衣打扮都超越她的实际年龄，这是一种转移注意力的手段，而非试图吸引他的注意力。乌娜处境艰难之时，她的表亲拉蒂成了她的倾听者。（乌娜的姐姐薇欧拉同样也有自己的婚姻问题要处理。）拉蒂不止一次告诉乌娜，她自己才是她婚姻问题的根源所在，因为"你自己迁就了他，你们刚结婚的时候，你除了他以外没有职业可言"。

乌娜需要在马耳他岛和伦敦之间往返，她总是觉得在伦敦的家里时更加自由，能够享受离开丈夫的短暂时光。1913年春天，厄内斯特再次召唤她去马耳他岛，这次经历对她来说毫无愉悦可言，活动包括跟丘吉尔一家和阿斯奎斯一家喝茶。照顾小小依然是一件让她精疲力竭、备感沉重的事。乌娜作为母亲有很多非正常的习惯，包括给小小洗完澡之后把她装在棉布袋里，挂在窗外晾干。

乌娜痛恨她作为妻子的责任：举办晚宴，跟厄内斯特一起参加正式活动，还要跟让她感到无聊的海军妻子们一起参加午宴。这些社交责任让她备受折磨，没有一件能纾解她的寂寞。又一次，她开始受到头痛和虚弱的折磨。那年夏天，在一次去诺法克的家庭旅行中，她再次开始做雕塑，有了一点独处的时光，但她自私的愉悦并未持续太久。秋天，厄内斯特回到马耳他，乌娜也跟着去了。除了做一些法语翻译工作、学习意大利语，她的时间全部被做母亲和家务责任所占据，她非常不快乐。

到了1914年，战争爆发，厄内斯特在一次重大任务中犯了愚蠢的战略错误：追击德国战舰的时候，他本想在他们到达公海之前拦截——但来自上级的矛盾指令再加上糟糕的天气导致厄内斯特放走了德国人，让他们畅通无阻地从墨西拿通往达达尼尔海峡。他被召回英格兰，接受军事法庭的审判，这丢人的事件上了新闻头版。乌娜对丈夫的遭遇表示同情，但她还忙着自己的问题。她高兴的是这一年的结尾是快乐的：她所做的尼金斯基雕像——形象取自他本人编舞的芭蕾独幕剧——在威尼斯一次重大的国际展览中展出。（雕像现在成了维多利亚和阿尔伯特博物馆永久馆藏的一部分。）

至于厄内斯特，即使他被法庭宣告免责，事情也无法挽回了。他赋闲在家，无事可做。之后，他在1915年被任命为英国海军塞尔维亚使团团长，他的自尊心受挫了——这是没什么潜力的行政头衔。

大海的刺激一去不复返。

乌娜独自跟小小留在伦敦，忙一些志愿工作，为贝尔格莱德一家收治英国士兵的医院筹款。她本应该在9月份跟丈夫团聚，但是她一想到就恐惧。她的日常活动让她得以继续生活：做雕塑、唱歌、读书、跟朋友聚会。乌娜在日记里承认，她的婚姻是一次失败的"利他主义活动"。（有一天，她冲动地用形象大改造来打破自己的倦怠，她剪掉了长发，剪了一个小男孩发型。）7月30日，乌娜收到一封来自英国海军部的信，通知她即将到来的塞尔维亚之旅日程。未来似乎很是灰暗。然后，那次改变她人生的茶话会发生了——实际上，这件事也许救了她的命。

1915年8月1日，乌娜接受表亲艾米·克莱伦敦的邀请去剑桥广场参加一次下午的茶话会，她是拉蒂的姐姐。乌娜又遇见了约翰，这一次她注意到了约翰。两人的见面造就了一次改变她们生命轨迹的倾心。从那天起，她们几乎没有分开过，不在一起的时候，约翰总感觉脾气暴躁、紧张。拉蒂被迫感到自己很烦人，约翰和乌娜则激动地探索着她们之间的许多共同点：聪明、见识广；忠诚于天主教（约翰本来作为新教徒，后来在拉蒂的劝说下皈依天主教）；众多健康问题，有真实的小病，也有精神压力造成的问题；对购物和旅行的热忱；有冷漠的母亲；在牛津上过大学、52岁去世的父亲；有杰出的祖父；对狗的热爱；对精致衣物、斗篷、三角帽的欣赏；相信适度饮酒；对自己的势力和优越感毫不掩饰，对工薪阶层嗤之以鼻。这两个人似乎也并不是争取性自由的激进的性少数群体。乌娜有一次看到一篇宣扬性解放的文章，恶心地赶在仆人看到之前烧掉了刊登文章的杂志。她多年后写道："我们渴望秩序、忠诚,以及宗教和法律意义上联结的特权。"

约翰是一个坚定的君主主义者,维护传统,在政治方面极其保守。她极度维护自己的投资收入,痛恨工党,因为他们坚持"牺牲"和高税收。她最大的忠心属于她的阶级。(她跟弗吉尼亚·伍尔夫的情人薇塔·萨克维尔·韦斯特有着诸多共同点,一个喜欢异装的贵族,她给自己起了别名叫朱利安,男装时用这一身份,也从来不挑战贵族阶级的政治立场。)虽然约翰支持女性投票权,但她还是有"底线"的。她为社会不公所动容——但只是有一点儿——可有些女人就是太过分了。约翰认为公民的违抗行为威胁社会秩序。在1912年一次暴力游行后——正好跟一次煤炭工人罢工重合——她义愤填膺地写了一封匿名信给《培尔美尔报》的编辑:

先生——这些妇女投票权争取者一点爱国之情都没有了吗?她们怎么能在国家危难之际反抗,给政府添麻烦呢?据潘科赫斯特太太所说,她们都用上煤炭工人的那些手段了!英国淑女什么时候能跟工薪阶层一样做派了?

即使她相信她有权跟一个女性伴侣公开同居,约翰却把自己列在男性的行列中,在某些方面,她更喜欢男性。她的自我认知是"天生倒置",她受到一些著名性学家伪科学理论的影响,比如:哈夫洛克·霭理士,他的作品包括一本写同性恋的早期医学书,出版于1897年;还有德国心理学家理查德·克拉夫特-埃宾,最著名的作品是1886年出版的《性心理病》。(他将女同性恋定义为性别倒置,"一个男性灵魂被藏在女性的胸中"。）约翰自告奋勇做拉蒂的女儿卡拉第二个孩子的"教父"，但前提是这个孩子是个男孩。她经常说她拥有"男性"的思想，她支持男权社会，认为女性不应该有自己的野心。"做一个好妻子、好母亲就是一个女人能做的最好的工作。"她曾经这样对一个采访者说。她将自己当成一个丈夫，一开始是拉蒂的丈夫，后来是乌娜的。"约翰告诉我，她认为我应该管理家务，她似乎毫无缘由地大发脾气，这让我很难过。"拉蒂在1913年的日记中写道，她感到自己像是一个不够好的妻子。

1915年9月，乌娜本应跟厄内斯特在贝尔格莱德会面，她却独自搬进了梅菲尔的一间公寓。公寓有一个附带的工作室，她在那里有绘画和做雕塑的自由与隐私。她立刻开始工作，做约翰的雕像。"我当时只知道、只在乎，我认识她之后，就无法再想象没有她的生活。"乌娜后来写道。约翰经常来访，乌娜陪着约翰去教堂，两人继续交换礼物——这些小小的举动都是为了得到心爱的人。约翰给乌娜起了个昵称"呆呆"。这个海军上将的妻子慢慢地、无可辩驳地被勾引了。委屈的拉蒂着魔一样记录着两人之间的所有见面，甚至还记下约翰将乌娜的作品装裱起来，在国王路的某家商店里挂着。拉蒂保持着警觉，在一篇日记中写道："（乌娜）开始做一个约翰的雕像了。"她的不安感很快变成了偏执。

很快，情况越来越糟，乌娜带着小小一起跟约翰和拉蒂去康沃尔度假了。拉蒂几乎立刻就被丢到了一边，跟小小和她的保姆一起留在酒店，约翰和乌娜则在海边散步。"一天又一天，我越来越沉醉于她迷人的个性。"乌娜之后回忆道。拉蒂感觉自己像是个电灯泡，试图假装勇敢，面对约翰和乌娜之间与日俱增的亲密。"我做了两个可怕的梦。"拉蒂在她的日记里写道，"一个梦里，我的眼睛被烧掉了；另一个梦里，约翰在河床上溺水了，我则在岸边边跑边呼喊……乌娜在给我们照相。"

约翰为乌娜买了一只斗牛犬幼犬，两个"朋友"一起去海德公园长久地散步。约翰还在漫不经心地打理着跟拉蒂的关系，在她59岁生日的时候带她去丽兹卡尔顿酒店吃午餐。但是那段时间，因为战争，物价上涨，约翰决定精简消费，卖掉了她在卡多根广场的公寓，还有白色小屋，那是她在伍斯特郡马尔文威尔斯的一处房产。她和拉蒂搬进了酒店套房，跟拉蒂女儿住得挺近。1915年11月29日，约翰去小屋收拾东西，把她需要的带走。乌娜也去了，这让拉蒂感到"毁灭了、悲伤、沮丧"。下午，约翰和乌娜到达白色小屋之后，第一次发生了关系。"我现在闭上眼睛还能回忆起她为我准备的午餐——还有我当时边试图吃东西，边鼓起勇气下定决心立刻离开的感觉。"多年后，乌娜这样写下，那段记忆在她脑海中依旧鲜活。她开始每天都跟约翰和拉蒂一起吃午餐。有时候，她跟约翰过夜之后，单独跟约翰吃早餐。在这场跟拉蒂的权利拉锯战中，乌娜并不想做得很残忍，但她感到无法控制自己——她为约翰的注意力而贪婪。"我被一连串的感觉裹挟了。"她后来解释说。是啊，她在偷走另一个女人的妻子，可她有充分的理由：她必须拥有她。乌娜对约翰的爱是凶猛的，时间无法让它暗淡。

即使在她们恋情早期，还沉浸于幸福中时，乌娜也无法忽视约翰身上的一种"不容忍"的态度，一种"暴力"的态度，"太容易爆发，她要是觉得自己造成了什么伤害，愧疚也非常极端"。拉蒂同样见识过约翰黑暗的一面。"我觉得跟乔纳森相处非常愉悦。"她曾经在给卡拉的信中写道,"当然了,她的脾气比辣椒酱还要爆,她非常冲动——但是这又有什么关系呢?"

约翰的脾气确实非常暴力,这是从她的父母那里继承来的。玛格丽特·安东尼娅·瑞克里芙·霍尔于1880年8月12日出生于英格兰伯恩茅斯。她出生后几个月,大她一岁的姐姐弗洛伦斯就死于原因不明的抽搐,她父母的状态根本无法照顾一个新生儿。她的母亲是一个名叫玛丽的美国女人——她后来自称莫莉,之前曾有过一段婚姻——她那淫乱、家暴的丈夫拉德克利夫·瑞克里芙·霍尔(有个非常合适的名字,耗子)抛弃了家庭。她的女儿继承了父亲对狗的喜爱、喜欢外遇,以及他易怒的脾气。莫莉和耗子几年后就离婚了。

约翰恨透了她虚荣、自私的母亲,她母亲从不掩饰对她的嫌弃。她小的时候经常因为拒绝"玛格丽特"这个名字,让朋友们叫她"约翰"而惹怒莫莉。莫莉跟她的前夫一样,脾气吓人,经常霸凌、殴打女儿。约翰无论是情绪上还是身体上都遍体鳞伤。她后来描述说,她母亲"愚蠢……极其狡猾,是个残忍的白痴,对她来说,生活很早就变成了一面镜子,她只能在里面看自己的身影"。

约翰是个害羞、敏感、孤独的孩子。她寻求庇护的人包括她有保护欲的祖母、一个她爱的保姆、疼爱她的仆人,还有她的第一个宠物——一只名叫乔伊的哈巴狗。至于耗子,约翰多年来见他的次数不超过12次,最后一次见面是他死前不久,1898年,他死于肺结核。

莫莉后来三婚了，她从都城外的伯恩茅斯搬家到伦敦，爱上了她的意大利声乐老师，阿尔伯特·维瑟提，他在皇家音乐学院教学。约翰9岁的时候，被迫与忽视她的母亲和刚认识的继父一起生活，在伯爵宫定居。（阿尔伯特跟他的上一任丈夫一样，一有机会就出轨。）阿尔伯特没有兴趣跟妻子的女儿培养感情。他无视她的音乐天分，更糟糕的是，他偷偷挪用她的信托基金来满足自己的奢侈欲望。

约翰青春期的时候，莫莉开始怀疑自己的女儿"不正常"，怀疑她有异常的欲望。同时，不知是不是有意的，莫莉对阿尔伯特性虐约翰的事视而不见。这样的情况不知持续了多久，显然，约翰至少遭遇过一次暴力事件。（几十年后，约翰死后几年，乌娜在日记中坦白说，她给约翰撰写的传记中有几十页被她删除了："我删掉了你跟坏透了的阿尔伯特的那次性经历，免得有些自以为是的精神分析学家说如果不是因为那件事，你（约翰）本可以成为一个妻子，一位母亲。"）

出于多种原因，约翰等不及逃离这个家了。21岁的时候，她从祖父那里获得一大笔遗产，金钱意味着自由。她一辈子都不需要去工作，她也不打算工作。她购买昂贵的衣服，有心情的时候写写诗，有冲动就去旅行，弹钢琴，培养对骑马和打猎的兴趣，不停地抽烟、抽烟。1906年，她买下了在马尔文威尔斯的小屋。她还自费出版了第一卷诗集《在大地与群星之间》，里面有些诗句暗示禁忌之恋："一声小叹息，就这样——这是错的吗？一个吻，充满激情，长长久久。"这本诗集收获了一些评价还不错的小书评，后来还被谱了曲。虽然积极的评价给了约翰作为作家的自信，却没有让她养成写作的习惯。她有钱，可以什么都不做。

约翰遇见、爱上拉蒂之后，在1908年出版了第二本书——《一捆诗》。(这些诗暗示同性之爱。)之后的7年里，她又出版了三本诗集，包括1915年《被遗忘的岛》。那时她未来要出版的小说还无迹可循，但她尝试了写短篇故事（约翰死后，这些故事都被乌娜销毁了）。威廉·海涅曼对她的短篇故事赞赏有加，成了她的出版人，但他鼓励她写一部小说。约翰想证明他对她寄予厚望没有错，遗憾的是，威廉却在1920年去世了，她的第一部小说4年后才出版。

慢慢地，约翰开始投身于工作，积累了作为作家的自信。她马上就要迎来名副其实的文学职业生涯了，而辅佐她获得这一成就的将是乌娜，而不是拉蒂。乌娜爱上约翰后不久，就知道她的人生将有怎样的轨迹了：跟她爱的人在一起，直到她们中的一人死去。当然了，拉蒂是一个需要解决的重大问题——不过，在乌娜眼中，这不是不可克服的问题。公平来讲，每当她的孩子遇到健康问题，乌娜还是会及时赶去的。可小小平时总是被扔给朋友、亲戚、保姆、邻居，有一次，乌娜甚至问过休·克莱顿-米勒医生，能不能让小小去他家住。(他拒绝了。)

约翰和乌娜成了伴侣之后，约翰在小小的身上花钱很大方，有时候对她还很温柔——教她骑自行车，给她买礼物，跟她做游戏，给她付学费。不过大部分时候，约翰扮演的是一个严厉、冷漠的继父形象，无视、厌恶这个女孩的存在。(她试图让小小叫她"约翰叔叔"，没成功。)有时候，约翰的坏脾气会因为一些很日常的事被激发出来，比如小小的玩具散落在房间某个角落。她不想让这个女孩待在她的身边。乌娜总是急于讨好约翰，于是决定将9岁的女儿送去萨塞克斯的寄宿学校。

后来，小小去牛津大学学习，却没拿到学位就退学了，这让乌娜震惊无比。母女俩的关系继续恶化。小小后来成了一名演员，有两段婚姻，1966年因车祸去世。

即使拉蒂还远远没有退出，1915年圣诞节，约翰就送给乌娜一枚白金戒指。上面刻着她们两个人的名字，这是忠诚的象征，乌娜激动极了。她也很开心她现在可以整日在工作室里工作，渐渐接近了她一向渴望的波希米亚艺术家的生活。新年前夜，她跟约翰和拉蒂在她们住的酒店里吃了晚餐——这肯定不是拉蒂想象中的新年前夜。那晚，拉蒂在日记中写道，她感到"抑郁，非常伤心"。

这情况对所有人来说都很难。约翰和拉蒂之间的摩擦越来越多，拉蒂仅仅是出现就能让约翰大发脾气。（"一种难以言喻的气氛。"拉蒂某天晚上写道。）她和约翰在靠近斯隆广场的地方买了一间新公寓之后，拉蒂开始考虑要不要离开约翰。"我严肃地思考了独居的可能性。"她在另一篇日记里坦白写道。约翰也想分开。那年春天，拉蒂遭遇了严重的健康问题：时不时头晕眼花，胸痛，高血压，难以呼吸。

一天晚上，约翰跟乌娜短暂出门之后很晚回家。她跟拉蒂大吵一架，拉蒂一整天都不舒服，感到约翰抛弃了她。拉蒂闷闷不乐地回到自己卧室，发病晕了过去。那晚，乌娜带着一个医生赶来，但是已经没有挽回的余地了。拉蒂是脑出血。10天之后，在1916年5月25日，她去世了。

现在乌娜该怎么办呢？她还是在争夺约翰的爱，只不过现在成了跟一个已逝的女人争。这段三角恋反而更加坚固了，即使角色有所转变：约翰追求拉蒂，乌娜追求约翰，乌娜死去的表亲成了她们之间的障碍。

这一转变无论从哪个角度讲都是意料之外：约翰并没有满心欢喜地冲进情人的怀抱，她只想自己一人。她的悲痛十分深沉。那10天里，拉蒂有从昏迷中醒来——即使她躺在床上，半身瘫痪，几乎没法说话，约翰急切地想要她康复，而且相信她会康复。但是拉蒂死了。对约翰来说，她得不到原谅、得不到解脱。她被愧疚所折磨，一心觉得是自己的自私行为造成了拉蒂的死，她考虑自我了断。乌娜没有参加拉蒂的葬礼。

约翰出钱办了宏大的葬礼，还在威斯敏斯特大教堂办了安魂弥撒，在高门公墓买了一处宽敞的地下墓穴。（她还在那儿为自己和拉蒂的女儿卡拉留了位置。）约翰给拉蒂的尸体做了防腐处理，在上面放了一个教皇祝福过的银质十字架。她说失去拉蒂意味着失去"我与世界之间的盾牌"。不论她为赎罪做了什么、说了什么，卡拉还是没有接受她的悔意。

"因为她走了，我就不能完全做自己了。"约翰给她写道，"我还怎么能再次幸福呢……我现在能看到的只有一件事，我不能辜负她。从现在起，不论什么兴趣都不能让有关她的记忆在我的心里减少。"约翰承认，一想到"我说的脾气暴躁的话语"造成拉蒂的死亡，就感到强烈到无法招架的愧疚。"我永远都不会原谅自己让乌娜总在她的身边烦她。"她写道。（拉蒂是被侮辱而心碎，不是"被烦到"。）

约翰沉浸于悲痛的这段时间里，乌娜试图跟她亲近，但约翰很冷漠。她知道约翰憎恶她，因为她被允许"闯入"约翰和拉蒂的关系——"因此降低了拉蒂在人生最后几个月里的幸福感"——乌娜把她从1915年到1916年的日记都烧了，毁掉了任何可能被记录的爆料内容。对她而言，拉蒂的死是另一种悲剧：这让她和约翰的关系成了"几乎完全的车祸"。她们计划了那么久要在一起，可拉蒂死了，就毁了一切。乌娜只担心如何赢回她情人的爱。约翰自怜自艾地陷入悲痛，这可不是件容易的事。

约翰痛苦到无法触碰，不停地将她推开。乌娜承认"我们让彼此神经衰弱"。约翰是一个狂热的通灵信徒，她希望有一天能通过灵媒和通灵"找到"拉蒂。她太急于沟通，急于通过拉蒂的衣服、珠宝、其他遗物之外的方式感到拉蒂的存在。跟拉蒂再次取得联系的想法让她有了希望，就算没有别的作用，一心想办法的努力也算是一种好的分神。乌娜别无选择，只能假装支持，陪着约翰踏上一次奇怪的，甚至惹上丑闻的旅程。

两人通过心灵研究学会（SPR）找到了一个名叫格拉迪斯·伦纳德的灵媒（《我的两个世界人生》一书的作者），作为她们与逝者沟通的中介。她们的沟通有笔记，每次会面都有记录。很快，她们就一周见格拉迪斯好几次了。约翰不知道自己在做什么，还雇了一个私家侦探来验证灵媒的信息获取方式是真实的，是直接从拉蒂那里来的，而不是通过什么公共记录办公室。

通灵几乎成了这对情侣的心理治疗，过程中，乌娜是尽职的秘书，记下大量的笔记，在"拉蒂"通过"被附身的"、抽搐不停的格拉迪斯跟她们说话的时候，乌娜尽力忍住自己的不耐烦。格拉迪斯到底是个骗子还是真正能跟死者进行交流似乎已经不重要了——她满足了约翰的一种需求，这种需求必须得以满足。来自死者的信息给人宽慰。格拉迪斯说，拉蒂非常享受死后生活——骑马、做园艺、跟耶稣谈话。死后的拉蒂经常说起她对约翰的爱和对乌娜的喜欢，坚持说她死的那晚并没有受苦。关于天堂，她说："你们来的时候会爱上这里的。"

然而，这并没有如乌娜所愿。"约翰非常抑郁，心情很差，"她在1917年的日记中承认，"这个傍晚并不愉快，我独自一人的时候哭了很久。"两人的生活处于停滞状态：约翰没怎么写作，乌娜也没时间忙她的艺术。乌娜承认，约翰成了"我生活的一切"。她爱约翰，全心全意地相信她是个天才。不过乌娜其实算是抛弃了一个丈夫换了另一个丈夫，自我牺牲现在似乎并不会让她窒息，而是让她感到饥饿。她乐意缴械投降，放弃自己的创作野心，支持约翰的事业，但即便如此，她也知道她辜负了自己早期的潜力，没能成为其他人眼中她应该成为的那个艺术家。她在为皇家艺术学院的前导师写的悼词中写道："约翰生前看到我将他培养的才华——他寄予厚望的才华不屑一顾地丢掉。"

1918年战争结束后，厄内斯特发现乌娜和约翰一起买了一栋房子——位于米德尔赛克斯郡哈德利伍德的奇普·蔡斯——"很像哈洛德百货商场里能买到的玩具城堡"，乌娜这样描述它。他威胁要打官司，指责约翰是第三者，"一个道德极度败坏的女人"。这是愚蠢、无用的愤怒。打官司算不上什么威胁。约翰随心所欲，不听任何人的。她有用之不尽的金钱，可以轻轻松松地跟厄内斯特在法庭打持久战，但这对厄内斯特来说将是毁灭性的。再说了，他最不需要的就是媒体的负面关注。丢人的私事会被泄露出去——比如说，乌娜的病历可以证明，他害她染上了梅毒。厄内斯特知道最好是悄悄退出。可他还是靠修改遗嘱报复了一番。他宣称，若乌娜死亡，他的女儿"无论如何都不能被玛格丽特·瑞克里芙·霍尔监护或抚养"。

厄内斯特以后还会再受伤。他获得骑士头衔后，抛弃了他的妻子还是获得了一个头衔：乌娜·乔布里琪女勋爵。她也打算把这个头衔用起来。就连家里的仆人都收到命令，要称她为"乌娜女爵"。这本不是什么让人惊讶的事，因为她和约翰在工作人员面前都很盛气凌人，多年来，他们开除了一连串累坏的女仆、厨师、司机、园丁、管家。("约翰和我吃完早餐之后不得不辞退了厨师，因为他言语无礼，还喝掉了我们所有的白兰地。"乌娜在一篇日记中记录道。)她们家里工作人员的更新率很高，士气很低。

乌娜跟约翰又成了爱人，这让乌娜很高兴。她在日记中写下一条隐晦的信息("约。说。我。结。拉。我。结。你。")意为约翰说："我跟拉蒂结过婚，现在跟你结婚了。"这对情侣对超自然的痴迷让她们之间的感情更加牢固。大概也在这个时期，她们还跟诗人叶芝成了朋友，他对通灵也很感兴趣。"叶芝来了，跟我们聊了一整晚《通灵电报》，一直到11点。"乌娜在一篇日记中说，说的是他计划跟她一起出版的报纸，但是这件事没成。

乌娜和约翰将她们联系拉蒂灵魂的经历写成了论文，约翰受邀去心灵研究学会做私下演讲。这次活动在1917年夏天收获热情响应，约翰又一次被邀请去演讲。她穿着男士西装外套，配上短裙和男士领巾。一些心灵研究学会的成员因为一个大胆的女同性恋出现在他们之中而感到激动，其他成员则感到乌娜和约翰作为情侣出现会"玷污"他们的公众形象。（她们是怎样犯下了这项罪行，不得而知。）听众席里的一个成员，圣乔治·莱恩·福克斯-匹特是厄内斯特的朋友，也是心灵研究学会中不满的成员之一，他来这里就是找事的。他认为约翰不够女性化的形象令人反感，而且她的想法也是如此，他听完演讲，十分生气，回去向厄内斯特汇报，他也正因为约翰让他跟妻子之间有了嫌隙而愤怒。

乌娜分居的丈夫有自己的小算盘——证明约翰对乌娜来说是个危险的影响，是她破坏了他们的婚姻——福克斯-匹特也有自己的问题。不过心灵研究学会还是邀请约翰加入委员会，他开始抱怨，说她不适合这个位置。他虽没有明说，但意思再清楚不过了。他继续诋毁约翰——侮辱已逝的拉蒂，他说拉蒂"是最令人反感的"，认为约翰和乌娜的调查在科学上是不成立的——约翰有力的回击，在1921年告了福克斯-匹特诽谤。（她当选了委员会成员，福克斯-匹特请辞了。）

官司开始的时候，约翰刚开始把自己当成严肃的作家，开始有纪律地专注写一部小说，暂定名为《八爪鱼》。（后来乌娜给它想了新的书名《未亮的灯》。）她开始在奇普·蔡斯写，一年前，她和乌娜在这里开始痴迷于一项新的爱好：职业狗繁育。她们在这方面优秀得出奇，建犬舍，带着她们的腊肠狗、长毛猎犬等去参加比赛。（乌娜对狗展现出的宠爱比对女儿小小的还多。）在她们参加的狗展上，乌娜和约翰很抢眼，戴着软呢帽，穿着斗篷和靴子。这对无往不胜的情侣几乎在每一次展览上都能拿到奖杯，她们很快就在克鲁弗兹犬狗大赛中获得了名望和敬仰，这是英国一年一度的国际狗展。约翰一向争强好胜，她享受赢得奖项的刺激，但是考虑到她严重的势利——以及对优生学的支持——她因为培养"完美的"基因纯种犬冠军而受到嘉奖多少有些可怕。

1921年，这对情侣卖掉了奇普·蔡斯的房产，开除了她们的仆人，放弃了养狗、配种，因为乌娜说："我们不忍心卖掉小狗，看着它们走向未知的未来。"但她们依然享受参加狗展，她们的生活中总是有狗。"一连串，从30公斤重的大丹犬到刚过半公斤、几乎无法让秤挪动的约克夏，"乌娜回忆道，"劳烦我精巧的手指，让我必须每天把它头上的毛编成五根辫子，用丝绸绑住。"约翰是皇家动物学会的成员，这对情侣"心甘情愿地带着一笼子的救助动物跨越半个欧洲搬家并不罕见"，乌娜在法国村庄里边散步边"把一只鸽子按在自己的胸前，这个鸽子是（约翰）在贫民窟第四层看到的"，或者出现在海边酒店，"带着两条腊肠狗和一只金丝雀"。多年后，约翰最爱的狗之一——郁金香，死的时候，她哭啊哭，露出她很少对乌娜展示的多愁善感的、脆弱的一面。她们的另一只狗——米苏，似乎感受到了约翰的悲伤，忠诚地陪在她的身边。乌娜在她的日记中写道："我问米苏，'米苏，爸爸呢？'它就会扭头，含情脉脉地看着约翰。"不论约翰和乌娜住在哪里，哪里都有狗，还有鹦鹉、凤头鹦鹉，以及其他动物。

卖掉奇普·蔡斯的房产之后，约翰和乌娜搬进了骑士桥一间租来的公寓，乌娜在那儿对新的仆人监工，保证一切顺利运转，好让约翰可以继续写《八爪鱼》。

约翰从没因为经济原因有过固定的日常安排，她现在必须培养纪律性，她把写作当做真正的工作来做。（她很有动力，甚至要求拉蒂的灵魂不要在她工作的时候来打扰她。）乌娜必须一整天都不打扰约翰，有时候晚上也是如此——心里默默厌恶——但是她们总是一起吃早餐、读报纸。约翰作为传统的"一家之主"，很自豪自己对烹饪和打扫等家务一无所知。一个朋友曾这样回忆约翰："她经常拿不懂家务这件事来自吹自擂。她肯定把这当成了一种力量的象征，因为她经常提起'鸡蛋都不会煮'，她会粗暴地说。"约翰心情最差的时候，会因为乌娜"做妻子做得不够好"而对她发脾气（"我们都承认，炖菜很失败。于是我在约翰怀里大哭"）——拿拉蒂完美无瑕的家务技巧和她比较，贬低她。

那年夏天，约翰和乌娜去了意大利旅行，约翰可以工作、游泳，靠赌博放松。她们每晚回到酒店，乌娜都会大声朗读约翰当天的作品，有需要的时候还会读几遍，然后做评价。约翰修改、纠正。朗诵期间，约翰偶尔会大发脾气，因为她觉得乌娜并没有全身心投入。"她问我是不是累了，说我读得糟糕透顶，有时候还说我的无能毁掉了我正在读的作品的美感。"乌娜后来回忆道，"她会从我的手里夺走书稿，撕成碎片，然后丢进火里。"

回到伦敦，约翰在一楼一间漂亮的书房里写作，房间里有一个烧木头的壁炉。她整日抽烟，烟斗和香烟都抽，穿着织锦缎吸烟夹克。她对书房里的物件十分挑剔，只用一支金笔尖的钢笔在她的橡木书桌前写作。墙上挂着一个大十字架，房间的一个角落里摆着祭拜拉蒂的神龛。约翰的纸必须是白色的，必须是米兰生产的横线笔记本。（蓝色的纸是写信用的。）她甚至还对夹子有特别的要求。乌娜很佩服约翰有时候"做毫无意义的挣扎，一小时又一小时，与灵感的缺失抗争"。但是都撑过去了。有了乌娜的支持，约翰很快完成了两部小说。整个过程中，乌娜都负责文本的编辑：草稿被送到打字员那里，然后送回给乌娜审读，一章通常会编辑好几遍。这从来都不是个容易的过程。约翰有阅读困难症，从未学会如何打字，写的东西也难以辨认。她拼写很困难，经常无视标点符号。

可乌娜知道如何应付约翰的自大，保持冷静，保证进度正常。打字员就没有这样的支持了。"瑞克里芙·霍尔是个完美主义者。"她当时的一个打字员温尼弗雷德·里德后来回忆道，"而且她恶魔般的脾气在乔女爵的纵容下更严重了！"

约翰先完成了《八爪鱼》（现在书名变成了《未亮的灯》），她在这本书的致谢中写道，献给"玛贝尔·维罗妮卡·巴登，深深的爱、感激和尊敬"。故事跟随琼安·奥格登，一个敏感、寂寞的女孩，渴望离开她控制欲极强、擅长操纵人的母亲，离开她在英国海滨小镇停滞的生活。她跟伊丽莎白发展出一段亲密的友谊，伊丽莎白一开始是她的家庭教师，后来成了她"热情的朋友"。琼安梦想着跟她的"朋友"一起在伦敦找一间公寓，过上幸福的生活，但是她真实的生活非常艰难。这本书有暗示性女同元素，很难推销，十家出版社都拒绝了它。

约翰相信她讲述这样的一个故事是在做上帝的工作，可约翰的文学经纪人奥黛丽·希斯劝她务实一些，先出版一部更轻松、更好卖的作品。

6个月后，约翰写下了《锁链》，一部喜剧小说，乌娜尽职尽责地帮她转写、修正，在1923年6月交给了希斯。（乌娜又一次把书名改了，改成了《锻炉》。）经纪人的直觉是对的，出版人J.W.阿罗史密斯那年秋天就签下了约翰。这本书"献给乌娜，爱你"。《锻炉》于1924年1月25日出版。为了庆祝，两人出去吃了晚餐，去了西区看剧。她们都盛装打扮，约翰戴着镶钻和缟玛瑙的袖扣、黑色的阔边帽，穿着斗篷，乌娜戴着单片眼镜，穿着豹皮外套。几个月后，小说已经重印，登上了畅销书榜。毫无疑问，没有乌娜的话，约翰是无法达成这样的成就的，乌娜私下里也表示自己有时会疲惫："一连几小时的长时间阅读、接连不断地跟约翰保证她的作品比以前的所有作品都伟大。"她在自己的日记里写道。可她还是很自豪自己能在约翰的事业中扮演如此关键的角色："为了难以招架的文学灵感和行业要求，过上观察、服务、从属的生活。"毕竟，为一个天才服务是一种特权。

5月29日，约翰决定买下肯辛顿霍兰德公园霍兰德街37号的房子。这位作家感到自己配得上一座大房子。不光因为《锻炉》的畅销，约翰几天前还完成了她的第三部小说。这对情侣在霍兰德街的房子里住了4年，但这仅仅是卖掉奇普·蔡斯的房产后她们买下的众多房子里的第一座——约翰和乌娜会给这些房子配上美丽的家具，装修好，最终卖掉。每栋房子似乎都是完美的，直到不再完美，然后就该换掉了。她们喜欢从一间公寓搬到另一间公寓。

1924年夏天，房子装修期间，约翰和乌娜先去了巴黎，后又去了诺曼底。她们通过电报收到奥黛丽·希斯发来的好消息：卡塞尔出版社同意出版《未亮的灯》，给约翰50英镑的预付，售出3000本以内，版税率为15%；超过3000本，版税率为20%。9月末该小说出版的时候，收到了很积极的评价。约翰和乌娜很开心，哈洛德百货第一天上架的书售罄了，她们爱看卡塞尔出版社出钱在圣潘克拉斯车站的大钟表上打的广告。每出版一本新书，她们就会开始一起吃午餐，尽可能多地逛几家书店，看书店的橱窗展示，数上架的有几本书，讨论畅销书。

1925年，约翰出版了她的第三部小说——《星期六的生命》，一年后又出版了《亚当的后裔》，这个书名来自鲁德亚德·吉卜林的诗《汤姆林森》："我为难亚当后裔的近亲，你们应该鄙视我。"（又一次，乌娜拯救了约翰原本的糟糕书名——《食物》，想出了《亚当的后裔》这个书名。）白天，乌娜做公关，替约翰在社交场合跟人聊天，寄出成百上千的明信片。她还给书评人寄出写书评用的书。

为了节省约翰的时间，乌娜承担了帮她回信的任务，回复所有的信件、请求，还给她安排日程。乌娜还记录媒体报道，不论好坏，给约翰写书评总结，总是小心翼翼地让作家免于看到那些尖酸的评论。《亚当的后裔》成了畅销书，出版两星期就卖出了2.7万本，加印了3次。评论家对其赞誉有加，它也被翻译为多种语言，获得了两个文学奖项：费米娜奖和詹姆斯·泰特·布莱克纪念奖。（当时，只有另外一部小说同时获得过这两个奖项——爱德华·摩根·福斯特的《印度之行》。)塞缪尔·戈尔德温本来要把它改编为电影,不过这事最后没成。

这本书的成就让乌娜非常开心,有一次在吃晚餐时骄傲地说:"约翰成了真正的名人。"对任何作家来说,同时被尊敬又取得商业上的成功都是十分罕见的。她在外的时候有人给她照相,穿着斗篷、戴着领结,显得十分帅气。"我成了这样一位著名作家,是不是很有趣?"约翰在给她表亲的信里写道,"有时候连我自己也无法理解。"

1926年1月,厄内斯特去世,享年63岁。他被乌娜抛弃之后一直没恢复过来——更何况乌娜还是为了一个女人抛弃的他。他的死对乌娜来说是放下了一个重担,让她变成了名义上的寡妇,可以来去自由地生活,不需要受任何干扰。因为她和厄内斯特一直没有离婚,乌娜也因此得到了一笔终生抚恤金。她觉得每年能拿到的钱太少了,便申请提高金额,而且成功了。

乌娜的生活现在全部围绕着为约翰服务,但是她能挤出时间的时候还是维持着自己的兴趣:写书评、作为自由写手写文章、为一家文学经纪公司审读书稿、将法语言情小说翻译成英文。乌娜翻译了柯莱特的《克罗蒂娜的家》,首次将这位作者介绍给英语读者。(乌娜为约翰买的一条法斗犬就叫柯莱特。)她还开始写一些自传小文章。"约翰想让我把这些出版成书。"她在日记中自豪地写道,"约工作到两点半以后,我也是!"

60

约翰的文学事业蒸蒸日上，她和乌娜的社交生活也变得热闹起来。她们去萨瓦喝茶、去伦敦最好的餐厅吃晚餐、参加剧院的开业仪式，在深夜喝酒、舞蹈。她们跟侨居英国的美国画家罗曼·布鲁克斯的友谊让她们认识了许多其他优秀女性，包括美国作家娜塔莉·巴涅——智慧、美丽、富有——因她在巴黎雅克布20号为女同画家、诗人、作家举办的热闹沙龙而出名。男人也允许参加，多年来，詹姆斯·乔伊斯、埃兹拉·庞德、保尔·瓦雷里都曾是客人。巴涅称巴黎是"西方世界的女同中心"。布鲁克斯说巴涅"有着最高质量的非同寻常大脑"。她跟布鲁克斯的恋情持续了超过50年，不过两人是开放式关系。爱丽丝·B.托克拉斯曾经说过，巴涅很会勾引人，能在百货商店的卫生间里找到情人。

1924年，布鲁克斯邀请乌娜去她切尔西的工作室里做肖像模特。完成的肖像不太好看。乌娜戴着单片眼镜站在那儿，跟她两条心爱的腊肠犬索尔和沃坦一起。她的头发剪得很短，戴着男式阔领带，穿着定制的正式外套。她看起来倔强而强势，有贵族气质，难辨雌雄，皱着眉头，气质冷酷。（"我真的是这样的吗？"乌娜心想。）布鲁克斯让乌娜来了9次才完成这幅肖像，乌娜对结果很不满意，认为它像一幅荒诞漫画。她痛恨这幅画。"画乌娜很有趣，"布鲁克斯在给朋友的一封信里写道，"她的穿戴很出色。她……也许能让未来的人们微笑。"约翰拒绝买下这幅画，它现在成了史密森尼美国艺术博物馆的藏品。

约翰和乌娜认识、交往的其他女人包括丽贝卡·韦斯特、塔卢拉赫·班克海德、朱娜·巴恩斯、伊莎多拉·邓肯。那可是激动人心的时代。剧作家诺埃尔·考沃德成了她们的好朋友，他后来在1945年将约翰对通灵的兴趣用在了他的电影《欢乐的精灵》里,约翰则以诺埃尔为原型写了《孤寂深渊》里一个男同角色。("斯蒂芬从来都无法决定乔纳森·布罗凯特到底是吸引她还是让她厌恶。")乌娜很喜欢这位编剧,并在她的日记里提起他:"他是我认识的为数不多的时时刻刻极其幽默,却不侮辱他人的人。"

美国作家和记者珍娜·富兰纳,《纽约客》的巴黎驻外记者,也是约翰和乌娜社交圈子的。1978年,珍娜在去世前不久,在罗格斯大学参加了一个文学讨论小组。之后,先锋文化人类学家埃斯特·牛顿找到了她,当时38岁的她激动地告诉珍娜,她想写一部霍尔的传记。"你不是认识她吗?"牛顿问道。"哦,别在她的身上费劲了,"富兰纳答道,"(她和乌娜)很传统……"然后,富兰纳微笑着说,"她总是个完美的绅士。"

约翰可能并不是什么完美的绅士,但她总是看起来很像,穿着她的定制西装、男士袜子、厚底鞋,头发是在邦德街的绅士理发店剪的。她和乌娜杰出的朋友中还有吉尔古德爵士。他偶尔会在常青藤跟这对非同寻常的情侣见面,之后会去他的公寓喝酒:"约翰通常戴着黑色帽子,穿着黑白细条纹西装和短裙,里面穿着白衬衫,戴着黑领巾。"他回忆道,乌娜戴着单片眼镜,剪着波波头,穿熨烫整洁的衬衫,有时候还戴一顶夸张的帽子。他这样描述她们:"两个引人注目又有个性的人。"另一个熟人亚历克·沃,伊夫林·沃的哥哥,将约翰和乌娜视为"一对严肃的爱德华时期情侣,认为她们的客人和招待人时都应该举止传统"。他喜欢她们两个,但是觉得约翰没有幽默感,更喜欢乌娜。

在伦敦的一次鸡尾酒派对上，另一个客人回忆这对"权势情侣"的出场："瑞克里芙·霍尔穿着裁剪美丽的男士晚宴外套和衬衫，硬衬衫和领结……乔布里琪女爵穿着最耀眼的裙子，看起来像个新娘。"这对情侣曾经的一个管家回忆她们为晚餐做准备的情形，即使在家里，约翰也"非常迷人"，穿着"皱边衬衫、男士西装……显得很精干"，而"乔布里琪女爵很喜欢"。尤其是现在，约翰成了一个著名作家，她们是一对一同享受生活的幸福情侣。《亚当的后裔》迅速成功之后，乌娜和约翰没为1928年夏天《孤寂深渊》带来的巨大丑闻做好准备。

"我更乐意给一个健康男孩或女孩一管氢氰酸，而不是这部小说。"《伦敦星期天快报》的编辑詹姆斯·道格拉斯在《孤寂深渊》9月27日出版后几周这样说。

他将其描述为"阴险狡诈，一部变态的英语小说"，他说这是"让人义愤填膺、难以启齿的腐朽之作"，还说这是"不能被任何书商售卖，不能被任何图书馆借阅出去的小说"。他要求这部小说被禁掉，"事不宜迟"。不知为何，一本获奖作家写的小说居然能发展成公共健康危机，道格拉斯拉响了警铃。他会领导一次毁掉这部小说的运动。

在英国，做女同性恋是不违法的，只是不道德。可是，《孤寂深渊》违反了1857年的《淫秽出版物法》，被下架了。这本书的问题不在于性——里面并没有性。"女同"或者"同性恋"之类的词也没有出现。这部小说唯一的问题是描绘了对同性的欲望。（"她像情人一样吻了她的唇"就是尺度最大的描写了。）"在英国，迄今为止，这个话题还没有被特别领域教科书之外的书坦诚对待过。"书封上的介绍里说,"但有思想、有文化的人可能认为,它的社会影响值得大众更宽广的对待。"

为了研究性别倒错,约翰找到了理查德·克拉夫特-埃宾和霭理士,还有其他人,霭理士给这部小说提供了简短的评价:

这是第一本以完整的忠诚和不妥协的形式展现我们如今社会中存在的一种性生活的英语小说。一部分人的关系——即使他们跟其他人不同,有时却拥有最崇高的人格和最高的天赋——在他们所活动的抱有敌意的社会中,展现出一些艰难、未解决的问题。

约翰在作者注释里解释说,这些人物"完全是虚构的,如果作者用到了可能影射真实人物的名字,也是不经意之举"。

这声明是假的。这部小说讲的是她的人生故事,只不过稍微掩饰了一下,女主角斯蒂芬·戈登是她的替身。

斯蒂芬跟约翰一样,是一个来自富裕家庭的小说家;她痛恨自己女孩的身份("你觉得我能做个男人吗?如果我很努力地去想——或者祈祷神父呢?");她的母亲冷漠、疏远;她穿男性化的衣服、西装、领结、男士鞋。跟约翰一样,斯蒂芬感到自己是一个被困在女性身体里的男性。21岁时,斯蒂芬爱上了无聊的已婚女人安吉拉,最终却因为一个男人被她拒绝了。后来,痛苦的斯蒂芬爱上了另一个女人——玛丽,但她决定玛丽配得上"正常"的生活,把她逼进了一个男人的怀抱。

作家、斯坦福大学教授特里·卡索尔指出，霍尔将她的女主角的身份认知描绘得很尴尬。

"性别倒置是否意味着就是男人呢？没错，斯蒂芬似乎渴望——痛苦地渴望——某种真正的或者符号意义上的'男子气概'。可这种渴望跟对她对其他女人强烈的性渴望有关系吗？性别倒置跟女同性恋是同样的吗？"卡索尔在《可口的毒药》后记中写道，这是一本关于《孤寂深渊》的学术文章的合集。"'想成为一个男人'到底是什么意思呢？是想要一具男性的躯体吗？或者仅仅是为了社交和精神上的自由，穿着和行为都很有男子气概？"卡索尔断言，作家似乎"对身体和欲望、性别认同和性向之间确切的关系非常不确定，这让她痛苦"。（有时，约翰在自己的生活中似乎也在性别角色的问题上很矛盾。1925年，出版人鲁伯特·哈特-戴维斯在晚餐聚会时回忆道："霍尔……似乎很难做出决定，到底是与女人为伍还是继续与男人为伍。"）

约翰本打算给她的小说起名《斯蒂芬》，但是乌娜又一次拯救了它，把书名改成了《孤寂深渊》，这个书名留下了。她们努力地产出书稿，约翰不分日夜地写新的章节，乌娜负责编辑并将它们读给奥黛丽·希斯听。三个女人合作决定故事将如何继续。可是，虽然希斯对这个故事充满热情，却没有出版商愿意出版。有些出版商说它不够"商业"；有些直接说他们不愿意出版这样一本激进的书。一个出版人还说他欣赏霍尔，拒绝出版这本书是因为他担心它会毁掉他的书单。乌娜在自己的日记里记录了所有拒绝。

1928年春天，乔纳森·凯普说他想出版《孤寂深渊》。（可他完全不知道，出版这本书会让他被指控违反《淫秽出版物法》，这也是奥斯卡·王尔德入狱的原因。）乔纳森在跟约翰、乌娜、希斯吃午餐时提出能给500英镑的预付金。他计划首印大约1000本，为了强调这本书的高雅，他打算用朴素而阴郁的黑色书封，书脊上印着烫金字。他预料到这本书会遭到抵制，愿意跟作者一同承担法律费用，但是他不会自掏腰包。

在美国，克诺夫出版社总裁阿弗雷德·克诺夫的妻子，也是该社的共同创办人，布兰奇·克诺夫给约翰提出了条件，合同包括一条条款，约翰对该书遭到的任何诉讼负责。（克诺夫出版社后来解约了。）乌娜在她的日记里写下，这条件很冒犯人，拉响了"一千个警报"。

约翰对布兰奇·克诺夫的态度有种奇怪的性别歧视感，这在她给自己美国文学经纪人卡尔·布兰特的信中十分明显，约翰抱怨说："我习惯在生意上跟男人打交道，直捣正题……我觉得跟女人打交道既困难又乏味，我已经坦白地告诉她好几次了……女人最好还是不要掺和商业谈判。"

约翰和乌娜很乐意跟乔纳森·凯普打交道，但是约翰坚持要求合同规定，对书稿的任何修改或省略都会被视作违反合同。"我用笔来服务这世上被迫害最严重、最被误解的一群人。"她写道，"就我所知，虚构文学史上从来没有过这样的尝试。"

即使这话好像很浮夸,她对这本书的希冀毫无疑问是深刻的:"鼓励性别倒置者以真面目直面这个充满敌意的世界,带着自尊和勇气",给"普通男人、女人带来对性别倒置者更全面、更包容的理解"。她想找到更多读者,不光是她自己这样的"性别倒置者",希望读者们能认同这种需求,"减轻对自己后代的折磨和谴责,因为那样会对性别倒置者独有的超高敏感度的神经系统造成无法逆转的伤害"。约翰已经做好了准备,为此而遭到诋毁,愿意为了大业而做牺牲。她完全相信她的任务:"迄今为止,这个话题要么是被当做淫秽话题来对待,要么就是当做一种终会走出的阶段,或者被遮掩起来。我把它当做一种自然事实来对待——一个简单的事实,只是目前是悲剧的。"

即使预料到会有争议,约翰也相信她能在经济上和评论界获得成功。她给自己买了新西装、帽子,给乌娜买了皮毛大衣,还给家里的员工买了新的制服。乌娜订购了昂贵的家具。约翰想要水花,想要比《亚当的后裔》更大的水花,她已经准备好了在自己身上做投资。她自己投钱帮凯普出版社做宣传,宣传广告登在几种重要的报纸上,包括《泰晤士报文学副刊》和《星期日泰晤士报》。她自己写信给《观察家报》的编辑詹姆斯·嘉文推销自己,他是乌娜的一个亲戚。她坦白说,她写《孤寂深渊》是出于"一种我不敢违背的责任感",她请他支持这部小说,让它得以"以正确的情绪被看待,一种对中立的公正的渴望,以及对这个不幸福但非常重要的社区部分的理解"。嘉文没有回信,报纸上也没有刊登书评。

约翰和乌娜做了她们能为这本书出版做的一切准备,包括去做弥撒祈祷成功，现在能做的只有等待了。乌娜还忙着写自己的书，为博尼和利弗莱特出版社翻译一本查尔斯·佩蒂特的法语小说。傍晚，她会大声给约翰读奥斯卡·王尔德的《自深深处》和《瑞丁监狱之歌》。

乌娜对约翰的影响很大，约翰甚至曾请求乌娜同意，才出版《孤寂深渊》。她写道："（约翰）指出，想到我们的结合、我们共享一个家这么多年，影响她的事肯定也会影响我，她被谴责的话，我也会遭到谴责。于是，她把决定权交到我的手上，根据我的决定选择继续写还是放弃。"乌娜没有犹豫。跟在所有事情上一样，她们要一起完成这个："我告诉她把心里的东西写出来，至于我自己受什么影响，我受够了模棱两可，做真正的自己、跟她一起在真相的宫殿里生活才是我想要的。"出版《孤寂深渊》会几乎毁掉她们的生活，但是乌娜坚定地支持约翰，与她"肩并肩"战斗。很不幸，不出所料，约翰没有得到自己母亲的支持。"你碰了淤泥就别指望自己干净。"莫莉告诉她。

《孤寂深渊》出版于文学大年，那一年出版的书包括弗吉尼亚·伍尔夫大家风范的、主角性别转变的《奥兰多》；伊夫林·沃的《衰落与瓦解》；D.H.劳伦斯的《查泰莱夫人的情人》，虽然在英国被禁了，但是在意大利被一个佛罗伦萨的书商秘密印刷。（在美国被克诺夫出版社出版的时候是被删减过的，一年后也被禁了，作者被开除了共和党参议员的身份，因为他是一个"思想有疾病的人"。）

《孤寂深渊》的开头不错，首印很快就售罄了。书封上的文字对书的主题描述非常小心，这样形容这本书："一部深刻而美丽的小说，讲述一个有男性气质的女人的故事,跟随她依照这种气质变得成熟。这本书是对一个困难的心理、社会问题勇敢的讨论。"伦敦的一家图书馆在一天内就收到了超过500份关于《孤寂深渊》的请求。约翰和乌娜被祝贺的电报和鲜花淹没了,出版日那天,这对情侣早早出去做她们传统的"扫书店"活动。几周后,哈洛德百货和其他商店的《孤寂深渊》都售罄了,已经订了货。约翰和乌娜去逛书店的时候,很满意地看到这本书的展示位非常突出。《每日电讯报》将《孤寂深渊》赞誉为"真正优秀……概念的孕育和写作都极为精巧"。《标准邮报》称赞这本书"坦诚、有说服力,极其勇敢"。维拉·布里顿在《时间与潮流》中称赞这部小说"非常感人",描述其为"一声恳求,充满激情,却克制得令人佩服,从不冒犯,请求社会给一个生理上不寻常的女人容忍、同情和认同"。

可是珍娜·富兰纳认为《孤寂深渊》"天真而困惑"。伦纳德·伍尔夫在他的书评里称这本书辞藻华丽却空洞,很"真诚"。(约翰认为他的书评"是真正残忍的攻击"。)弗吉尼亚·伍尔夫在她给奥托琳·莫瑞尔女爵的信中称这本书"停滞不前,不温不火,不好也不坏"。伍尔夫也不能接受它过度华丽的辞藻。可她还是坚持支持这本书的出版。西里尔·康诺利在《新政治家周刊》里说这是一本"冗长的、乏味的、毫无幽默感的书"。莱斯利·珀斯·哈特利在《周六评论》里无法掩饰他的厌恶:"瑞克里芙·霍尔小姐称自己的书是一部小说,但它也是宣传文和辩解书……关于女人之间不正常关系的研究;整部小说里,瑞克里芙·霍尔小姐以无比的坦诚坚持这一点,认为这个话题可憎的人远离这本书没有错。"

几个评论家称,不论话题是服务于宣传目的,还是仅仅过于激进,《孤寂深渊》都是当时一本重要的书。可约翰却没有展示出弗吉尼亚·伍尔夫那样的文学天赋和正式的创意。这部小说时而尖利,也有一些部分说教、夸大其词、多愁善感;在叙述爱与失去的时候非常套路;对话徘徊在言情小说的边缘。

斯蒂芬会问她:"我让你满足吗?告诉我,这世上有什么你想要的东西吗?"

玛丽的回答总是一样的。她会很严肃地回答:"只要你,斯蒂芬。"

最后的一段话是对自由的哀怨、渴望:"看到我们,哦,上帝,看到我们在这个世界上,也给我们存在的权利!"

即使《孤寂深渊》有很多缺点,结局也不幸福,但它还是走进了很多边缘人的心里。它坚持女同的生命是值得被认同的,她们的故事值得被讲述。派翠西亚·海史密斯的小说《盐的代价》在1952年匿名出版,这是第一部积极描绘女同之爱的小说,没有说这段感情注定是悲剧,最后也没人自杀。但是对于那个时代来说,约翰的小说是对女同的渴望和社会的拒绝激进的探索。这本书出版的那个夏天,社会上发生了很多对女人来说天翻地覆的变化:1928年《男女平等选举权法》颁布,英国所有21岁以上的女性都有了投票权,终于拥有跟男人一样的权利。(在此之前,这项权利在1918年被赋予了30岁以上且满足最低财产资格的女性。)《孤寂深渊》不是什么伟大的文学,可它是必读的书。之后的几十年里,它成了最畅销的关于女同或者作者是女同的书,它也是霍尔的小说中唯一一部依然在售的。

当代小说家珍妮特·温特森将《孤寂深渊》与《奥兰多》("英语文学中第一部跨性别小说")比较，认为它比不上，说它"加强了关于性别和性欲所有让人抑郁的刻板印象"，而且小说文笔"糟糕极了"。泰瑞·卡索尔也有相似的评价，跟"许多爱读书的女同"一样，她也开了不少《孤寂深渊》的玩笑，这本书"充满了糟糕的段落，让人选最爱的可怕段落很难选"。还说它"晦涩难懂，全是讽刺、浮夸且语法错误的情爱场景"，不过这个"通常啰嗦得像怪兽一样的同性恋成长教育寓言故事"还是在卡索尔的心里激起了复杂的情绪，即使她"在美学上，不由自主地感到羞愧"，她还是坦白，自己屈服于它"强大到无法描述的修辞能力"，最终不得不"顽固地爱上这本书和它的作者"。而且，她还赞美霍尔是"第一个说女人之间的爱是好的的现代作家——她做得简单又有勇气"。虽然《孤寂深渊》在艺术方面失败了，但卡索尔还是认为"自1928年以后，几乎每部英国或者美国女同小说都在某种意义上是对《孤寂深渊》的回应或侵犯"。几代女权主义者赞誉、讽刺或贬低这本书，可它从未被忽略过。历史学家莉莲·霍德森指出："从1928年到20世纪60年代的30年里，大概每个会英语或者其他本书被翻译成的是11种语言之一的女同都不会不熟悉《孤寂深渊》。"

也许，如果詹姆斯·道格拉斯没有把每一本女同虚构文学当做"无耻跟随公众、腐化全国健康青年的瘟疫"来攻击——还谴责同性恋"难以启齿的腐朽"——这部小说可能就会不为人知地因没人买而停止印刷了。可道格拉斯不停地公开谴责，警告说"谋杀犯只杀害人的身体，可这些变态却在摧毁人的灵魂"。他本想打压这本书，结果却适得其反，让书店疯狂订购这本书，还带来了不少宣传效果。他无意间将一个"堕落的女同"打造成了一个勇敢的先驱者。边缘人瑞克里芙·霍尔在文学史上有了自己的地位。

本书因色情淫秽遭到诉讼，主审地方执法官沙特尔·拜伦法官宣称，《孤寂深渊》的文学价值只让它的毁灭性更为强烈："毒药越可口，潜伏得就越深。"他谴责"女人之间不自然的行为"，称其"可怕、恶心"。1928年12月14日，上诉失败之后——开庭不到十分钟就宣判了，证人没有出庭，证据也没有展示——《孤寂深渊》正式被禁了。所有现存的书都将被没收、销毁。约翰很惊讶，谴责这次禁令是"对个人自由的攻击"。国际笔会英国主席——这是一个致力于争取写作权利、言论自由的组织——称他太忙了，没时间帮她争取。（很显然，文学自由是值得争取的，只不过为一部女同小说争取就不值得了。）面对这种懦弱的行为，约翰退出了笔会。

虽然约翰对这些问题有所准备（"我天生就是个抗争者"），经历过从一开始就注定失败的庭审之后，约翰还是疲惫又抑郁。在法庭上，她发表了一份声明，哀叹"对性别倒置正确认知的缺失"，宣告她信仰天主教，可她还是保持叛逆："我不后悔写了这本书。之后发生的这些事只能证明我的书有多需要存在。"她对自己的小说不动摇的信仰被粉丝数千封鼓励的信支持。一些同性恋读者问她，社会的接纳到底会不会到来，包括一个年轻女人，她问道："我才23岁，你觉得会需要很长的时间吗？"

约翰和乌娜决定卖掉伦敦的房子，以负担沉重的法律费用——这一切都是为了一件徒劳的事。乌娜后来回忆道，拜伦法官"拒绝听我们50个（支持本书的）证人作证，直接给这本书判了死刑，认定它是淫秽读物"。她还认为，公诉方没有一个人读过《孤寂深渊》。

并不是一切尽失。乔纳森·凯普做了一项颠覆性举动，在巴黎印刷了特别版。这些非法印刷的书是用英语印的，宣传语说这部小说是对"男性气质女人这一现象的全面"探索，这些印刷品被送到了当地的书店，还有一些通过邮寄或者一些英国游客的行李箱被送到了英国书商手里。法国和英国书店的销售都十分顺利，不出所料，这本书被禁之后反而更受欢迎了，让它成了地下畅销书。有一段时间，警察搜查了一家伦敦书店，几天后又搜查了凯普出版社的办公室。（他那聪明的秘书带领警察找到了地下室的一些库存，然后坐在剩下的唯一一本书上，直到他们离开。）到了1929年2月，法国版已经售出了近1万本。在美国，一家纽约小出版公司——科威西·弗里德在克诺夫出版社终止合约之后出版了一版（删减版）美国版。一些著名作家，包括海明威、菲茨杰拉德、舍伍德·安德森、厄普顿·辛克莱、埃德娜·费伯签署了一份为《孤寂深渊》发声的声明——但是纽约法庭还是认定这本书有淫秽色情内容，称其"有辱公共道德"。出版公司发誓要继续抗争，聪明地将版权转移到了纽约州外。正如在英国一样，这本书在美国也引发了轰动的媒体报道，引发群众的疯狂好奇，销量数以千计地增长。1929年4月，好消息接踵而来，上诉法院判决本书在美国的淫秽罪名不成立，销量再次大增。5月份，诗人埃兹拉·庞德告诉约翰，为了让她的小说未来的国际版本"读起来幽默"，她应该在书里添加包括每个国家淫秽色情法律的完整条文。

那年春天,加斯东·伽利玛提出出版《孤寂深渊》的法语版,约翰成了伽利玛出版社书单上第一个女作家。(乌娜小心翼翼地校对了法语译文。)可是,这些公众关注度、批判、偏见还是让约翰很在意。她在给奥黛丽·希斯的一封信中坦白,有时候她会想要隐姓埋名,也许装成一个"存款丰厚的退休五金商人,有一个妻子和四个孩子"。

1930年,约翰在东萨塞克斯的小镇莱伊买了一栋漂亮的14世纪住宅。小说家E.F.本森是附近的居民,他热切欢迎了这对情侣。亨利·詹姆斯也曾经住在莱伊。约翰靠美国版《孤寂深渊》赚了几万英镑,也使她以前出版的小说销量大增,她想宠溺她亲爱的妻子。这栋房子是一份礼物,以乌娜的名义购买,正如约翰所料,乌娜很期待负责这栋房子的装修,这项任务包括把房子内部装潢全部拆掉。(这个过程中,她们发现了一幅壁画、一个亨利八世的金币,还有其他藏在墙里的珍宝。)装修花了几个月的时间,所以约翰和乌娜搬进了附近一家旅馆,后来又搬进了租来的房子。一个在旅馆工作的女人后来回忆说坏脾气的约翰从来不叫她的名字,而是叫她:"蠢货!"即便如此,比起乌娜,她还是更喜欢约翰,她说乌娜"挑剔",她回忆说约翰"就像个丈夫,总是在为乔布里琪女爵要东西"。

约翰每天都在写作,乌娜则穿着罩衣去给装修工做监工。搬进房子之后,这对情侣进入了熟悉的程序,像一对体面的夫妻,乌娜保护约翰的时间,让她得以集中注意力。她满足约翰的所有需求,回复粉丝的邮件，监督厨师、园丁、女仆工作。一个女仆因为怀孕被开除了，还有一个被开除是因为把家里的钥匙落在了钥匙孔里，想请假。

乌娜还开始了新的写作项目。"在多年的停歇之后，我终于决定，我要记一本流水账，来补充我已经有规律地写了16年的日记。"她在第一篇日记里写道，"我可以在这里面只写关于我们日常活动的事实，约翰和我的，没有空间来记录细节，以后读来、回忆起来不会觉得有趣。"

最终，这种手账她记了13年，写了整整60卷，记录这对情侣平常的日常生活、重大的人生事件，甚至还有天气记录，包括莱伊和她们所拜访的许多城市。

到了1933年，因为经常拜访伦敦，她们开始感觉莱伊的生活很无聊。于是，约翰在伦敦买了一间公寓，这样她们就能两种生活都享受了。"在乡下的时候想找某本书，却总发现它在伦敦，反之亦是如此。"乌娜写道，"在伦敦度过一个夏天，就意味着错过果树开花、杜鹃鸟、蓝铃花和夜莺；在乡下度过一个季节就意味着不能看俄国芭蕾、歌剧、温布尔登。"

前一年很艰难。约翰最新的小说《房子的主人》销量很差，约翰痛恨她没有得到应有的赞誉这一事实。乌娜像往常一样，尽力帮忙，《房子的主人》样稿到达之后，她大声读给约翰听，一读就连读了十多个小时，还设计了广告，又一次帮忙想了书名（这个书名来自《新约》）。

45岁的乌娜多年来遇到不少健康问题,她现在经血流量太大,被诊断为子宫纤维瘤。进行了紧急的子宫切除手术后,她经历了威胁性命的并发症,不得不住院一个月。这次危机过去之后,她只剩下一件能汲取慰藉的事——约翰爱的力量。约翰在她卧床不起的时候用花、水果等礼物宠溺她。她们一起度过了这么多年,乌娜在她的日记里写道,从来没有"任何新的让人激动的事、情绪上的刺激让她对我的所有需求不这么认真对待,或者让她对我的安全和舒适不这么关心"。但是对约翰来说,情况在改变,而且已经有一段时间了。

约翰在经历更年期,总是精疲力竭,焦躁不安,她抽了太多的烟。虽然她在乌娜手术后充当了耐心的照料人,但这个照料的角色对约翰来说很不舒服,她太习惯被人伺候、被人照料了。乌娜很痛苦,遭遇严重的头痛、心悸、痔疮。她感觉越糟糕,约翰就越想退却。约翰觉得在她的身边很不开心。(就像之前的拉蒂一样,乌娜也有疑病症:31岁生日那天,她坚持做一次大肠X光,即使医生诊断她没什么病。她之后还为了庆祝,给自己买了一套西装。)还有一个肤浅的问题,那就是乌娜人到中年,看起来比以前衰老了。约翰变得冷漠,乌娜似乎在刻意忽视她们幸福生活中的裂痕。约翰是她的灵魂伴侣,就此为止。不过现在回头看,不难看出,在二人的关系中,乌娜是更热切的那个。她们最初在一起的时候,约翰似乎并不在意她们的月经期同步了,乌娜感到很失望。(乌娜将这一重大事件记录在她的日记里。)乌娜认为月经的同步意味着她们找到了深刻的身体和灵魂的联结,约翰却没有这种感觉。

1934年夏天,在乌娜的坚持下,她们去法国度假。毫无疑问,乌娜余生都会悔恨这次旅行。她们拜访了柯莱特、娜塔莉·巴尼，还有其他住在巴黎的朋友。6月底，两人去了巴尼奥尔，她们最爱的度假目的地。几天后，乌娜染上了痛苦的肠道感染。她感觉到约翰这次不会再扮演护士角色了，于是建议她雇一个真正的护士。几周后，32岁的俄国流亡者进入了她们的生活。

叶夫根尼娅·索林的第三语言是英语，她说得不多，但是约翰对她一见钟情。她在叶夫根尼娅的房间睡觉，理由是这样乌娜才能休息好。即使她们之间并没有发生什么身体接触，约翰也没有掩藏她对叶夫根尼娅的意图，叶夫根尼娅是否喜欢约翰就不得而知了。（这个年轻的女人是不是同性恋，甚至是不是双性恋，都不一定。）乌娜恢复之后，约翰急切地想再见到叶夫根尼娅，安排了在巴黎跟她见面。在一间酒店房间里，约翰跟她接吻了。她们分开后，她开始给心上人写慷慨激昂的信，她称她为索林，告诉她她必须穿什么颜色的衣服，涂什么颜色的口红。

约翰不止一次在信的后记中补充说，乌娜不会拦截任何邮件（"你写的信我都自己去取，也自己打开"）。她毫不犹豫地纠正自己未来情人的错误，在早期的一封信中写道，"你亲爱的、僵硬的信件昨天来了"，说她的英语有问题，"在我的国家里，没有人——在任何情况下——在信的开头写'我亲爱的霍尔小姐'！你可要记住，永远不要再叫我'霍尔小姐'。"约翰的信从两天一封增加到一天一封，再到一天好几封。这不是一时的迷恋，这是完全的执迷，刚好跟她文学事业衰落的开始吻合。

约翰这时54岁,跟乌娜在一起近20年了。一天晚上,她坦白说她爱上了索林,在第二天的信里描述了这次口角。

约翰表达了她对乌娜的感激,感激她在《孤寂深渊》遭到"审判"期间的支持,约翰写道:"乌娜跟我肩并肩,在那次可怕的战役中一点点战斗。她把自己的全部注意力和她的生命都给了我。"但是她的感性在这里就结束了。

这很糟糕,她提醒我多年来她所有的疾病,以及经历的手术。她告诉我,她现在病得很重,(她的医生)警告她,要避免任何情绪,如果我能见到你,我们之间可以发生一切,可那样她就永远无法快乐了,会焦虑到死。她说她不会忍受我们见面的。

我说我会控制自己,但前提是我能再跟你见面。她不相信,今天早晨,在吵了整整一晚之后,她突然躺在地板上,好像精神错乱了似的。我想这很可能是因为手术让她容易激动——女人做完那种手术之后总是容易激动。

乌娜认为索林是一个"敬业、可敬的护士",她帮这个年轻女人在附近的医院里找到了一份工作。但现在她成了乌娜的麻烦。乌娜还以为索林只是她们生活中"路过的鸟",她多年后在《瑞克里芙·霍尔的生与死》中这样回忆道。"但是完全预料不到的事发生了。"乌娜写道。约翰包养了索林,索林哪儿也不会去。心碎的乌娜震惊地发现自己变成了多年前的拉蒂:一个为了避免被抛弃,必须整日忍受所有屈辱的电灯泡。约翰相信自己多年前的不忠造成了拉蒂的死亡,这让她十分痛苦,所以这次出轨使她觉得更加屈辱。(约翰在另一封给索林的信中这样写道:"我要是个男人,就会给你一个孩子。")至少乌娜和拉蒂一样,能提供稳定的支持,坚信约翰的事业——也许太过坚定了——和她的"天才"。索林是个被宠坏的顽童。她冲动、自私、爱操纵人、难以满足,她情绪不稳定,忽冷忽热,更多时候是冷。"她就像一个野人一样暴力、不受控制。"乌娜写道,"她对约翰的写作没有兴趣,在她眼里,这是一件非常次要的事,深深让她厌恶。"比起索林跟约翰之间的关系,索林对约翰写作的漠不关心可能更让乌娜受伤。"她对创意工作所需要的环境没有任何体谅,每当约翰沉浸其中,她都感到极其无聊。"她补充道,更糟糕的是,她无法掩饰自己的恶心,"我有理由相信,即使过了这么多年,索林甚至都不知道约翰创作的人物的名字。"

约翰认为索林是她的缪斯,是她的欲望对象,也是一个需要母亲般保护的脆弱孩子。乌娜认为她们是"油和水",她们的情事是一系列"风暴和调解"。自索林出现了"肺部问题"后,乌娜吞掉她"不可避免的嫉妒",允许约翰为她的情人付医疗费用。"从一开始到最后,她都是个难对付的病人。"乌娜记录道,"像一匹野马一样难以控制,倔强、狂野、反复无常,情绪不停变化,从语无伦次的愤怒到糟糕透顶的阴郁,再到疯狂的积极。"从那时候开始,这个变幻莫测的女人多多少少一直跟着约翰和乌娜,要么跟她们住在一起,要么就在附近自己的住处(当然了,是约翰找的)。"虽然这样有坏处,"乌娜回忆说,"但长久来看,是最好的解决办法。"

为什么要允许自己如此堕落?"跟约翰一起生活绝不容易。"乌娜在她的回忆录中写道,"但是她有无数面,总是那么有意思。"(约翰死后,乌娜坦白道"我失去了我的职业,也失去了我无比挚爱的同伴"。)不过她还是靠翻译和编辑工作来满足自己的创作冲动,乌娜最新的创意项目是将柯莱特的小说《谢里宝贝》改编成舞台剧,结果很失败,剧评糟糕,她备受打击。跟约翰一起生活、通过约翰生活是她的全部。

乌娜努力帮索林弄到了英国的签证,逼自己信任约翰空洞的忠诚宣言——"你是永久的"——在约翰给索林慷慨的零花钱来付房租和生活费的时候缄口不言。更糟糕的是,约翰送给索林一只斗牛犬幼犬。(对于约翰和乌娜来说,没有比这更重大、更有意义的信物了。)乌娜经常独处,不是出于选择,而是因为约翰不在身边。有一次,她坐在她们的伦敦公寓里,约翰则跟索林去酒店住了几晚,没有道歉,也没有解释。乌娜给索林写信说:"你让我成为自己生活的陌生人。"

她思考着自己悲伤的境遇,以及过去如何折磨着她。"拉蒂日日夜夜拉着我的手。"乌娜在日记里写道,"我能感觉到她的存在、她的帮助,这是我之前从未感受过的……我一直伤害她,她却以德报怨,在几乎一模一样的情形下帮助我。"乌娜回忆起被拉蒂称为"我们的三人情感"的痛苦情形,她承认说:"我自私透了,对她非常残忍。"什么也无法动摇乌娜对约翰的忠诚。1934年圣诞节前,她在一个美国粉丝出现在她们门口时保护了约翰("一个有幻觉的疯狂女性瘾者!"),那个粉丝疯狂地想见约翰。乌娜拒绝自己也搞外遇,即使一个女人来吃午餐,跟她调情。乌娜感到很荣幸,但并没有进一步发展。"她很好,非常有魅力。"乌娜在日记里写道,"但是自从1915年8月1日起,我的目光就已经聚焦在同一个人身上。"

有一次，乌娜被拉着去巴黎拜访索林之后，独自回到酒店，看到约翰给她留了一份礼物——一盆映山红——这让她更加抑郁。即使约翰坚持说这盆植物象征着她们之间永恒的爱，她却在告诉索林她有多么强烈地渴望得到她的身体，"我要一直吻你，直到你开始求饶"。她在乌娜在场时说一些不考虑她的话，比如提到她永远无法忍受一个聪明的情妇。（乌娜认为索林不高的智商格外惹人烦。）约翰时而发脾气，把乌娜的痛苦怪罪在她自己头上，然后又在严重吵架之后在索林的怀里寻找安慰。乌娜假装勇敢。私下里，她痛苦得很："20年来这忠诚都是归我的，现在却流向了另一个女人，一个比我小很多岁的女人，她从来不像我那样能为约翰做一切，这让人十分痛苦，只要我醒着，它就在我的心里、脑海里挥之不去。"

就像拉蒂之前一样，乌娜抱有天真的幻想，告诉自己说，约翰的执迷只是一时的情迷，约翰有一天会甩掉索林，再也不会提她。虽然索林惯用肮脏的操纵手段，经常情绪阴郁，还像孩子一样依赖着约翰，约翰却被她紧紧攥在手里。约翰似乎已经忘记了是乌娜不动摇的支持帮她达成了如今的名望和成就，或者说她的文学职业生涯全得感谢乌娜。乌娜照料了所有事，让一切看起来都那么容易，即使实际上并非如此。"我不会忘记，有时候我告诉她，在她写书的时候跟她一起生活就像是地狱。"乌娜在回忆录中说，"我也会记得，我说，我不知道她什么时候更让人难以忍受：是她工作太多时还是她没办法工作时！"

不论约翰把索林当做怎样的缪斯，她的情妇实际上都没什么用，一点也不支持她。约翰生病的时候，索林很不耐烦；约翰说起自己的工作，索林感到无聊。1935年夏天，经历长期的创意匮乏期后，约翰终于写出了她声称是她迄今最好的一部小说。它不是。她说她感到索林给了她灵感，开启了她的想象力。可最后不是索林，而是乌娜小心地读了终稿，称它为"完全的天才"。又一次，乌娜帮忙起了书名：《第六个主教》。这本书在1936年春天出版，结果很失败。现在乌娜又得对付约翰的阴郁情绪，她还被迫跟约翰和索林一起去法国、意大利旅行，感到"精神上、心灵上、身体上都精疲力竭"，看着两个恋人争吵、分手，又复合。

一起旅行的还有一只紧张的迷你杜宾犬。乌娜在她的回忆录中回忆道，这次又是另一只狗：玛丽·罗斯。它是德国狗，一只小小的黑褐色迷你杜宾犬，我在巴黎的商店买的，因为它看起来害怕极了。不过它很快就不那么害怕了，开始了吓坏人们的"职业生涯"。它咬了一个兽医，还咬了我们的厨师。它攻击了一个修女，还有很多其他人，它让我神经衰弱，所以我把它送给了一个上了年纪的意大利女爵，她欣赏它的脾气，认为这是忠诚的证据。

乌娜像个乖乖的家庭主妇一样在佛罗伦萨奔走，为她们租来的公寓"寻找床品、餐具、锅碗瓢盆"，约翰跟索林争吵，索林想回巴黎。她威胁、表现暴躁，还要求约翰离开乌娜。她们的情事——通过性给约翰满足，通过钱给索林满足——开始风雨飘摇。约翰提出给索林涨零花钱，把这当做控制的手段，但是她的情妇表达了对更多独立的渴望。充满情绪的请求都被无视（"如果你继续折磨我，我可能会突然不再爱你了"），索林对约翰模棱两可的自杀威胁不为所动。1939年，约翰与索林之间的性关系结束了，但是她们之间的拉扯还在继续，不知怎地，索林还继续跟她们一起旅行。乌娜回忆到一次痛苦不堪的租车公路旅行，三人被一起困在后座里，索林"无止尽地"嚼着硬糖，像个烦人的小孩。

约翰和乌娜一起做的最后一件幸福的事是收养她们的白色贵宾犬——菲多，它"拥有自己的小卧室，在床上睡，还枕枕头"。另一方面，约翰的灵感已经枯竭——她死前不会再发表另一部小说——她很抑郁，还遭受多种小病症的折磨。

1939年9月1日，希特勒入侵波兰。虽然约翰享受跟她那"一两个很好的犹太朋友"相处，但她也相信犹太人"痛恨我们，想要发起欧洲战争，然后要发起世界革命，要彻底毁灭我们"。乌娜也有着同样的反犹太情绪。她曾经这样描述自己的邻居，"那种好的犹太人"。约翰的视力开始衰竭，还有结肠炎、痔疮，感染了双重肺炎，乌娜看到约翰状态这样糟糕，很是难过。她给索林写信，求她给约翰写信，让她开心一些。1943年3月，约翰被诊断为结肠癌。10月7日，她去世了。

乌娜和约翰在一起28年，约翰咽气的时候，乌娜就在床边守着。她描述说，她亲爱的"非常平和、非常平静"，看起来英俊极了，好像"一个年轻的飞行员或者士兵……一丝女性气息也没有；没有一个心智正常的人会怀疑逝者不是个年轻男子"。之前的几个月对乌娜来说很艰难，约翰经历疼痛、恶心，需要打吗啡镇定。不过她作为妻子的忠诚终有回报。最终，约翰只属于她。虽然索林漫不经心地来医院看望过约翰几次，她同情心的缺乏却非常明显。乌娜带着爱意在约翰临终前几个月照料她，从未感到过离她这么近。"我想要你、你、你，"约翰有一天表白说，"整个大千世界里，我只想要你。"至于约翰的遗嘱，写于她死前几天：一切都留给乌娜。

这下乌娜没了活下去的理由。她依赖信仰来让她走下去，还有她认为有一天她会跟约翰重聚的坚定信念。她投身于葬礼的策划，包括一次安魂弥撒，还要把约翰的棺材放在威斯敏斯特教堂展示，最后在高门公墓安葬，跟拉蒂同穴。乌娜在通往连接墓穴的通道里镶嵌了一块大理石牌匾，上面刻着诗人伊丽莎白·巴雷特·布朗宁写的铭文：

瑞克里芙-霍尔
1943
若上帝选择如此，
我将会在死后
更好地爱你。
乌娜

乌娜意识到，作为约翰文学遗产的守护者，她的忠诚将会以另一种形式继续。她将自己看做"灯的守护者"，守护约翰的"天才"和"我们永恒的爱"，这是一项能够让她走下去、给她安慰的任务。哀伤的寡妇做的第一件事就是毁掉约翰最后一部小说只完成一半的书稿，乌娜称这是在完成约翰托付给她的心愿。（那本书是约翰对索林痴迷的故事稍微改编了一下，所以并不适合出版。）她小心地保护着约翰的名声，基本上将索林从她们的故事中剔除，毁掉了几百封她给约翰写的信。现存的只剩下一封。

索林并没有失去挚爱；她只是失去了一个必要的金主，她没打算默默地继续生活。即使在约翰死后，她也要求乌娜照顾她。她试图针对约翰的遗产找麻烦，声称约翰一定会希望她过上舒适的生活，即使不能奢侈度日。乌娜认为索林的理由"完全是虚假的"。约翰在遗嘱中只模糊地提及她的前情人，允许乌娜自由裁量，给她一小笔钱。她没有任何法律意义上的责任。

因为乌娜现在有了权力，她继续给这个屡教不改的女人基本的零花钱，即使索林于1946年跟俄国工厂工人弗拉迪米尔·马卡洛夫结婚后也没停止。他们住在一间破旧的单间里。她并没有对乌娜的慷慨表达过感激，还祈求要更多的钱来偿还债务。她寄来的每一封信都让乌娜更加愤怒，她厌倦了这些持续不断的要求。"我不是源源不断的金钱喷泉。"乌娜在日记里写道。她知道索林的"毒舌"，她可能会说或者做任何事，乌娜只给她足够让她闭嘴一段时间的钱，免得她去闯祸。有一段时间，乌娜问她薪水和花销的细节、她丈夫的收入、医疗花销的发票，还有更多。"我不会让她在常年道德不诚实的基础上再刻意撒谎，还没有任何后果。"乌娜写道。

1956年，索林被诊断为癌症，她去看了一个私人医生，坚持让乌娜付账。乌娜拒绝了。索林找的代理律师写信要求医疗和护理费用，声称乌娜违背了约翰遗嘱的条款。他还说索林开始把约翰给她的所有信都打了出来，打算留给后代。乌娜认为律师的信是勒索，不愿让步。1958年夏天，53岁的索林去世了。

"在她的事上，我不认为我应该自责。"乌娜写道，回忆起索林给约翰施加多年的"可憎的残忍"。"她在我们二人的生活里是灾难般的存在。我想，她的丈夫没有通知我是希望能多得到几次零花钱。"

索林死后，乌娜终于感到她有自由重新开始她多年前的一个项目了。1945年，乌娜狂热地为约翰写致敬文，写关于她们近30年关系的回忆录：《瑞克里芙·霍尔的生与死》，一个多月就完成了。可她一直等到1961年才出版这本书，声称索林的死"当然了，为我书的出版清扫了道路"。乌娜可能还在等一些家庭成员和曾经的熟人过世，那样她才觉得她能为她与约翰的生活正名。

1945年，战争结束的时候，乌娜决定彻底离开英格兰。四年后，一家小出版商，猎鹰出版（后来转型成为哈蒙德）冒险出版了《孤寂深渊》的新版，测试内政部的法律是否会再一次攻击它。（该小说在美国和其他地方畅销了近20年了。）有趣的事发生了：这次没有人挑战这本书，《孤寂深渊》在英国稳定地畅销着。这对乌娜来说是很自豪的时刻，这是她长久以来的心愿。

1946年，乌娜在佛罗伦萨过上了稳定的新生活，在维琪奥桥附近找到一间带有大花园的公寓。她为约翰建了一个神龛：书架上摆满了约翰不同版本的书，还有约翰在各处的相片。傍晚时，乌娜独自在公寓里，穿着约翰的睡袍。这个62岁的女人留着银灰色的波波头，表情严肃，过着朴实无华的生活，只有一个女仆——当然了，要穿着制服——帮忙做饭、打扫。乌娜读书，每天参加弥撒，购买古董，去电影院，拜访佛罗伦萨的几个朋友，做翻译工作。她收藏了很多唱片，一听就是几个小时。她享受去看演唱会、歌剧，经常穿着约翰的细条纹西装，戴着她的领结、缟玛瑙袖扣。

1951年，在米兰的一次相遇将改变她人生的最后篇章。乌娜在斯卡拉歌剧院遇到了歌剧演员尼古拉·罗西-莱梅尼（"听到他唱歌是我可以拥有的最大的欢愉"），他们一见如故。他邀请她为他正在准备的一部剧帮忙——《琼斯皇》。这部改编自尤金·奥尼尔的戏剧，乌娜开始将歌词翻译成意大利语。她成了32岁的尼卡的知己，尼卡是她对他的昵称，他离婚后把她当作了依靠。他的陪伴帮助她将"抑郁的魔鬼"挡在门外——她疯狂想念约翰，这个伤口永远无法愈合。

对乌娜来说，尼卡成了柏拉图式的约翰替身：他是她能够崇拜、服务、关怀、关心的明星。她替他回应粉丝的信件，安排旅程，帮忙做公关，还陪他在欧洲和美国巡回表演。1952年，她在旧金山参加尼卡作为鲍里斯·戈都诺夫在美国的首秀，1954年跟他在芝加哥歌剧院表演《唐·乔瓦尼》的第一季。后来，他跟玛利亚·卡拉斯一起录制了数部歌剧，乌娜带着一种母亲般的自豪微笑着。

有时候，她会跟尼卡一起熬夜，给他按摩、按脚。跟约翰在一起这么多年之后,这就是乌娜对成就感的定义。"他想要我、依赖我是一件幸事。"她在日记中炫耀道,"他爱我胜过他的母亲。"她爱他的依赖:"尼卡离不开我,永远都离不开我。"1956年,尼卡跟第二任妻子弗吉尼亚结婚,她是一个著名的女高音,新娘有了第二个"婆婆",那就是乌娜,乌娜还给他们的儿子亚历桑德罗做了教母。一年后,乌娜借给尼卡一些钱付罗马一间公寓的首付,自己在这对夫妻的隔壁租了一间公寓。(弗吉尼亚是否反对这些不得而知。)又一次,一个三人组。乌娜像从前把约翰当作她生活的中心一样,把尼卡当作了她生活的中心。"他确实意识到,他是我的职业。"她写道。他的事业是"我老年最大的兴趣"。

尼卡感激她的友谊,为她的爱慕感到荣幸。他多年后写道:"乌娜有三个偶像,尼金斯基、瑞克里芙·霍尔,还有我!"乌娜对他十分慷慨,还鼓励他写诗,他确实写了,最终赢了一次诗歌比赛,出版了五本诗集。他将她描述为"行走的百科全书",惊叹道:"我们的友谊完全是独一无二的……我们对艺术有着同样的兴趣,还有古董、宗教、哲学问题——我们之间的联系从未断过,她对我来说是取之不尽的知识和灵感来源。"

这段关系给了乌娜在生命最后阶段需要的智力上、情绪上的营养。她的日子有了结构和意义。有一天,乌娜在米兰跟小说家老朋友米奇·雅各布见面,她跟人相处时很愉快。"乌娜·乔布里琪对音乐、艺术、文学的知识,再加上她运用这些知识的能力,实在叫我无法不钦佩;她为自己创造新生活的能力,做一个……有趣、有意思的人——而且对你也感兴趣！——的能力让我更加喜爱、尊重她。"米奇说道。

乌娜在罗马定居，找了一个新女仆，娜达。她用跟约翰曾经生活的信物将自己包围起来，每天都在客厅里约翰的照片前摆鲜花。

"即使过了这么多年，我几乎在所有方面都还是同一个人。"她在1962年写道。她的健康状况开始每况愈下，她经历了摔倒、受伤、无精打采、食欲不振，总体来讲感到"非常虚弱、摇摇欲坠"。她得了肝癌。

1963年9月24日，乌娜在女仆的怀里逝世，享年76岁。尼卡为她在罗马公墓的"天主教外国人"部分买了一块墓地，这里葬着许多知名的意大利演员、导演、政治家。她墓碑的铭文写道：乌娜·文森佐·乔布里琪，瑞克里芙·霍尔的朋友。

# 2

# 艾尔莎·莫兰黛
# 和
# 阿尔贝托·莫拉维亚

---

"文学夫妇是一种瘟疫。"

艾尔莎·莫兰黛有一个想法。那是1938年，在罗马，希特勒和墨索里尼计划路过她的公寓楼下，一起乘着敞篷豪车参加游行。她用炉子烧了一壶橄榄油，计划打开窗户，在他们路过的时候浇在他们头上。当时跟她交往了一年的爱人，跟她一样是作家的阿尔贝托·莫拉维亚说服她不要这样做。这是个糟糕的主意。

7年后，希特勒和墨索里尼死了：希特勒自杀而死，墨索里尼死于机枪，他的尸体被挂在米兰的洛雷托广场示众，任人脚踢、拳打、吐口水。那时候，艾尔莎跟阿尔贝托住在一起，莫拉维亚的第一部小说《冷漠的人》在1929年出版后获得成功，他已经收获了文学作家的成功和名望——他18岁时就开始写这部小说，21岁时出版，广获赞誉。这本书是针对罗马资产阶级的严厉批评，可以说它奠定了他作为意大利主要小说作家的地位，如今仍然被很多人认为这是他最好的一部小说。在1934年第二版出版之前，这本书已经加印了4次。

几十年后，阿尔贝托毫不谦虚地回忆道："那本书获得极大的成功。实际上，它是现代意大利文学最伟大的成功之一。实际上，就是最伟大的，我可以谦虚地这么说。"他还说："从来没有过这种现象。当然了，过去的50年里也没有书获得过那样一致性的热情和激动。"

他的小说《假面舞会》写于1941年，描绘了一个虚构的拉丁美洲国家独裁者滑稽的形象，被法西斯政府禁售、没收。报社收到指示，不许给他付稿费写任何东西，所以很多年里，他都不得不用笔名写作。他陷入了麻烦。艾尔莎和阿尔贝托在1943年夏天被迫东躲西藏，因为阿尔贝托（从父亲那边继承来）的一半犹太血统，他被法西斯警察列在"在逃"名单上。在墨索里尼的统治下，所有书稿都必须提交给大众文化部，犹太人被踢出军队，不能担任任何政府职位，也被禁止出版图书。"审查制度太糟糕了！一旦扎根，就成了一种该死的耐寒植物！"阿尔贝托曾经说过，"审查制度是一种野兽般可怕的东西！"

跟阿尔贝托一样，艾尔莎也出生于罗马，她也跟他一样，父母中有一方是犹太人。她的母亲厄尔玛·波吉邦西是一个来自摩德纳犹太家庭的教师，她嫁给了来自西西里的奥古斯托·莫兰黛，他在一所男孩改造学校工作。艾尔莎出生前不久，这对夫妇刚刚失去一个儿子——马里奥，他出生后不久就去世了。艾尔莎是家里最大的一个，她有几个弟弟妹妹：阿尔多、马塞洛、玛利亚。（也许是因为马里奥去世的阴影，艾尔莎总说她希望自己是个男孩。）厄尔玛总是嘲讽、羞辱她的丈夫，逼他每顿饭都独自吃，在地下室睡觉。她没有离开奥古斯托的唯一原因是她认为他会自杀，所以，当他在二战后因病去世，她肯定松了一口气。在奥古斯托悲惨、孤独的一生最后的阶段里，厄尔玛才投给他一点点善意的残渣——允许他从地下室搬到客厅沙发上睡觉，他后来在沙发上去世。奥古斯托的无能意味着他只是法律意义上的孩子的父亲。他们的生父实际上是一个家庭好友，一个名叫弗朗西斯科·洛莫纳科的帅气西西里邮政工人。艾尔莎早在厄尔玛对孩子们吐露真相之前就准确地猜到了这个秘密。

莫兰黛一家的生活单调而紧张。孩子们害怕他们易怒的母亲，她总是容易发怒，经常对他们横加指责。做一份全职教师的工作，同时还要抚养四个孩子、做饭、打扫、熨烫、对付家庭生活账单，这样的生活可能会让任何人疯掉。对于厄尔玛来说，这份痛苦和愤怒可能有一部分来自她未能实现的作家梦想。为了以自己的方式实现这个梦想，她喜欢写诗和写歌词，曾在一本意大利杂志上发表过一个故事。

后来，厄尔玛以替代的方式通过艾尔莎来生活，她嫉妒艾尔莎，给女儿施加了关于成功的巨大压力。

两个年纪最小的孩子——马塞洛和玛利亚——感受到厄尔玛更喜欢阿尔多和艾尔莎，他们的感觉并没有错，厄尔玛对他们的爱更少。艾尔莎尤其是厄尔玛最珍视的——她有自己的房间，可以在家里吵架的时候躲起来，冲动地写作。考虑到厄尔玛因无法实现的文学野心而懊恼，怪不得她那么在意艾尔莎，一心想让她取得伟大成就。艾尔莎的才能还受到了她富有的教母的支持，她名叫多娜·玛利亚·格里瑞里·贡扎加，是一个贵族，经常邀请艾尔莎去她位于罗马西北部的漂亮度假村。

艾尔莎经常在又黑又脏的莫兰黛家的房子和多娜·贡扎加度假村华丽的环境中往来，让她一辈子都习惯富裕和贫穷、宏伟和脏乱两种生活——这种接触还为她作品中的阶级冲突打下了基础。到了5岁，这个想象力丰富的女孩已经在用工整的小字写诗了，还能画出细节惊人的图画。艾尔莎没有上小学，但她是个贪婪的读者，总是渴望读更多的书，热爱编故事和游戏。她青春期写的一系列儿童奇幻故事将在她近30岁的时候被出版（同时出版的还有她的插画）:《编辫子的凯瑟琳的美丽冒险以及其他故事》。她小时候热爱波德莱尔的诗，并靠自学法语来阅读。

1922年，艾尔莎进入初中，写下了她的第一部戏剧。女校长被这个孩子写的优秀作品震惊了，称她为"天才"。艾尔莎不是个受欢迎的女孩，认为自己长相丑陋，可她是最优秀的学生，她的同学们都想更像她。（他们给她带来糖果、巧克力等礼物，好抄她的作业。）她后来上了罗马最顶尖的一所高中——维斯康蒂高中，她在这里学习了希腊语和拉丁语，又一次在学业上表现优异。18岁时，她在《晚邮报》上发表了第一篇文章，这是意大利历史最久远的报纸之一，也是读者最多的。艾尔莎没有去上大学，而是决定离开家，作为一个作家闯世界。（早年写虚构故事时，她说卡夫卡是唯一一个对她作品有影响的作家，但后来她又否定了卡夫卡，爱上了司汤达。）她不单拒绝了继续正式教育，还拒绝了一份可以带来稳定收入的教学工作。

这个决定让她开始了贫困的独居生活。她在威尼斯广场附近租了一间小房间，过着拮据的生活，教授意大利语私教课，开始在各种杂志上刊登诗歌、故事（有些是以安东尼奥·卡雷拉的笔名发表的）。她太过贫穷，经常没钱吃饭。她还很孤独，给一个只能报时间的电话号码打电话，就为了听听人的声音。

接下来的几年对艾尔莎来说很艰难，经济上和情感上都是如此。她有过一些情事，但从没长久过。1937年春天的一个傍晚，她跟朋友们出去吃晚餐，阿尔贝托是其中之一，他是个出名的花花公子。根据他对这次相遇的回忆，吃完饭后，他对艾尔莎说了晚安，她把自己家的钥匙塞给了他。那时艾尔莎才25岁。他被这个智慧又"有着蓬松头发、圆脸"的女人深深吸引，"美丽的眼睛里像近视一样梦幻的眼神"，"小鼻子,大大的、坚毅的嘴"。他们之间既不是一见钟情也不是身体冲动。"我从没有失去理智。"阿尔贝托在跟作家阿兰·艾尔肯为一本书的采访中说。(这次采访在1990年出版,题为《莫拉维亚的一生》,算是一本回忆录。艾尔莎非常注重隐私,没有留下自传体记述。)"我没有陷入爱河,但是我被她性格中极端的、令人心碎的热情所深深吸引。"他描述她为"一个从天堂坠落的天使,落入了日常生活的实用地狱。但是这个天使有笔做武器"。当他被问到艾尔莎是否有野心时,阿尔贝托说:"野心算是说得轻了。写作就是她的人生。"

一年后,艾尔莎在她的日记里写道,一天,阿尔贝托告诉她,他们之间的关系应该结束了。他逃到了希腊。几周后他回来的时候,想结束关系的人变成了艾尔莎。

可是,不知怎地,两个人还是坚持了下来。不过他们之间一直有金钱问题,或者说,缺钱的问题。阿尔贝托的文学名气一直在增长,但他尚未获得经济上的成功,仍然住在父母家。他的堂兄弟尼洛和卡洛尔·罗塞利是一个反法西斯运动的发起者,被墨索里尼下令谋杀,死于巴黎。1941年,阿尔贝托还失去了他的弟弟加斯通。

在他跟艾尔莎恋爱的早期,阿尔贝托因为贫穷被刺痛,但他不会因此恐慌:"我认为贫穷可能是一种有趣的体验。"他回忆道:"我一生都被自己的冷漠所保护着。"他还被他的威尼斯犹太人父亲卡洛尔保护着,卡洛尔知道自己的儿子必须成为一个作家,不可能成为其他人。

卡洛尔是罗马城里最早买车的一批人——一辆15马力的菲亚特——甚至还有一个司机开车送他和妻子去看歌剧。这家人足够富裕，卡洛尔并不觉得有必要逼儿子找工作。作为一个建筑师和业余画家，他"明白艺术的价值"，阿尔贝托说。（他出生时名叫阿尔贝托·平谢尔，后来将家族传统名字莫拉维亚当作自己笔名里的姓。）即使出身富裕——阿尔贝托回忆自己小时候"跟姐妹们一起玩，早早上床睡觉，跟家庭教师说法语"。——他还是很早就感到痛苦，在9岁时被诊断为骨结核。这种疾病让他的一条腿比另一条短几厘米，终生跛脚。得到诊断结果后的许多年里，他都只能在家卧床，后来被送去了意大利阿尔卑斯山区的一家疗养院。"要想理解我这个人，"他在回忆录中揭露，"你必须记得，我从小就饱受病痛折磨，因此，我总是一个人，彻彻底底的一个人，直到18岁。我从没去上过学，我也从没有玩伴。孤独深深入侵了我的灵魂，直到今天，我依然感觉到与他人深刻的疏离感。"他整日阅读陀思妥耶夫斯基、莎士比亚、但丁、莫里哀、兰波，还有许多其他作家的作品。到了青春期，他已经能熟练使用法语、德语、英语。他曾经告诉一个记者："是那漫长的疾病让我开始写作。"

阿尔贝托遇见艾尔莎时，正在遭遇痉挛的折磨，这是一种神经性结肠炎。"我总是胀气，吃不下东西，变得非常瘦。"阿尔贝托回忆道。这对情侣开始以典型的罗马方式度过他们的傍晚，跟朋友们在附近的餐厅见面，一聊就是几个小时。他们因对法西斯的共同痛恨而熟悉，他们的社交圈子里有画家、作家。阿尔贝托不去艾尔莎的公寓过夜，而是选择回到他父母的家。虽然阿尔贝托被艾尔莎个性的强大所吸引（"那么独特，那么强大"），他却说他对她没有"强烈的欲望"。他说，"性爱中，艾尔莎几乎对肢体之爱感到排斥"。他们在1941年4月出于现实考虑结婚：阿尔贝托说他讨厌在严寒的冬天里总往返于她的公寓和家之间。住在一起就能解决这个问题了。

婚礼上，艾尔莎拿着一个丝绸包，她贴着裙子拿包，把它藏起来。这对夫妻有四个见证人，在阿尔贝托的要求下，他的家人没有前来。"我记得我的婚礼并不是那么欢乐的场合。"他后来回忆道，"我被战争所压迫，还有缺钱、家人等问题，以及艾尔莎对仪式赋予的郑重的重要性。"阿尔贝托的母亲特蕾莎邀请两人去吃晚餐。这是一次不愉快的经历——实际上，阿尔贝托记得这次晚餐"完全是灾难性的"。特丽莎试图给她的新儿媳一些建议，艾尔莎回答得很轻蔑。两个女人吵了起来。

"艾尔莎的性格配不上她的智慧。"阿尔贝托说，"她应该明白，我母亲就是个平庸的中产阶级女士，不必揪着不放。"两个女人此后从未再次见面。卡洛尔当时病得很重，从未见过艾尔莎，第二年在医院去世。

阿尔贝托不想问父母要钱给艾尔莎买婚戒，也没有要求住在他家拥有的大公寓房里。但他要求住在房子两间房的阁楼里，这个空间对于两个作家来说实在不太够，更别说还要装下他们的自我。

战争结束后，他们会在波波洛广场附近买一间好得多的公寓。但是目前，他们被困在一间狭小的公寓里，唯一的优点是能看到贝佳斯花园和贝佳斯博物馆的美景。

他们去度了蜜月，这要感谢阿尔贝托15000里拉的合同，他要为电影导演马里奥·索尔达蒂写剧本：《悲剧一夜》，该电影于1942年发行，改编自德尔菲诺·西内利于1928年出版的小说。他热爱电影，曾经称电影是他除了文学和绘画外最爱的艺术。阿尔贝托小时候经常一天看两部电影。他很满意这份合同付的报酬，但是认为写剧本的过程"烦人"。他说编剧就像一个家庭教师养大了孩子，然后被开除了。他讨厌"为了钱将一种珍贵的东西给送出去，给一个会利用它的人"，还认为写剧本的过程十分冗长。"它毁掉了我的生活。你会跟其他编剧一起坐着，一个小时又一个小时，抽烟、喝咖啡，偶尔讲一些下流笑话或者反法西斯笑话。这是持续不断的拉锯战。"尽管如此，他还是又写了几个剧本，才最终放弃为电影写作。晚年时，阿尔贝托夸耀说："我认识所有人，所有人也都认识我。我是意大利电影界的一分子，因为首先，我写过两千篇影评文章，也至少有20部电影改编自我的小说。"实际上，他的小说《同流者》和《轻蔑》分别成了贝纳尔多·贝托鲁奇和让-吕克·戈达尔两位导演的经典之作。

不论如何，给索尔达蒂写剧本都给了阿尔贝托和艾尔莎旅行的机会，他们去了锡耶纳，住在斯卡西亚潘西埃里别墅，这是一座漂亮的豪宅，被改造成了一家酒店，如今仍在营业。从这里出发，他们去了阿纳卡普里（卡普里岛上的一个小镇），他们在这里喝酒、抽烟、散步、争吵、写作。

这对情侣的日常非常简单。每天早晨，他们7点左右起床，阿尔贝托开始写他的中篇小说《阿戈斯蒂诺》，艾尔莎则写《谎言与占卜》。她在1941年出版了一部短篇小说集——《秘密游戏》，同年艾尔莎还出版了一本合集，收录了她童年的诗歌、短篇故事、插画。《谎言与占卜》她花了4年的时间完成，这是她的第一部小说。

他们二人不与对方分享工作上的事，也不讨论工作进度。"绝对没有，"阿尔贝托回忆道，"艾尔莎和我完全不是那种互相读对方书稿的职业作家，我们不讨论书，也不针对我们所读的作家的美德或问题争论。"他说："我们就是一个男人和一个女人，处于一段非常艰难、非常私密的关系中。"艾尔莎将她的写作生活和婚姻生活分开来。她曾经写给一个朋友："文学夫妻就是一种瘟疫。"不过，阿尔贝托和艾尔莎对待爱的态度跟他们的文学一样悲观。莉莉·塔克在《罗马女人：艾尔莎·莫兰黛的人生》中写道，对于艾尔莎来说，爱"总是吞噬一切，通常会化成仇恨；它很少是快乐的或者平静的"。在阿尔贝托的作品中，爱是煎熬，而不是享受，它从来无法疏解他笔下人物被排挤或冷漠的感受。《阿尔贝托·莫拉维亚》是简·E.科特雷尔在1947年出版的针对莫拉维亚作品的研究，她在其中写道："莫拉维亚的世界里，男人似乎从来不理解女人。女性总是比她一开始看起来更复杂，对她的爱人来说，她始终是神秘的，不论他多么努力地想窥探她的秘密，试图占有她。"他大胆、坦诚地经常写性，他曾经说过："性是可以没有爱的，但是爱是不能没有性的。也就是说，你很可能进入一段短暂的性关系，甚至可能是幸福的，可以没有爱。可反过来却不行。"

艾尔莎对自己的作品非常有保护欲，接受不了他人的批判，尤其是来自阿尔贝托的批判。只有一次，她冒险跟丈夫分享了一个故事，他承认他不喜欢，她的回应是撕掉故事。他曾说，如果他不是"极其喜欢"她的作品，那她给他的爱肯定会更少，或者根本不爱他了——他通常是极其喜欢她作品的。"对我来说，直至今日，接受关于我作品的消极观点也很容易。对她来说，你得小心点。"

阿尔贝托在一个月内就写完了《阿戈斯蒂诺》的整部书稿——完成于8月，8月也是这本书的书名灵感来源——后来，这本书被誉为他的重要作品，作为《冷漠的人们》和他后期作品之间的"连接"。（《阿戈斯蒂诺》于1962年被改编成电影。）

写这本书的时候，他说这好像只是"一个制作精良的故事"，他所达成的成就对当时的他而言并不明显。他称自己写它只是为了自娱自乐、自我表达。

阿戈斯蒂诺跟随他的寡妇母亲，在托斯卡纳一家海滨度假酒店度过平静的夏天，每天早晨一起去划船："他在平缓、半透明的清晨的海上怀着深深的愉悦划船，他的母亲坐在他的前面，温柔地跟他说话。场面跟海洋和天空一样愉快而平静，好像他是个男人，而不是个13岁的男孩。"他的母亲是"一个美丽的女人，正值盛年"。男孩能跟她一起划船，"倍感荣幸"，同时"海滩上晒太阳的人们似乎在看着，爱慕他的母亲，羡慕他"。他因"他迷恋的骚动"而挣扎，很清晰地在意他母亲的身体。"作为他的母亲，她一点也没有羞耻感；对阿戈斯蒂诺来说，她似乎是在刻意激他。他听到她叫他，就会去她的房间，发现她在上厕所，穿着睡裙，半露着胸。"他同时被母亲吸引，又厌恶她。她开始一段婚外情后，阿戈斯蒂诺感到自己被忽视了，受着一种类似于单相思的折磨——他小心翼翼地在当地一群有暴力问题的男孩之间寻找接纳。这本书出版于1944年，是纳粹占领时期，这个故事写出了挫败的渴望、阶级紧张、俄狄浦斯情结、失去的天真，它成了一本畅销书。第二年，38岁的阿尔贝托靠它获得了他的第一个文学奖项，也是意大利战后颁发的第一个文学奖项——克莱尔·伦巴多文学奖。

在跟艾尔肯的对话中，阿尔贝托描绘了一部小说在写作过程中为他流淌的美丽经历。他说，灵感就像一团毛线，"总是紧紧团成一团，可以轻易、迅速地解开……你拉啊拉，它就会轻易地全部松开，停不下来"。相反地，他在1935年写《错误的野心》的过程很挣扎，写了7年，说它是"一个巨大的混乱线团"。他还跟艾尔肯分享了他最爱的一些当代作家，包括几个美国作家：索尔·贝娄（也是他的朋友）、雷蒙德·卡佛、卡森·麦卡勒斯、玛丽·麦卡锡、杜鲁门·卡波特，还有艾尔莎。

艾尔莎的创作不像她丈夫一样只花了1个月，她在她那本奇怪又复杂的小说上花了许多年，小说长达800多页。阿尔贝托非常自律，每日有着严格的写作计划，每天规划出几个小时的工作时间。他似乎对自己的创作过程很放心，他在接受《巴黎评论》的采访中说：

我从没有记过笔记，甚至都没有过一个笔记本。我的作品没有任何提前准备。我可能还得补充一下，我不工作的时候，根本就不去想工作。

我坐下来写作——通常是每天早晨9点到12点，顺便一提，我从来不会在下午或晚上写一句话——我坐在桌前写作时，没开始写，就不知道写出来会是什么。我信任灵感，灵感有时候会来，有时候不来，但是我不会坐在那里等。我每天都工作。

他还说，他每本书都要重写几遍。

"我喜欢将我的理念跟几世纪前的画家们相比，把作品当做有层次的，一层一层来写。"他说，"第一稿是粗糙的，离完美还很远，大体的形是可见的。那之后，我会重写很多次——尽可能多加几'层'——我认为有必要来几次，就会写几次。"

艾尔莎的习惯则不规律。她有很长时间不写作；当她工作的时候，就会不分昼夜地高强度工作。

"我动作很慢。"她曾经解释道，"当一个句子真正完成、接合，所有词汇都是必须得出现的，不能有慌忙之中写下的词汇，这时候我才能开始写下一段。我写每一章也是这样的。"她工作的时候，不会休息，也不出门。阿尔贝托则每周至少去看一次电影，有时候每天都去看。艾尔莎曾说过，她写作中休息的时间让人认为她什么也不做。但是她在给朋友的一封信中解释说："是啊，我在工作，不过不是总在写小说；所以大多数人认为我这样的工作就不是工作。"她没有正在写的小说时，会用她小巧的手写字写诗歌、散文，还有短篇故事。她曾在一次采访中说："写故事成了一种瘾，就像毒品。"她说，即使她没在写故事，故事也总是在她的脑海里发酵，她对自己笔下的角色很有感情，称他们为"我的人"。她总是在阅读：梅尔维尔、塞万提斯、詹姆斯、契诃夫、普鲁斯特都是她最爱的作家。莉莉·塔克在《罗马女人》中这样描述艾尔莎的写作过程：

> 莫兰黛总是用普通书写体在又大又黑、没有横线的笔记本上写作，这些本子是她在赞皮尼买的——一家离她公寓不远，坐落在法拉蒂纳大道上的文具店。她隔一页写一页，中间空白的一页留着做笔记、改正。她给自己写的注解成了她的工作指导方针，她的很多编辑过程都显示，她在努力让文字更加简洁……几页书稿中有大段的内容被交叉阴影线划掉了。她用不同颜色的笔，经常在纸页的边角涂鸦一些猫和星星。

虽说艾尔莎称《谎言与占卜》不是自传小说，但她后来却描述说，写这本书的过程帮她驱散了自己所受折磨的阴影。她在小说中写下跟她生活的相似之处：叙述者，也是主角（或者她的替身）叫艾丽莎，跟她的名字很像，艾丽莎的父亲名叫弗朗西斯科·洛莫纳科，跟艾尔莎的生父名字相似。自从她10岁时父母身亡后，她就被鲜活的梦境和幻觉折磨；一个妓女朋友像第二个母亲一样照料她，艾丽莎在自己的小房间里独自坐着，只有她的猫作伴。她回忆着她的家庭瓦解的故事，还有他们传给她的"古老的疾病"，试图接受一种一代传一代的"谎言和欺骗的毒"。《谎言与占卜》正如塔克所描述，是"一部奇异的、不合时宜的、凄凉的小说"，情节晦涩难懂。

2009年，作家、翻译家蒂姆·帕克斯为《纽约书评》给塔克写的传记和莫兰黛的四部小说写书评。他从1981年起就住在意大利，他这样评价《谎言与占卜》："莫兰黛在这部荒谬又出色的小说中的成就就是，她能够写出过于激烈的戏剧情节（从意大利南部的常见设定中汲取灵感——母亲的爱和男性的荣耀），同时还有意识对自我欺骗无尽的渴望的沉思。这些沉思深刻、挖苦，有时候还讽刺，谎言生成'魔咒'，或者发酵多年的意识状态。"2019年，帕克斯在《伦敦书评》中写道，艾尔莎处于意大利新现实主义写作的巅峰，与此同时，艾尔莎的许多朋友和同辈，比如皮埃尔·保罗·帕索里尼——甚至包括她的丈夫——"都在用苍白、愧疚的语言以不同的方式试图描述战后的荒凉。莫兰黛可不吃那一套。她的写作更像是跟加布里埃尔·邓南遮一脉相承，描写的是19世纪末巴黎的夸夸其谈"。在政治上，她跟邓南遮可谓是南辕北辙，他的民族主义思想影响了墨索里尼。

虽说艾尔莎的小说奇怪又有瑕疵，阿尔贝托却欣赏他妻子的成就，他在采访中告诉艾尔肯，艾尔莎写这本书的时候"着迷了"，称赞这部小说的构思来自"天才才有的想象力"，他说："（艾尔莎）只在西西里度过了3天，那就是小说的一部分发生的地方！"

他曾经评价过关于妻子与现实主义的关系，说的话非常有意思："在艾尔莎的小说里，你会发现几乎没什么改变的艾尔莎本人和她生活中的人们，还有她与这些人的关系。"他说："我想说的是，现实主义是一个非常不精确的词，而且……艾尔莎痛恨的现实主义以别样的形式复仇了，因为她描写日常生活和自己现实的能力十分惊人。"

即使"现实"对艾尔莎来说是一个捉摸不透的词。评论家（也是艾尔莎的好朋友）切萨雷·加尔博利说："在艾尔莎·莫兰黛的创作经历中，现实和虚构之间是没有裂痕的。"（他最终会跟演员卡洛·切基一起成为艾尔莎的遗产执行人。）

阿尔贝托曾评价过艾尔莎针对自己的过去说谎的习惯。她会编一些趣事，只因为她可以。艾尔莎在1937年遇见他的时候，就编了一个疯狂的故事，说她爱上了一个英国同性恋贵族，还声称目睹他被自己的爱人所谋杀。这个故事一听就是假的，却抓住了阿尔贝托的注意力，但艾尔莎确实经常被年轻的同性恋和双性恋男人吸引——所以至少这一部分是真的。"她讨厌透露关于自己的信息，同样的话很少说两遍；她喜欢编出有真实性却又不一定完全真实的事，或者是真的，却又显得不那么真。"塔克在《罗马女人》中解释道。《谎言与占卜》中有一段揭露这种概念的话，艾尔莎的替身描述自己的理想："成为一个谎言的崇拜者和修炼者！用谎言来冥想，让它成为我的智慧！拒绝一切经历，不光是痛苦的经历，还包括快乐的经历，拒绝任何撒谎以外满足的可能性！这就是我的生活方式。"

1943年7月，墨索里尼被推翻，进了监狱。彼得罗·巴多格里奥被任命为首相，但是权力变更后即出现混乱，巴多格里奥逃跑了，还带走了意大利皇室。德国抓住机会巩固权力，随即开始了对罗马长达9个月的占领。对留下的人来说，他们会经历一场折磨，饥饿、监禁、谋杀、残暴、压迫，还有附带的那年10月发生的针对犹太人的大规模驱逐。那年夏天，艾尔莎和阿尔贝托没有回到卡普里，而是留在了罗马，但是当阿尔贝托得知自己要被逮捕后，他们就逃离了这座城市。阿尔贝托身上有5万里拉，还带着一个装满沙丁鱼罐头的包。

这对情侣为了躲避逮捕，踏上了可怕的、流动的旅途。他们在去那不勒斯的火车上遇到了第一个障碍：在途中，火车停在了一个废弃的车站，列车长命令所有人下车——没有铁轨了，因为都被炸掉了。

接下来，在罗马和那不勒斯中间的丰迪停留了几天后，他们又一次被迫逃离，因为德国人开始把人们集合起来了。他们迅速地从一个秘密地点转移到另一个，寻找避难所，却找不到，于是两人向南，去了圣阿加塔的偏远山区农村。他们住在只有一个房间的棚屋里9个月，屋内有一面活石墙，等待联盟国拯救世界。

艾尔莎多年后回忆起，说："路上，我们需要害怕的是中产阶级、教师、公仆——有偏见的是他们，他们会把我们交给盖世太保。最终，一个农民一家给我们提供一个住处。对他们来说，不论是犹太人还是非犹太人，我们都是基督徒。"阿尔贝托在《莫拉维亚的一生》中回忆道：

我们住的那个地方现在还能看到，一点也没变样。

那是一个小房间，靠在马撒罗墙上，也就是活石墙，再加一个铁皮做的房顶。进去之后，你几乎无法转身。里面有一张大床，两根铁梁加三块木板，木板上放着一个装满玉米壳的袋子，我每次一动，它就会吱呀作响。

除了玉米壳床垫，还有两张床单，上面一张，下面一张，手工编织的粗糙布料。没有被子……但是房间太小了，我们睡觉的时候贴得太近，所以我从来没觉得冷。地板没有铺，只是把土压实了。下雨的时候，水进来，我就站在水里。9个月里，我都坐在床上——我们没有椅子。

相比之下，他们在罗马的公寓一定显得像宫殿。现在阿尔贝托和艾尔莎无事可做，只能在他们的棚屋里等待生活改变。他们带了两本书，《卡拉马佐夫兄弟》和《圣经》，也没带笔。"缺卫生纸。"阿尔贝托回忆道，"我们用了《卡拉马佐夫兄弟》的书页。"每一天都跟后一天没什么不同。饥饿、无聊、寒冷、肮脏成了他们现在生活的定义。他们早晨吃一片面包，每天早晨5点钟，他们在农民家的棚屋里吃一天中唯一一顿饭——通常是一锅煮豆子，里面泡一点面包。（时间越久，食物越紧缺。）他们"山里的猪圈"没有灯，阿尔贝托这样回忆他们躲藏的地方，晚上，他们只能在黑暗中坐着。每天早晨，阿尔贝托都会往井底放一个水桶，装满冰凉的水，艾尔莎用这水来清洗，他一周才洗一次。有几次，单调的生活被德国人和英国人的"空中斗狗"打断，阿尔贝托回忆道。他们战时的回忆成为他1957年小说《两个女人》的灵感，这部小说记录的是一个寡母和她的青春期女儿可怕的战争经历。几年后，小说被新现实主义者导演维托里奥·德·西卡改编为一部电影，索菲娅·罗兰凭借这部电影获得了奥斯卡最佳女主角奖。

阿尔贝托对妻子在他们躲藏期间的坚强称赞有加。"在圣阿加塔躲避的整个过程中，艾尔莎带着巨大的勇气和平静度过。"他说，"在那种条件下，她展现出了日常生活中没有出现过的品质。"他感到她把自己最好的一面留给了"罕见的情况，紧急事件"。艾尔莎把《谎言与占卜》的书稿留在了罗马一个朋友的公寓里，这让她极度恐惧。她还想保证他们对即将到来的寒冷天气有所准备。阿尔贝托在《莫拉维亚的一生》中回忆道，那年秋天，艾尔莎做了一件他认为很慷慨、勇敢的事，让他震惊不已：

现在已经是10月底了，我们还穿着夏衣，开始冷了。我从一些意大利逃兵那里买了一双鞋子，真正的军靴。但是我的夏衣实在是没有保护作用。然后，艾尔莎突然决定去罗马，去拿我们的冬衣，然后再回到圣阿加塔。要理解艾尔莎在那一刻的勇气，你必须得记得，一方面，我们在山里遭受着极端的不适；另一方面，她来这儿只是为了陪我，她并没有被警察通缉，她完全可以留在罗马，而不是住在这种可怕的环境里。

艾尔莎回到他们的公寓，往行李箱里塞满了冬衣。然后她去朋友那里看《谎言与占卜》的书稿，就像人们去看望熟睡的孩子，然后——确信它安全了——又返回去。"她只在乎两件事，"阿尔贝托说，"我和书稿。"

1944年5月，他们等待已久的营救终于到来，在一个美国中尉的帮助下，艾尔莎和阿尔贝托成功回到了罗马。政局动荡，还有住房、汽油、食物等物资的短缺，但是商业在回暖，艺术正蓬勃发展，城市里弥漫着创造的气息。"战后初期的意大利很辉煌。"西尔比·贝德福德在她的回忆录《流沙》中写道，"一座拥抱人们的城市，生命的泉水再次流淌。"裘帕·拉希莉在这个时期写下:"第二次世界大战和之后的影响夸张地、无法挽回地改变了意大利社会,深入集体意识,给它带来创伤,但是最终在文化上和经济上让它重新振作。"

终于回家时,阿尔贝托和艾尔莎很感激。他们没有理由怀念躲躲藏藏的凄惨日子,可是阿尔贝托后来在《莫拉维亚的一生》中说,那段极其贫苦的经历将他从"一个中产阶级孩子总是扛在身上的'舒服'中解放出来了,也将意大利从法西斯主义中解放出来了","跟我的灵魂从其中的中产阶级的元素里解放出来一样"。他回忆说,在圣阿加塔的那段时间后来也被证明,是他的婚姻最牢固的时候:

在山里的那段时光是我跟艾尔莎最亲密的时候。那之后,我们的关系渐渐冷却了……

在生活中,艾尔莎更喜欢不同寻常的、慷慨激昂的时刻,换一种说法就是升华时刻。相反地,她在对应日常活动时有一种奇怪的尴尬感。在圣阿加塔的时候,她找到了自己的状态:危险、忠诚、牺牲、对生命的蔑视。而在罗马的时候,日常生活让她没有耐心,变得难以对付、难以忍受,甚至残忍。

第二年战争结束的时候,这对夫妇又重新住回了他们的旧公寓,再次开始写作:阿尔贝托除了写短篇小说,又写了一部长篇小说,还在为意大利最著名的报纸写文章。艾尔莎则继续写《谎言与占卜》。

1948年,坐落于都灵的意大利著名出版社艾奥迪有一位编辑收到了《谎言与占卜》的书稿，艾尔莎写了一封信，问她是否可以提交书稿供参考。这个编辑是娜塔丽亚·金兹伯格，她的首部小说《通往城市的路》在1942年以笔名亚历桑德拉·妥尼帕帖出版，那时候犹太人被禁止写作。金兹伯格和她的丈夫里昂还编辑了一份反法西斯报纸，后来他被逮捕、拷打，于1944年死于狱中。

跟艾尔莎一样，金兹伯格也是战后最重要的意大利作家之一。后来，金兹伯格称艾尔莎是她在同辈作家中最钦佩的一个。（两人都无法容忍被这个太过常见的词汇侮辱——"最伟大的女作家"。）丽丽·塔克在莫兰黛的传记中分享了一段金兹伯格的回忆，描述她收到《谎言与占卜》后的反应：她一口气就读完了。"我非常喜欢。"金兹伯格回忆说，"不过我不能说我当时就清楚地理解它的重要性和伟大。我只知道我爱它，我已经很久没有读过给我那种活力和喜悦的东西了。"（在裘帕·拉希莉2019年编辑的意大利短篇小说集中，她称莫兰黛为罗马的"文学女王"，称赞这位作家"大家风范的辞藻"和"宏大而悲剧的视野"，将《谎言与占卜》称为"徐徐展开的杰作，有一种恶魔般的能量"。）战争打断了艾尔莎对这本书的创作，但是她的坚持有了成果：1948年，《谎言与占卜》跟巴拉柴斯基的《古格利兄弟》一起获得了知名奖项维亚雷焦文学奖的虚构文学奖。（金兹伯格在1957年也获得了这个奖项，跟伊塔洛·卡尔维诺和阿图罗·托法内利一起。）

金兹伯格很爱《谎言与占卜》，当然了，她努力为这本书发声，认为它应该获得维亚雷焦文学奖。"我跟西比拉的友谊是绝对结束了。"她参加一次文学论坛的时候给艾尔莎写的信中说，她说的是诗人西比拉·阿尔拉姆，"她这一整周都在狠狠瞪我。"显然，阿尔拉姆害怕艾尔莎会在颁奖礼上抢走她的风头。此前只有一个女性赢得过这个奖，但是那年，艾尔莎获得了该奖的虚构文学奖，阿尔拉姆获得了诗歌奖项。

很不幸，对这部小说评价两极化，小说没有取得商业上的成功。可是对艾尔莎来说，文学奖项给了她重要作家的正式认可，这正是她需要的，而她最好的作品还在后面。阿尔贝托最近出版的《罗马女人》——写于4个月内，这是一本备受赞誉的畅销书，在1954年被改编为电影，由吉娜·劳洛勃丽吉达主演——这对夫妻在职业生涯中都经历了名望和机遇，但是在个人生活中，他们经历了婚姻的缓缓瓦解。

1948年夏天，阿尔贝托和艾尔莎在卡普里岛的一栋出租房里庆祝他们的成功，然后去了法国和英格兰。他们经常争吵，后来又回到了罗马，阿尔贝托卖掉了他们的公寓，在戴尔奥卡大道上买了更大、更优雅的公寓。他们把它装修得很舒适，在墙上挂了油画，还能给艾尔莎的猫和小猫崽提供很多空间。她很爱猫，尤其是暹罗猫，经常在信中提到它们，（即使她很少接受采访）甚至有些记者认为她本人也很像猫。

在《纽约时报》1952年8月3日刊登的一篇侧写（标题为"跟莫拉维亚一家对话"）中，记者海蒂·玛利亚·克拉克这样写艾尔莎："她双眼严重近视，瞳孔跟随她的情绪放大、缩小；她小小的三角脸、她的举止、她的走路方式，就连她慢吞吞、害羞的动作，都像是猫。"9年后，一个来自《非洲行动》杂志的记者采访了艾尔莎，（非常有洞察力地）描述她为"一个脸像猫的奇怪女人，她也像猫一样，有一种欺骗性的无精打采感……这让她能够不断观察寻常的现实。艾尔莎·莫兰黛像猫一样，向生活的无情解剖投降，这样她就能鲜少行动，行动的时候也是缓缓的，但她的行动都带有绝对的确定性"。

他们在新家安顿下来，经济上稳定后，阿尔贝托和艾尔莎雇了一个厨师和一个管家。阿尔贝托给妻子买了一件皮毛外套，还为她在阿基米德大道买了一间小公寓，让她用作写作工作室。他后来跟一个来访的记者解释说："她说我太吵了，太紧张了，她需要隐私。你能理解吗？我可以在酒店走廊里写作，或者有人在旁边的椅子上弹贝斯也可以。"艾尔莎承认说她对于自己工作时需要完全的隐私这个习惯"有点羞愧"——"毕竟，我的产出那么少！"——但是她说："如果我在阿尔贝托旁边写作的话，可能什么也写不出来，而且我会很不快乐。"

1948年11月19日，艾尔莎签了合同，授权将《谎言与占卜》翻译成英语，供美国读者阅读，由哈考特·布瑞斯出版。《谎言与占卜》能被更多、更国际化的读者看到，她很激动。合同中约定的译者是弗朗西斯·弗莱内亚，一位知名翻译家，他是翻译过很多获奖法语书和意大利语书的作家，包括巴尔扎克、卡洛·莱维、娜塔莉亚·金兹伯格、安东尼奥·塔布其。她被一位同辈这样赞扬：她不将自己束缚于字面意思的翻译，而是同时"捕捉作者意图的意义和灵魂"。（弗莱内亚于1996年去世。）弗莱内亚最终没有按照最初的合同翻译莫兰黛小说的原因不明，但是最终该书的美国版《骗子之家》是由阿德里安娜·福克翻译的，她还翻译了西西里作家列昂纳多·夏夏等人的作品。哈考特·布瑞斯对艾尔莎的小说进行了删减，删掉了近200页，这让她十分愤怒。

1951年10月20日，评论家瑟杰·休斯为《周六评论》给《骗子之家》写书评："第一眼看上去，这部小说像是姗姗来迟的19世纪晚期现实主义小说。但是不需要读很久，你就会发现人物的心理动机完完全全是黑暗的现代，虽然所用的设定和技巧有些过时，但作者却营造出了一种恐怖的效果，好像被一幅超现实主义油画挑衅，一种熟悉的日常物品被放在完全不协调的位置。"

休斯在书评的结尾明确肯定，莫兰黛的小说"让左拉相比之下都显得快活了"。

梅芙·布雷南在1952年2月的《纽约客》中给这部小说写了书评，将艾尔莎描述为："一个年轻的意大利作家，拥有杰出的情感力量。很显然，莫兰黛小姐既不惧怕浪漫的戏剧结局，也不惧怕热情或夸张的情节，不惧怕奢侈、精致的词汇，她对它们的掌控力十分高超。

评论家C.J.若罗在《大西洋报》上写道："一开始，我认为《骗子之家》矫揉造作、过于夸张。但是看到后面，人物性格丰满、鲜明，引人入胜，安娜的执迷也写得足够有说服力。"意大利文学评论家保罗·米兰在为《纽约时报书评》写的书评中写道："艾尔莎·莫兰黛是小说家阿尔贝托·莫拉维亚的妻子。不过她的作品没有透露出一丝伴侣的影响或痕迹。她对心理现实主义不感兴趣，对城市生活的矛盾也不感兴趣……这部小说对读者的影响持续增长，让人记忆深刻。"

对艾尔莎来说，这个565页的删减版本小说从每个层面讲都是一种背叛，这些积极的赞许让她高兴不起来。她将删减她作品的行为描述为"肢体残害"。她不喜欢这个翻译版。该书的美国书名也不是她选择的。她在1949年1月得知了哈考特·布莱斯的编辑计划，但是已经无力阻止。艾尔莎给她意大利出版社的老板朱利奥·艾努迪写了一封愤怒的信：

这在我看来实在荒谬，一个作家居然要捍卫这么显而易见、这么自然的权利。我不明白为什么这些国外的出版社就是意识不到一部作品的重要性和复杂性，尤其是那些不光是轻阅读的书，它们是艺术品，不是能随随便便碰到的，是长久的思考和努力的果实，只有作家本人才知道背后的原因和目标。

所以，允许一本书在未经作者允许的情况下被删改，在道德上、物质上都会对作者造成伤害，所以这成了一种虐待，应该被法律禁止。

虽然艾尔莎威胁要告他们，却没有什么结果。（艾奥迪和金兹伯格都对她的情况十分同情。）作为一个职业生涯刚刚开始的作家——在这方面很天真，不了解她的作品在未征得她同意的情况下可能被怎样对待——她完全无力反抗。毕竟，她的合同并没有禁止或者限制编辑删减文字。她的文字只有在她脑海里才是不可改动的。

这本书的美国文学经纪人实事求是地做了解释。桑福德·格林伯格——一个著名文学经纪人和海外版权代理，她的客户包括弗兰兹·卡夫卡，她还在福克纳和海明威的著作海外出版成功过程中扮演了关键角色——说《骗子之家》对美国读者来说太长了，不编辑的话没法出版。1952年1月3日，抑郁又颓败的艾尔莎又一次写信给艾奥迪，说美国版对她来说"无法辨认"，这个版本的出版是去年一年里对她伤害最大的一件事。"他们屠杀了它，"她写道，"奇怪的是，他们没有让这本书变得轻松，反而让它更加沉重了。如果如你所说，这本书在美国名气很大，虽然待遇很不好，那就意味着这本书中有不可摧毁的珍宝。"

这次糟糕的经历之后，艾尔莎之后签图书合同的时候更加坚定地保护她的作品，坚持要加一条条款：禁止随意删减或改变文字，甚至还明确了排版上可以做哪些改变。她在一封给出版人的信中写道，她脑中有一种特定的叙事节奏。她作品中的所有元素必须小心考量，"不光要承担排版的作用，还有一种诗歌的作用"。

蒂姆·帕克斯在2010年的采访中间接提到了这点。"我想这是作者欲望的一部分，他的作品要未经改变地在全世界发行，"他说，"他特别的个体性不以一种文化氛围被看到，或者必须经过他的语言加工。他应该是一种超级个体，在任何地方都是如此。"他指的是翻译的行为，不过他的话捕捉了艾尔莎的一部分决心，她坚持让自己的作品以她书写的样子与全世界的读者见面。

阿尔贝托曾指出，他妻子"有自己的一种诗情，任何批判这种诗情的人都自动被认为错误的。她以一种近乎宗教的方式不肯妥协"。他说，对她来说，"这是文学理念的问题"。（也许，除了贡献和牺牲，这种品质是一个真正艺术家的特征：理念上的纯净，对外界因素完全免疫。）

她的刚毅也渗入了她对其他作家的解读。阿尔贝托回忆说，艾尔莎读《尤利西斯》的时候，虽然她承认这本书的重要性，但还是在书页上写满了"不利的"评论："乔伊斯无法融入她的诗情。"

"被屠杀"的《骗子之家》还带来了另一记重击，书封上写着："这部杰出的长篇小说获得了罗马的文学奖——维亚雷焦文学奖——这是艾尔莎·莫兰黛的第一部作品。在私人生活中，她是阿尔贝托·莫拉维亚的太太。"即使是含糊地指出艾尔莎是谁的"太太"也让她愤怒不已。她曾经对自己最喜欢的侄子丹尼尔·莫兰黛大发雷霆，因为他写信的时候写了寄给"艾尔莎·莫拉维亚"。

著名翻译家威廉·韦弗——在他长久的职业生涯中，他翻译过伊塔洛·卡尔维诺、普里莫·列维、安伯托·艾柯等众多作家的作品——在近30岁的时候跟艾尔莎和阿尔贝托成了朋友（后来两人的作品他都翻译过），发现跟他们社交需要非常小心。

"我很快就学会了邀请艾尔莎的方法，"他曾说，"重要的是，绝对不能同时邀请两个人。你永远不能说，'你和阿尔贝托可以来……？'即使是用复数表示邀请两个人对艾尔莎来说都是严重侵犯她的个人原则。有时候，艾尔莎的回应会是简单的'不'。更多时候，她会冷漠地说：'啊，你想找阿尔贝托？给他打电话，号码是……'她会提供他工作室的电话号码。"技巧是要尽可能轻巧地跟她提到，如果阿尔贝托有空，他也可以加入。"艾尔莎痛恨被人当成'莫拉维亚太太'。"韦弗说。

《谎言与占卜》出版前不久，韦弗生活在罗马，但是他初见艾尔莎的时候，根本不知道她是个作家，只知道她是阿尔贝托·莫拉维亚的妻子。（"很不幸，她对我的无知并不知情。"他回忆说。）她的小说出版的时候，韦弗出去买了"那本艾奥迪出版的厚书"，某天晚上吃晚餐时拿去找艾尔莎签名。他承认自己还没读这本书（"我做好准备迎接她的怒火"），艾尔莎的反应很惊讶，他觉得有趣。"哦，那我真嫉妒你！"她说，"我真希望我能重新第一次读我的书！迎接你的是多么美好的经历啊！你太幸运了！"他一点也不怪罪她的热情，将她对自己书的爱描述为"孩童般、纯洁、完全"。

韦弗被普遍认为是最伟大的意大利语翻译家之一，在2013年逝世，享年90岁，他翻译过许多作家的作品，并和他们成了挚交。他出生于弗吉尼亚州，有淡淡的南方口音，上了普林斯顿大学，却在战时退学，作为救护车司机参加美国战地服务团，在那不勒斯和蒙特卡西诺之间往返。他是个和平主义者，"我穿着制服，但我不被允许配枪，我自己也乐意如此"。几十年后，他这样说。他本无意成为一个译者，只是爱上了这个国家和这里的人民，在战后入住罗马的一家家庭旅馆，开始自学意大利语。1947年他与艾尔莎和阿尔贝托相识的时候，还是个不折不扣的初学者，当时还不是专业的翻译家，倾注心血去保留原文的韵律、抑扬顿挫、细节。这对夫妻刚刚搬进了戴尔奥卡大道上的公寓，韦弗也住在那里。他经常在街上碰到阿尔贝托，他会跟这位朋友一起在街区漫步，因为阿尔贝托喜欢在下午散步很久——一天经常能走一万米。散步的时候，他说他只是看看街上的人和商店橱窗，不会去想他的工作或者任何其他事。"可能是因为我早年的疾病让我长久独处，大部分时候，我的头脑是完全放空的。"阿尔贝托说,"我在一种思考的状态下,或者如果你更喜欢这样说,'我处在一种自发性的分心状态下'。"

每当韦弗受到邀请跟朋友一起散步,他都很开心。"他出生在罗马,对这座城市的每块砖都很熟悉;即使是最破败的公寓楼或者最邋遢的小教堂,都能让他想起一连串的回忆。"韦弗回忆说。阿尔贝托的谈话风格"自然地流动,转折引人入胜,还有让人意想不到的看法"。他的大笑十分美好。

有时候,韦弗会在晚上跟艾尔莎、阿尔贝托和其他朋友一起出去,偶尔,他会只跟他们两个一起出去。

这些亲密的夜晚"充满了风险",他是在说,他从来不确定争吵什么时候会爆发,谁会挑事,或者什么时候会吵完。"我们总争吵。"阿尔贝托回忆道,"我们的争吵让我们在艺术家和知识分子这个圈子里都出名了。"贝纳尔多·贝托鲁奇跟这对夫妻交了朋友。他回忆,在阿尔贝托和艾尔莎一次格外激烈的争吵后,阿尔贝托必须晚饭吃到一半就离开饭店,在街区散步,直到他冷静下来。(同时,贝纳尔多很享受这些跟他的朋友们交谈的傍晚:他告诉求他去上大学的父亲,"我的大学就是每天跟艾尔莎·莫兰黛、阿尔贝托·莫拉维亚和皮埃尔·保罗·帕索里尼一起吃晚餐"。)韦弗回忆道,艾尔莎会抓住任何怪罪丈夫的小机会,即使那件事完全不是他的错。比如他们想去的饭店关门了,或者一个服务生服务太差,或者她最爱的菜从菜单上撤下去了。

正如她母亲对她父亲的态度，艾尔莎也会毫不犹豫地羞辱阿尔贝托，甚至还当着他人的面嘲讽他在性方面能力不足。她对他的挑衅似乎来自一种按按钮、看会有什么结果的需求。在争吵中，她觉得自己正确时——她几乎永远都觉得自己是对的——就拒绝退让。她总是需要最后一句话是她说的。塔克在《罗马女人》中写道，艾尔莎"总是直言不讳，她有一种对说出真相的执念，不论真相有多么伤人或者有攻击性，她总是提出非常煽动性的要求"。切萨雷·加尔博利曾描述他这位朋友冲突的性格："每一次，我们的见面不然是以争吵结尾，不然就是以和解结尾。艾尔莎是个'食人族'，挑起战争就是她生存的方式；面对她，你要么进攻，要么躲避；要么咬人，要么被咬。"

她似乎能从争吵中汲取愉悦和能量。她试图让她的回避型丈夫愤怒。阿尔贝托曾经说过，说话的语气和刻意选择出来伤害人的词语都能释放恶意，艾尔莎在这两个方面都很残忍。作为一个"几乎病态的没有任何被激怒能力的人"，阿尔贝托几乎从不做出反应，但这就是问题所在。他很清楚自己的冷漠让艾尔莎疯狂。他承认她总是指责他有"无法治愈的抽离感"，这让他总是以理智反应，而不是情绪。即使在他与艾尔肯的长采访中，这也是让人烦躁的问题："你能不能暂时不要把所有的答案都理智化了？"艾尔肯在采访中说，他似乎也有些被惹怒了。

在一次采访中，蒂姆·帕克斯曾经评价过艾尔莎和阿尔贝托之间的关系，称阿尔贝托在恋情方面总是"很酷"，是个"永远不会完全将自己交付出去的人，艾尔莎是个非常热情的年轻女人……一心想要被他爱。也许正是因为他永远不可能完全地爱她，所以她才一直试图让他爱她，然后在他做不到的时候惩罚他"。

韦弗回忆道，他住在借来的公寓里时，总是急于请朋友们来做客。他感到艾尔莎是个难对付的客人。每当他发出晚餐邀约，都是艾尔莎定时间，她会通知他自己的饮食限制，每一次聚餐都不一样。（她的控制欲从职场延伸出来了。1951年，她被意大利的公共电台RAI雇佣，拥有了自己的每周节目——评价电影，但是她的聘用期很短暂：她拒绝在电台的施压下给某部电影好评，于是被开除了。）

韦弗描述说，艾尔莎"无聊的门槛很低"。这让她经常会表现得淘气、像孩子一样快乐，或者用她那想象出的巧妙游戏来搞点恶作剧，或者无视所有人。韦弗记得有一次在他公寓聚会的时候，艾尔莎在书柜里发现一些法国艺术杂志，于是整晚都躲在角落里，坐在地板上，一本接一本地读，没跟任何人说话。

跟艾尔莎相处的时候，你永远都不确定等待你的是什么。她直言不讳的习惯总是让她身边的人难过。有一次，她的侄子丹尼尔来找她，介绍自己的第二任妻子，艾尔莎看到那女人没刮腋毛，就认为她是个激进的女权主义者。两人的冲突进一步激化，艾尔莎气愤地命令她再也不许不刮腋毛就去她家。从那以后，侄子的妻子再也没去过她家。

艾尔莎有时候是非常好的伴侣——她是个很好的倾听者、讲述者，极其善良。丹尼尔这样回忆自己的姑姑："除了她写下的遗产，她的谈话，或者包括她生活中的存在感，都跟她的文字一样犀利而令人印象深刻。"她有一种黑暗的幽默感。切萨雷·加尔博利曾回忆起艾尔莎对他说的话:"我已经知道我死时会做什么了。你会找到一个信封,上面写着:'我马上就回来。'"她很会送人礼物,跟朋友去饭店吃饭的时候经常买单。她很忠诚、有磁性,会慷慨地大笑,有人称她的陪伴"有趣、刺激,甚至配得上'令人激动'这个词最严肃的含义"。丹尼尔相信,艾尔莎"完全可以一辈子都不写一句话,也可以留在那些享受过她陪伴的人们的记忆里"。她还有一种绝望的对被爱的渴望,很不幸,她不知道自己拥有这种愿望。有一次,一个记者朋友说他爱她,爱她的人很多,她开始啜泣。"我这辈子从没许过这样的愿,"她含泪说,"可我这一辈子从没渴望过别的。"

除了她的严厉和暴脾气会吓坏、吓跑那些在乎她的人,艾尔莎也有"滋养"的一面,偶尔会做文学导师。她有时会在意想不到的时刻以惊人的方式帮助朋友们。她的一个演员朋友艾伦·米杰特(他曾在意大利住过一段时间,参演过贝托鲁奇的几部电影)太过贫穷,担心自己可能会饿死。他有一天回到自己的公寓里,发现艾尔莎从他的窗外扔进来一个存钱罐。她对其他人的傲慢和伤人行为十分敏感,比如阿尔贝托总习惯漫不经心地把她写的信打开,放在酒店和餐厅的桌上不收拾。为了给他一个小小的报复,她开始把阿尔贝托给她写的信标记为"退还寄件人"。认识她的人都知道她的道德意识有多强。就像她慷慨、善良,是个让人喜欢的晚餐伙伴,这个令人敬畏的女人也可以很快变得易怒。如果她感到其他人说了什么愚蠢的话,就会忍不住对那个冒犯了她原则的人大动干戈。她总是会斥责朋友们的无心之言,不能容忍胡话。丹尼尔回忆说:"即使在饭店里,或者其他公共场合,她听到附近的餐桌谈话里有不对劲儿的内容，也会忍不住干涉，用非常愤怒的语气，说话直白又大声，她可能是怀疑对方种族歧视、有法西斯倾向，或者就是下流。"

虽说艾尔莎自由表达自己的强烈情绪，不论是好是坏，但她从不去亲吻或者拥抱任何人。谈话可以，不管多么激烈，但是不能触碰。即使是阿尔贝托长久不在身边之后回来，她也不喜欢拥抱他。当朋友们试图吻她，她就会退后，这使得他们之间的互动十分尴尬。要是面对亲密朋友，她可能会伸出一只手，这就是她所能接受的身体接触的极限了。不过艾尔莎热爱写信。她几乎每天都会见到密友帕索里尼。没有见面的时候，他们会用诗句进行温暖的交流：有一次，帕索里尼给她寄了一首图画诗，是玫瑰的形状；她的回应是一首猫形状的诗。（艾尔莎生命临近尾声时，累积了超过5000封信，这些信保存得很混乱，但最后它们于2012年由丹尼尔·莫兰黛整理、编辑、出版。）

在她的信里，艾尔莎允许自己展露脆弱的一面。在1953年给卢奇诺·维斯康蒂的信中，她宣称自己并不是"真正的作家"："即使我写了一本书，我也不是真正的作家。如今我告诉所有人我一直在工作，他们都相信我，但那不是真的。我这么说只是为了拒绝鸡尾酒。"虽然艾尔莎当面跟人相处时显得很吓人，但她的信件中却展示出很多真诚、敬仰、朋友间的亲昵——比如伊塔洛·卡尔维诺在1950年5月2日从都灵回信给她，说他很爱收到来信，"尤其是当它们来自少有的几个我能真正说些什么的人，比如你"。

也许你不喜欢听一个作家以这样带着敌意的疏离感讨论自己的

书,你总是把自己跟你所做的事丑恶的那一面联系起来,你认为它们能代表你。但是你要知道,你有一种天赋,能将迥然不同的元素结合起来,总是能让一切变得和谐,你有强大的整合能力,这在女性当中是很罕见的能力。(罕见?好吧,也许女性的整合能力才是最好的。)……你感到整个世界被撕成了碎片,可是你清醒的、亲昵的固执总能让你最终看清楚。但对我而言,写作总是意味着朝着一个方向进发,把一切列在一张卡片上,但同时又很清楚还有其他内容,很清楚有这样的风险,我可能会说不完我想说的一切。因为我的写作总会有问题。

我还是会把《白帆》寄给你。我希望从你那里得到不带偏见的、详细的、严谨的评价,我会珍视你的意见的。

快到40岁的时候,艾尔莎辛勤地写着她的第二部小说——《亚瑟岛》,阿尔贝托则保持着惊人的高效。(他临近生命结尾的时候,出版了许多小说和短篇故事集,还有戏剧、剧本、翻译,以及更多作品。)1953年,他还帮忙创办了一个左翼杂志——《新论点》,这本杂志后来成了意大利最卓越的文学杂志之一。

艾尔莎对他作品作为"妻子"的贡献仅限于提供了《罗马女人》这个书名,这部小说让莫拉维亚在40岁时获得了全球性的名气。他一开始是把它当做短篇小说构思的,4个月后完成了第一稿,然后意识到它应该是一部长篇小说。他重写了两次,然后又第三次编辑了书稿,修改了细节,才最终满意。他在接受《巴黎评论》的采访中回忆这段往事,解释说他会从自己的经历中提取构建他的角色和书的其他方面所需要的心理，但"从不是纪录片、教科书那样的提取"。"不，我曾经遇到一个叫阿特里亚娜的罗马女人。10年后，我写了这部小说，她给了我写这本书的最初冲动。她可能从来没读过这本书。我只见过她一次，所有内容都是我想象的、发明的。"

从那时起，阿尔贝托在虚构文学方面可以说如鱼得水，在意大利成了越来越受欢迎的文学大家。到1957年，阿尔贝托已经出版了8本书，靠《罗马故事》赢得了斯特雷加奖，这是他1927年到1950年短篇故事的合集。（1955年，吉安尼·弗兰西奥多里尼导演了这部小说改编的电影。）除了《罗马女人》，那一年他还出版了两部小说：《恩爱夫妻》和《同流者》，《罗马女人》的主角太害怕自己有施虐倾向和同性恋倾向，做法西斯警员来掩饰这些。

他于1954年出版的小说《鄙视》记录了一段风雨飘摇的婚姻，与他自己的婚姻相互映照，充满了敌意。这部小说写于妻子让他极其心烦的时期。那一年，阿尔贝托跟艾尔莎一起旅行了很久，从埃及出发。他在她之前上了船，计划她会从意大利出发，坐飞机加入他。他到了开罗时，给艾尔莎发了一封电报，让她把他的外套带过去，这是个很小的要求。但他犯了一个愚蠢的错误，没过脑子就把收件人写成了"艾尔莎·莫拉维亚"。他妻子带了一件外套过来，但一开始的几天里都因为阿尔贝托的冒犯而阴沉沉的。这让他们接下来的旅行都乌云密布，两人一回到罗马，阿尔贝托就告诉艾尔莎，他以后再也不跟她一起旅行了。

后来，阿尔贝托说他认为《鄙视》是"我最好的小说之一，因为它能立刻被深刻感受,完全是编造出来的"。

几十年后,他跟艾伦·艾尔肯承认:"有些日子里,我想杀掉她。"艾尔莎肯定也很多次对他抱有同样的冲动。但是她的故事只能以小碎片的形式拼凑起来,通过残存的日记、采访、论文、信件。阿尔贝托坦诚地聊自己的写作和人生,但艾尔莎一心保护自己的隐私。她明确说过,她想说的一切、需要别人知道的关于她的一切都已经写在她出版的作品里了。她不喜欢接受采访,也不喜欢照相。

在他们婚姻难熬的时候,阿尔贝托也无法忍受离婚这个想法——这是理智的解决办法——因为,就像他在《莫拉维亚的一生》中所写:"谋杀似乎比分居更加容易。"可是在他的小说中,这位理智的、冷漠的作家从来都不会将生活直接宣泄在书页上。他曾经描述陷入爱河的体验为"存在灾难"——这是他在与艾尔莎相处时并没有体会到的。他们在性方面并不和谐。(艾尔莎很早在她的日记里提到了这点。)但他确实爱她,在与这个热情、易变、吸引人的女人相处时,他从来不会感到无聊。他对她的作品抱有一种纯粹的愉快和自豪。可她对待他的行为有时候让人大跌眼镜:有一次,在巴黎的酒店房间里,艾尔莎突然开始呻吟,然后晕倒在地上。阿尔贝托慌忙试图用湿布唤醒妻子,但是没成功。她一动不动地躺在地上。他疯狂地开始给医生打电话,但那是周日,他找不到任何人。他瘫在床上,思考着下一步该怎么做,艾尔莎突然睁开了眼睛,开始大笑。她像负鼠一样在装死。

阿尔贝托声称他渐渐疏离自己的婚姻,但并没有找情妇,偶尔会有一些"艳遇"。艾尔莎也有自己的浪漫轶事：有段时间，她迷上了双性恋导演、电影创作人卢奇诺·维斯康蒂，他曾是可可·香奈儿的出轨对象，还曾在与奥地利公主订婚期间爱上一个男性摄影师。导演佛朗哥·泽菲雷里也曾是维斯康蒂的情人。在二战后的几十年里，维斯康蒂——意大利共产党的长期成员，也是新现实主义的领军人物——享受国际名气，导演了十几部电影，包括一些对陀思妥耶夫斯基、加缪、托马斯·曼作品的改编。

据说就连玛琳·黛德丽都爱上了他。艾尔莎跟维斯康蒂的婚外情似乎始于1955年，那时候阿尔贝托在美国旅行，但并不是所有人——包括她的朋友贝托鲁奇——都认为他们之间有肉体关系，或者说，他们浪漫的关系只存在于艾尔莎的想象中。她跟几个同志男子都有近乎母性关系的联结，尤其是备受争议的导演、作家皮埃尔·保罗·帕索里尼，他在1975年遭到谋杀，享年53岁，案子一直未破。他被损毁的尸体在一片废弃的海滩上被发现，那是他最爱的划船地点。尸检结果十分可怕。帕索里尼不仅遭遇了一些野蛮攻击，还被用钉了钉子的木棍殴打，然后被他自己的阿尔法·罗密欧跑车压了。

艾尔莎认识维斯康蒂的时候，他忙着做很多创意项目，包括阿瑟·米勒的《推销员之死》舞台剧版。这是米勒的剧第一次在意大利上演，之后还会有很多部。艾尔莎经常跟维斯康蒂相处，染上了他的米兰口音。他曾经给她一只关在笼中的猫头鹰做礼物。这期间，她会晚归，坐在床脚，激动地跟阿尔贝托复述她的一天。他礼貌地听着她每晚的报告，好像"一个亲昵的朋友"。（据阿尔贝托说，他和艾尔莎已经很多年没有性关系了。)

他很多年前曾跟维斯康蒂一起工作,说他非常英俊——让人想到"一些伟大的文艺复兴画像"中的人物。

这单边的婚外情持续两年之后,艾尔莎对阿尔伯特说,她要离开他,去跟维斯康蒂在一起了。不过,她的宏大计划并没有成功,她眼中的爱人爽约了。她大声表达自己的悲痛,阿尔贝托觉得她太夸张了。"艾尔莎不光是我们所认识的天才作家,"他说,"还拥有相当出色的表演天赋。"当她打算离他而去,去找维斯康蒂的时候,阿尔贝托承认,她离开的这个想法"让我十分悲痛"。他描述他们的结合是某种存在上的共生关系,并不仅仅是友谊——激烈,但已经跟性没关系了。可后来,她被维斯康蒂抛弃之后,阿尔贝托却无法因为她的留下而开心,因为跟她生活在一起已经变得快要无法忍受。他1952年创作的故事《蜜月》,题目直译为《蜂蜜的月亮,胆汁的太阳》(英文版译为《苦涩蜜月》),背景设定在阿纳卡普里,那里是阿尔贝托和艾尔莎婚礼后的旅游目的地。故事是一对情侣之间关系的荒凉画像,贾科莫和西蒙娜刚刚开始一起构建生活,新郎思考着"爱的不可能",对自己的无能感到焦虑。阿尔贝托肯定在写作中注入了自己的情绪:"他有一种类似于恐慌的感觉,当他再次看她时,感到自己爱她的决心纯粹出于理性,跟他的感觉一点关系都没有。"

那时候,阿尔贝托和艾尔莎已经过上了相当舒适的中产阶级生活,公寓里满是油画、优雅的家具,还有很多收藏的唱片。阿尔贝托1954

年的《巴黎评论》采访介绍中插了一段对戴尔奥卡大道公寓的描述，细节丰富：

> 一边是台伯河岸边到利培达大道，坐落着工薪阶级的房子：窄窄的门廊、黑暗阴冷的小楼梯、拥挤的窗子，还有一连串的小商店、水果蜜饯的味道、维修店、卡斯特利的葡萄酒、发动机排气口、街上贫困小孩的哭声、古奇摩托发动的呼啸声、庭院里传来的猫的叫春声。
>
> 路对面的建筑更高一些，有些不协调，有一种静谧感，完整的檐口、摆满盆栽的阳台、爬架上的藤蔓：这些是富人家的房子。阿尔贝托·莫拉维亚就住在路的这边，他的家是这个街区唯一一个现代建筑，像翡翠或者象牙做的堤镶嵌在红金中。

采访阿尔贝托的记者本·约翰逊和安娜·玛利亚·德多米尼西在门口被"一个穿寻常黑裙、白围裙的深肤色女孩"迎接，而著名作家则跟在她的身后，站在门廊里，"检查刚送来的一箱葡萄酒"。阿尔贝托被描述为高个子，看起来很严肃："他面部的几何结构、侧影都很冷峻，几乎有一种金属感；他声音低沉，也有一种金属感——这两个方面，他都让人想到炮合金。"

同时，艾尔莎离完成《亚瑟岛》还有几年时间。她这个童话般的故事设定在第二次世界大战发生前夕，亚瑟·杰拉切回忆着他在那不勒斯海湾普罗奇达火山岛上一栋年久失修的粉色两层楼里长大的故事。（据说，她给自己主角起名的灵感来自阿蒂尔·兰波，她最爱的诗人。）在很长一段时间里，亚瑟的家代表着安全和保护。他的存在是孤独的，但有一种洋溢着幸福的天真，他在岛上自由自在、快乐地探索，"从最高的石头上"跳进海里，碰到"奇异的生物"，包括一种被他描述为介于猫和松鼠之间的生物。

他回忆说，自己没有母亲，只有一张褪了色的母亲的照片，是她怀孕时拍的，这是他"整个童年天马行空的崇拜"仅存的残骸。母亲在青春期就去世了，因为生他，这对亚瑟来说，印证了当地一种迷信说法，对女人来说，住在他这个受到诅咒的家里是"永远致命"的。实际上，这栋房子曾经是一座修道院，被称为"男孩之家"。"我孤独的童年就这样过去了。"他回忆道，"在这个女人无法居住的房子里。"他记得他崇拜他那"沉默、粗鲁、过于敏感"的父亲威廉，他对女人充满鄙视——他没有解释地——消失了近一年，留下儿子自己照顾自己。亚瑟基本上是个孤儿。

他不上学，得自学，靠几件衣服艰难度日，没有规则、没有时间表，吃饭也没有规律。亚瑟热爱阅读，靠房子图书馆里的几百本书填补他的胃口，对或真实或想象的英雄的故事狼吞虎咽。他挣脱了成年人、家长的束缚，同时也被他们抛弃。亚瑟可以自己构造自己的世界。他唯一的倾听者和亲密关系的来源是他心爱的狗："你可能会说，一只狗有什么大不了的。但我小时候没有其他朋友，你无法否定它的陪伴。我们一起发明了一种聋哑语言，只有我们两个知道：尾巴、眼睛、动作，还有它叫的声调——这些都能告诉我它的每一个想法，我都理解。"这只狗陪着他去所有地方，甚至跟着他上划艇——但是他最终也会悲剧地失去它。

当威廉带着新妻子回家，他告诉儿子："这样，你就有了一个新妈妈。"这个女人16岁，才比亚瑟大2岁，他因为对她的复杂感情而备受折磨。同时，威廉对她施虐，剩下的时候完全忽视她，他迷上了一个岛上监狱里的年轻男性犯人。于是，他推动了一系列事件的发展，夺走了他儿子的纯真，最终也毁掉了这个岛作为避风港的概念，让亚瑟只剩下"一种没有形状的悲伤，对任何人都没了感觉"。故事的最后，战争来了，"迫在眉睫，不可避免"。离开普罗奇达就是抛弃他童年的田园诗，但那其实是他早已失去的。他准备好离开了，几乎有些急切地成为一个士兵。

《亚瑟岛》的心碎在于对一种纯洁、纯真存在的探索，远离成年的复杂性——性、背叛、暴力、抛弃——直到亚瑟精心构造的一切瞬间崩塌。它的心碎也在于亚瑟不愿意放弃他为自己虚构的世界，那里充满了信任和希望，直到他被逼着这么做。现实是可怕又残忍的。

亚瑟的童年发生在艾尔莎成长的年代，这并不是巧合，她的主角是个男孩也不是巧合。"亚瑟，是我！"她曾经说过，她说她想当个男孩，也许前世就是个男孩。她曾在一个鲜为人知的采访中提到，虽然亚瑟生活在那不勒斯附近的一座岛上。"（岛上的人）却不是那不勒斯人，那些岛上的人非常西西里。"她说，"我一向痴迷于地中海地区的深肤色岛民，写亚瑟的故事让我也能成为其中的一员。我也一直想做一个男孩，一个像亚瑟一样的男孩，可以打猎、捕鱼、爬大石头，穿着邋遢地到处跑，拥有男孩子的梦想和幻觉。"

艾尔莎一直都很喜欢宝宝和孩子，在晚年时聊起自己没有做母亲，表示很遗憾。也许，她心里能与孩子相提并论的爱好就是照顾她的猫和听音乐——尤其是莫扎特，她称他是对她影响最大的人。可塔克在传记《罗马女人》中写道："回想起来，很难想象如果她生了孩子，还怎么能追求作为作家的事业。实际上，很难想象她会成为怎样的母亲。"她显然并不是好的榜样。塔克指出，艾尔莎对年轻男同性恋者的兴趣来自一种安全感：没有性的可能性，这是一种快感的来源。但塔克相信，这种吸引力"更多是因为她的母性本能和她想要一个儿子的愿望……艾尔莎对这些年轻人的爱可以与她对自己潜在孩子的爱相比较"。

同时，艾尔莎总是嫉妒男人的自由和权利。他们可以成为自己人生的主角。而女孩就代表着消极、被动和弱点，也可能是自我厌弃让她无法与自己的性别自洽。被加上"女作家"这种小看人的称号也让艾尔莎厌恶，她拒绝让自己的作品被加入任何一个以此为主题的合集中。

就像她无法忍受别人叫她冠夫姓的名字，她觉得放弃了自己的姓，只被称作"某某太太"或者"某某的妻子"的女人让人失望。她们怎么受得了别人这样对自己身份的磨灭呢？

有时候，艾尔莎似乎对自己的性别抱有仇恨，在生活中和文学中均是如此。她的一些观点通过威廉对女人的蔑视展现出来，这种态度也影响了年轻的亚瑟："她们为自己感到羞愧，"他说，"也许是因为她们太丑陋，像可悲的动物一样生活。"

他还指出普罗奇达岛上的家庭在女儿出生的时候都"不悦"："她们是很小的生物，永远都不能长得像男人那样高，她们的人生将在关着门的厨房和其他房间里度过。这就解释了她们的面色为何苍白。她们裹在围裙、短裙、衬裙里，按照法律，她们必须藏起她们神秘的身体，对我而言，她们看起来很笨拙，几乎是没有形状的。"

艾尔莎在阿尔贝托身边经常有不安感，感到自己不足，他与成功的关系似乎漫不经心，毫不复杂。要是说他拥抱幸福，那艾尔莎的本性几乎就是躲避幸福。可同时，她又很为自己骄傲，无论是自己的外形还是写作。不论从哪个方面讲她都很大胆，她是意大利第一个公开穿长裤的女人。不过，她可从来不会称自己是个女权主义者。她就是这样充满了悖论，她的作品像敞开的白纸，却又从来都不和谐。

艾尔莎通过亚瑟来经历男孩时代，将她的想象力延伸到其他意想不到的经历中。她一生都爱猫，让亚瑟的忠诚和爱落在一只狗身上，后来还承认，她自己也开始喜欢狗了。她爱大海，但是也恐惧它，因为她不会游泳，可她还是刻画出了亚瑟在那不勒斯海湾里游泳的美好画面。她寻找"讲述真相，但是有偏向地讲述"的方法，这是艾米丽·狄金斯的名言。艾尔莎通过写亚瑟对威廉的崇拜、威廉对年轻男子的秘密迷恋，探索她对同志男子的渴望，尤其是她与维斯康蒂的关系。美国天主教大学意大利文学研究的斯蒂芬妮亚·卢卡蒙蒂教授（荣誉退休）曾在她的论文合集《艾尔莎·莫兰黛的政治文学》中写道，不论艾尔莎所谓的厌女症被批判得多么严重,她都是意大利文学中第一个"公开讨论(并且理解)在意大利社会中作为一个同性恋者处境有多艰难"的作家,"她笔下人物(比如威廉)的反同观念和忧虑会让人们意识到社会规范有多么令人窒息"。

当《亚瑟岛》在1957年出版,艾尔莎成了第一个获得斯特雷加文学奖的女人,在她丈夫获奖后5年得奖。海外版权卖到了法国、德国、瑞典、挪威、芬兰,1959年,柯林斯出版社在英国出版了水彩插画封面版。这段时间对艾尔莎来说是很好的一段时间,从工作上来说:1958年,她的一本诗集《不在场证明》由朗格内西出版社出版。里面有三首诗都是写给她的猫的。

在美国,布兰奇·克诺夫在给同事的信里写道:"我刚签下了一本伟大的意大利书,从任何角度讲,绝对值得。"她花了1500美元签下这部小说的美国版权。

艾尔莎这次没有遇到上一部小说美国版本的那些问题,艾尔莎感到这次的合同条件不错。她在罗马见过(也喜欢)布兰奇,很荣幸能签到这样一家著名出版社。两人开始通信,信件温暖、亲昵,布兰奇还开始上意大利语课。虽然翻译信件带来一些问题,两个女人却还是保持友好关系,艾尔莎很开心能近距离参与很多决策的制定。《亚瑟岛》于1959年8月17日在美国出版,那是艾尔莎47岁生日的前一天,译者是作家和电影评论家伊莎贝尔·奎格利。传记作家、福楼拜研究者弗兰西斯·斯蒂穆勒(4年后跟小说家雪莉·哈泽德结婚)为该书写了推荐语："这是我多年来读到的最美的一部小说。"（2019年，《亚瑟岛》由利夫莱特出版社再版，新版的译者是安·戈尔茨坦。）

这本书迎来了热情的书评。弗雷德里克·莫顿在《纽约时报书评》中写道："莫兰黛小姐拥有一种意大利人的天赋，从原始的东西中提取出普遍性。但她还有一种精致的女性本能，能够将细节歌唱出来。"（用"女性"这个词来形容她的本能，艾尔莎看了肯定不会高兴。）"这两者的结合允许她创造一种诗意的、高贵的，但又野蛮的主角。"莫顿评价，"一半强盗，一半哈克贝利·费恩。她捕捉了一种悲剧的回声和光晕，幸运的哈克所避开的悲剧——长大。"这位评论家虽然写了一篇积极的书评，却选了最不幸的开篇语："1951年，艾尔莎·莫兰黛——私生活中，她是阿尔贝托·莫拉维亚的太太——在美国作为小说家首次亮相，出版了《骗子之家》。"当然了，她在私生活中也依然是艾尔莎·莫兰黛，从来没有过别的身份。

两天后，在工作日的《纽约时报》书评里，基尔伯特·米尔斯坦称赞《亚瑟岛》"崇高"，补充说："我还希望这本书能够像一本好的当代小说一样被众人阅读。我并没有夸张。"他等到倒数第二句话才说，莫兰黛小姐"很碰巧，是阿尔贝托·莫拉维亚的妻子"。

一年半前，艾尔莎向布兰奇·克诺夫表达了想去美国拜访的想法。1959年9月，艾尔莎终于到达了纽约，开始为期1月的旅行。在美国期间，她遇见了比尔·莫洛，一个来自肯塔基州麦迪逊维尔的23岁画家，高大、帅气。他曾经是一名模特，金发碧眼，有着很大的社交圈，这个圈子里的男人、女人似乎都在爱上他。就像维斯康蒂，他是会吸引所有人的那种人。实际上，他实在太好看了，阿尔贝托曾说，他原本不太理解男同之爱，直到他遇见了比尔·莫洛。在罗马，贝纳尔多·贝托鲁奇向一个朋友打听这个所有人都在讨论的年轻人，"好像他是耶稣·基督似的。"

比尔和艾尔莎开始了一段激烈的情事。是他追求的她，他是艾尔莎从纽约带回罗马的"纪念品"。她为他们在德露西路租了一间公寓，他成日在那里画画，她则写她的下一部小说——《没有宗教的宽慰》。他们之间的沟通很困难，比尔不太懂意大利语，艾尔莎说英语也不自信。她不知道怎么用词的时候，会用慷慨激昂的手势来表达自己，或者用英语问"怎么说……？"，或者夹一些法语词来填补她英文词汇的匮乏。可是艾尔莎很快乐，这也许是她最快乐的时期了，充满生命。1960年，她在纽约时，给挚友皮埃尔·保罗·帕索里尼写信，说："这不是一座城市，这是唯一的城市，它是宇宙，是苍穹，是地球的脏腑。你会爱上这里的！"

她虽然爱比尔，也明白他有问题，她以一种母性的方式关心着他。他是癫痫患者，经常发作。他酗酒无度，对司可巴比妥上瘾。他至少有一次因为自杀未遂进了医院。但他还是慢慢累积作品，1961年首次在巴黎的兰伯特画廊展出了他色彩明亮的油画，第二年又在罗马的新帕斯塔画廊开展。这时候，阿尔贝托和艾尔莎的婚姻已经名存实亡。艾尔莎在比尔身上找到了爱，阿尔贝托则找到了达契娅·马莱伊尼，他之后会跟她在一起20年（直到她结束了这段关系）。"我以我所能做到的唯一一种方式陷入爱河：非常缓慢，始于漫不经心，终于激烈的情绪。"阿尔贝托回忆道。他和艾尔莎过着不同的生活，发现他们这样相处好多了——他们以某种形式一起旅行了两次，一次是1958年一起去伊朗，另一次是1960年一起去印度，帕索里尼同行。两次旅行都让阿尔贝托想起，他曾发誓再也不跟妻子旅行了。在伊朗的时候，艾尔莎拒绝把明信片留在酒店前台员工那里，坚信他会贪污邮费，不把明信片寄出去。阿尔贝托和艾尔莎去邮局买邮票的时候，艾尔莎生气了，因为邮局工作人员只会说波斯语，她把这事怪在阿尔贝托的头上。在印度，她怪罪他被一群乞丐围住的时候没有耐心。

她怒气冲冲地回到他们的酒店，开始打包自己的行李，直到阿尔贝托和帕索里尼求她留下，她才冷静下来。

阿尔贝托和艾尔莎之间的关系还算亲切，因为他给比尔在巴黎的画展写了展览开幕词。阿尔贝托热爱油画这种艺术形式，将它排在文学和电影之下，他曾说，这是他最理解也最爱的艺术。

他为比尔巴黎的画展写了赞美词，说他的画"非常直接，非常纯洁，如此冷静、清澈"，最后一句话有些预知的意思："于是，又一次，艺术将会用生命偿还。"

1962年，在罗马办了画展后一个月，比尔去纽约短暂旅行。他计划回到意大利，跟艾尔莎在罗马定居，成为一个永久居民，但是他再也没回来。在4月里一个大风天，比尔似乎是在迷幻药的作用下有了幻觉，从曼哈顿的一栋摩天大楼上跳了下去。

50岁的艾尔莎感到她没有乐趣、没有未来。比尔的死让她震惊又绝望，已经无法写作。她放弃了《没有宗教的宽慰》，再也没有接着写。阿尔贝托说，比尔死的那天下午，"艾尔莎很是悲痛……她上演了一出悲鸣大戏，跟意大利南部的寡妇和失去了孩子的母亲相差无几"。1964年，艾尔莎在日记里写道："自从那年4月30日，已经过去了2年。我继续生活，好像我还活着。有些时刻，我会忘记那种恐怖。有一些宽慰，好像我在别的地方找到了你。但是很快，痛苦又会在意料不到的时候回来。"她的母亲于1963年在养老院去世，享年83岁。虽然艾尔莎很少去看厄尔玛，还曾经因为穿着裤子去诊所被一个修女斥责过，她还是为母亲筹划了精致的葬礼。

艾尔莎现在说起写作是过去式了，她坚信她生活的那个部分已经结束。她完了，枯竭了。"发生了什么，你去了哪儿，你有写作吗？"布兰奇·克诺夫在1963年春天写信问。艾尔莎没有回信。克诺夫在1965年年初又写了一封信，因为上一封信没有回信而感到难过，还提到艾尔莎是时候写本新书了。艾尔莎还是没有回信。艾尔莎已经有一阵子没有跟她的意大利出版社、文学经纪人联系了。（虽然艾奥迪在1963年出版了一本艾尔莎的十二个故事合集，这些故事却是很多年前写的。）克诺夫又写了一封信，再次尝试，说她听说艾尔莎在给一部小说收尾："我已经太久没有你的音信，我很渴望得到你的回信。我希望你还好，过得快乐，新书进度神速。"

除了单纯地活下去，她开始旅行，有时候一个人，有时候跟一个朋友，没有指定的旅程表，也没有计划。

"我喜欢哪儿就在哪儿停下，想留多久就留多久。"她在日记里写道。圣诞节的时候，她去了墨西哥城拜访弟弟阿尔多。帕索里尼拜托她为他的新电影《马太福音》选取原声音乐，她发现参与这个项目能让她保持集中精力，有事做。她最终从她为比尔和自己租的公寓里搬了出来，回到了戴尔奥卡大道的公寓。艾尔莎将自己投入装饰公寓中，用新家具、新墙纸把比尔的画变成她自己的，填满自己的空隙。她痛恨电视，直到1969年才拥有第一台电视，她买电视只是为了看人类登月。她后来就再也没打开过它。

一年前，她出版了一本诗集，《被孩子拯救的世界和其他诗》。

同时，阿尔贝托的名气更大了：他在1959年到1962年担任国际笔会的主席，又出版了几部小说——包括他的标志性作品《烦闷》，这本书赢得了维亚雷焦文学奖，还被改编为电影。他似乎过着很潇洒的生活。他成了文学名人，1964年5月，《纽约时报》报道了他的世界签售，包括在纽约大都会艺术博物馆的演讲，他在那儿赢得了750个观众的"雷动掌声"。文章还提到，他的打字机在维也纳被偷了，这是个问题，因为他跟达契娅共用一个打字机。达契娅跟艾尔莎一样，喜欢下午写作，但是她每天都写，有严格的日程。阿尔贝托用几个小时的打字机，然后把它交给达契娅，让她工作，他则按照习惯在下午散步。《纽约时报》的记者哈利·吉尔罗伊没有描述阿尔贝托的外表，却很注意达契娅："（莫拉维亚）说话的时候，马莱伊尼小姐也来了，27岁，金发，蓝灰色眼睛，穿着棕色皮夹克和红色短裙，漂亮又优雅。她离开罗马前宣布她又完成了一部小说。她从19岁起就开始写作。"

阿尔贝托和艾尔莎在一起生活了20多年，永远都会有深深的羁绊。阿尔贝托在《莫拉维亚的生活》中说："关于艾尔莎，我有很多想说的，我永远都说不完。"他慷慨地补充道："她相信，她也有权相信，她是个伟大的作家。"

他们的婚姻没有在暴风中结束，这让两个人都松了一口气。它似乎就那么结束了。没有离婚；艾尔莎信奉天主教。（他们的关系结束后，有人对阿尔贝托说："可惜啊。莫兰黛·莫拉维亚听起来很顺耳。"）他搬去维尼亚罗马酒店跟达契娅同住，艾尔莎则留在了戴尔奥卡大道的公寓，但是阿尔贝托保证了艾尔莎在经济上的舒适。他没有给她"常规的中产阶级每月零花钱"，他说，他以她的名义开了一个银行账户，还有她自己的支票簿，这样她就能对这些钱有全部的掌控权和自主权。要是艾尔莎没有遇见比尔，要是阿尔贝托没有爱上达契娅，他们可能会继续在一起，即使不幸福。但是他们慢慢走向了不同的方向，阿尔贝托这样说，这段婚姻坍塌了。

他回忆跟达契娅一起飞往非洲，望着飞机窗外，突然感觉"一种完全的、肉体上的解放。好像我终于丢掉了某种沉重的东西，比如骨折打的石膏"。即便如此，很多年后，他还是承认他"间歇性感到一种被抛弃的可怕感觉"。不论一段关系是怎样结束的，也不论这段关系是怎样的关系,他都相信,一段关系的结束就是一种死亡。

20世纪70年代早期,艾尔莎写了一部新小说《历史》,设定在罗马及周边地区,发生在1941年到1947年之间,按照年份分成了9个部分。她对这本书有着非常细致的规划。这本书的目的是让每个人都读懂——不光是知识分子、专家,而且穷人和未受教育的人也能读懂。她在引言中用这句借来的话表达了这个愿望,这句话来自秘鲁诗人塞萨尔·巴列霍:"我为文盲写作。"艾奥迪在1974年出版了这部小说,为了让它能被更多人买到,艾尔莎坚持要用平装本,而不是传统的精装本,她还定下了2000里拉这个低廉的价格。她接受意大利地区5%的版税,而不是传统的10%。她还选择了罗伯特·卡帕摄影的阴冷照片做封面,画面中,一个年轻人躺在一堆残垣断壁中,即将死亡。这张照片配上煽动性的文字:"延续万年的丑闻。"

这部持续数年的小说中,角色们的命运都很晦暗,刻画了战争时期的贵族们,这听起来似乎是最不可能成为在大众间流行的小说。因为它在政治上跟左翼不相称,跟任何一种政治运动都对不上——以及它的故事被认为太过消极了——对这部小说的评价两极分化,争议颇多。(《文学论坛》周刊杂志甚至专门出了两期来分析《历史》是否算是杰作。)可是,每周都有数千本从书商的书架上飞走,不到一年,它就卖出了80万本。(《历史》在1986年被导演路易吉·科门奇尼改编为电影。)艾尔莎的经纪人给克诺夫写了一封信,说自己都不知道到底是谁在买这本书了,"因为现在似乎意大利每个家庭都有一本了"。有些评论家认为它是20世纪最伟大的小说,跟乔伊斯、卡夫卡、普鲁斯特等作家的作品比肩。克诺夫在1977年出版了美国版，由威廉·韦弗翻译。最好的是，艾尔莎的愿望实现了，她做到了让来自各行各业的人都读她的小说。"这还是任何人记忆中的第一次，人们在火车包厢里、咖啡吧里讨论一本书——莫兰黛的小说——而不是足球冠军赛或者最近的丑闻。"保罗·霍夫曼，《纽约时报》的罗马驻派记者称这部小说是"文学现象"，是"继朱塞佩·托马西·迪·兰佩杜萨的《豹》之后意大利最成功的小说"，霍夫曼指出："作者是阿尔贝托·莫拉维亚分居的妻子，在写《历史》期间完全隐居。她此前的作品'收获好评，但不畅销'。"霍夫曼继续说："莫兰黛小姐多年来一直在默默无闻地耕耘。她不属于任何一个知识分子的小集团，也不会在宣言上签名，或者公开支持什么煽动性活动。现在，她突然成了一个名人，被人称为'那个莫兰黛'，她自己好像非常不满意。"

**威廉·韦弗**翻译这本书的时候生活在托斯卡纳，对自己的朋友充满喜爱和敬仰，但他承认，她"太烦人了"。几十年后，他向《巴黎评论》描述了他的经历：

偶尔，她会在早晨给我打电话。我曾告诉过她，我工作的时间是这样的，从起床到10点半左右，喝一杯咖啡，然后再工作一会儿，到中午。她总是在10点半打电话，觉得那是我的休息时间。我那个时候休息就是因为我想有半小时不需要想翻译的时间，然后再继续。但是她会打电话，问我问题。她说："359页，我用了某个词，你怎么翻译的？"我说："艾尔莎，我才翻到123页。"

我可不知道！这也没能让她停下来，她开始几乎每天在10点半给我打电话,毁掉我的早晨。最后,我坐下来给她写了一封长信:亲爱的艾尔莎,我要放弃这份工作了。我想你最好另寻他人。我认为这样下去是不行的。我已经给出版社写了一封信,还给我的经纪人写了一封,都封好在航空邮件的信封里,放在门厅的桌上,我明天早上就寄出去。我以为我把信都撕掉了,但是,看来我还是给自己留了一份备份,多年后,我的一个学生在翻我的文件,他说:"比尔,这封给艾尔莎·莫兰黛的信也太奇怪了。"我完全忘记了这件事。她是我共事过的人里最难相处的。

艾尔莎将自己的小说描述为"一种控诉和祈祷"。

在之前的故事里,她将寻常人物的生活写得如诗如画,在那些天马行空的故事里,现实扮演闯入者的角色,而在这本书里,战争是话题,不可避免,毫无权力的工薪阶级在战争及其后果的恐怖和混乱中努力活下去。

小说开始于1941年,一个叫甘瑟的德国士兵在罗马的街上游荡,寻找妓院。他正值青春期,喝醉了,在街上跌跌撞撞,碰到了失去丈夫、患有癫痫症、有一半犹太血统的老师伊达,她拿着一大堆购物袋。甘瑟假装帮忙,进了她家,"以一种可怕的愤怒强奸了她,仿佛是想谋杀她"。几天后,在前往非洲战场的路上,他在同盟国的空袭中丧生。伊达怀孕了。她要独自抚养同样患有癫痫症的新生儿朱塞佩和她的问题少年大儿子尼诺。尼诺在被法西斯招募的边缘,后来加入了某个抵抗组织。即使战争结束了,她还要经历一次又一次的悲剧。伊达被疯狂和几乎无法忍受的悲痛所吞噬,救赎无处可寻。

在向宾夕法尼亚州出版协会成员介绍美国版《历史》时,艾尔莎这样解释她写这本书的意图:"我出生在这样一个恐怖的时期(在我们的20世纪),我想用这本书留下我在二战期间亲身经历的文字证明,揭露它在整个历史长河中是怎样一个极端、血腥的时期。这就是《历史》。它的真实面目,我们都为它的出现做了贡献。"

对一些评论家来说,《历史》是艾尔莎的杰作,她的伟大成就。但对另一些评论家来说,他们从未喜欢上这部混乱的小说,它的报道文体、离题的哲学内容、说教的故事叙述("《历史》是法西斯的历史,多多少少做了些伪装……"),夹杂诗句、残暴行为描绘,还有以人犬交流形式出现的魔幻现实主义:一只会说话的狗。("这本书通常被称为每个人都该读的一本莫兰黛小说,《历史》一书既没有她其他作品的魅力,也没有它们那炫目的丰富想象力。"蒂姆·帕克斯在2009年的《纽约书评》中写道。)这本书读起来就像很多不同的故事松散地编织在一起,用挑起辩论的历史事件观点做标点符号。另外,小说在描述每段时期的开头部分都有几页斜体字,记录那一年发生的真实历史:"殖民地的人民开始革命运动。加尔各答和开罗的市民跟英国警察发生冲突,游行者伤亡惨重。"不过这些简述也并非框架手法。罗伯特·波耶斯,斯基德莫尔学院英语教授及文学杂志《大杂烩》的编辑,曾在2009年的《芭莎》杂志中写道,这些序言"大多跟之后一章的内容没有直接关系,只有少数几次有。它们被视为框架手法,却残缺不全,很显然并不能胜任。它们无法告诉我们每一章里发生的大量叙事该如何理解,这些故事里的重点都是极度私密的。莫兰黛谦虚却庞大的任务是仔细看危机时期的生活，将我们带进普通人的想法和感觉中。理论上来讲，这些序言的意义很小，显然对我们作为读者从这些人的生活中提取出的印象影响很小"。

在1977年4月28日的《纽约书评》里，斯蒂芬·斯宾塞在"忧郁和魔法的历史"中称赞了韦弗的美国版翻译，写道："试图从艾尔莎·莫兰黛的书中提取信息或者什么课，那就是太过生硬地跟随书名所暗示的线索了。她想讲述的故事本身就十分出挑。"他继续赞美她，写道："她是一个能够给读者施魔法的故事叙述者。她就像福楼拜，仿佛是一个伟大的宗教艺术家，可以填满一张巨型画布，在剧情发展的同时介绍新的人物，只需要寥寥数笔，就能塑造新人物，还能让他们有说服力，他们也会被卷入整个宏大的叙事中。"

娜塔莉亚·金兹伯格曾提到过她有多崇拜自己朋友在小说中对第三人称的自信使用——叙述者，也就是莫兰黛自己，是一个故事讲述者，同时也是书中可怕事件的目击人——因为在她自己的作品中，金兹伯格感到无法"爬上山，从高处俯视一切"。

《故事》最初出版的时候，她在《晚邮报》里给它写了一篇出色的书评，称这部小说"是本世纪最美丽的小说"。令人费解的是，艾尔莎对这篇书评反应消极，坚持说金兹伯格的书评太过热情了，几乎有些挑衅。艾尔莎还是一如既往地难哄。

评论家罗伯特·阿尔特在1977年4月24日的《纽约时报》中给这

本书写了一篇消极的书评。他声称，即便《历史》提供了"一系列抓人的时刻"，还"成功进行了不可思议的尝试，从凄凉的人生百态写到形而上学的远景"，但这部小说整体上是失败的。有很多点让阿尔特不喜欢，其中一点是作者无法拒绝"可怜的过度细节描写和评论"。他还写道，而且"莫兰特的怜悯之情……总是太过丰富，显得多余，她无情的现实主义崩解成一系列冗长的、迅速涌现的灾难，小说家创造出这些事件是在跟自己的创造作对"。不过，《纽约时报》还是刊登了一段《历史》的片段（这是一段记录罗马被德国占领最后那段日子的文字），小说被选为推荐阅读书目，同时入选的还有琼·狄迪恩、唐纳德·巴塞尔姆、约翰·契弗等人的小说。

最狠的书评来自最不可能的人：她的好朋友帕索里尼为意大利《时代》杂志写的书评只能被描述为"买凶杀人"。这是她10年来的第一部小说，但是帕索里尼一点也没有手下留情。他赞美了《历史》的庞大野心——光是书名就够有野心了，称历史是构造的叙述，揭露了它意义深远的目标。可是，他的书评里溢满了敌意和蔑视。他将书中人物做的所有事、说的所有话批判为不可能发生，嘲讽他们"无法辨识"的方言。他将小说分成三个互不相干的部分来做分析，声称后两个部分"不过是一大堆被匆匆凑在一起的、杂乱无章的信息"。他还嘲笑艾尔莎文字的"风格"。实际上，艾尔莎有刻意避开了她前作中用的标准语言（或者说，是过于炽热的，有些评论家这样指责）。最残忍的是他对她政治观点的攻击，他声称她的政治观点没有权威。帕索里尼还感到作者在以虚假、剥削的方式利用痛苦、贫穷、困顿。

他要么是已经放弃了跟艾尔莎的友谊，要么是想有意杀掉它。两个人过去几年里渐渐疏远了，但是对艾尔莎来说，不被这背叛行为伤到是不可能的。她也无法理解朋友这篇书评的残忍。这篇书评发表后，艾尔莎再也没跟帕索里尼说过话，第二年他就遭到了谋杀。

她几乎立刻开始写她的第四部小说，这也是她的最后一部，《阿拉科利》。她写这本书的时候在读但丁、普鲁斯特、波德莱尔，还有其他很多作家的作品。这个时期，艾尔莎也陷入了孤立，她拒绝了一些长久的朋友，不再跟很多熟人见面，也没有尝试寻找爱情——她生活的那一部分已经死了。把《阿拉科利》的完成手稿交给一个打字员后，她受到腿部疼痛的折磨，数月卧床不起。（这疼痛有多少是心理原因，不得而知。）艾尔莎现在60多岁了，她的身体在年老阶段经历的丑陋衰败让她抑郁。她感到一种持续不断的欲望，想要消失。她更易怒了。她放弃了美，让自己的头发自然变白，按老妇人的形象穿着打扮。她的朋友卡洛·希奇有一天在街上碰到了憔悴的艾尔莎，她在拄着拐杖走路，他被吓了一跳。

这部小说的题目来自罗马的阿拉科利（"天堂的圣坛"）圣玛利亚大教堂，这个让人脊背发凉的故事不分章节，没有停顿。

43岁的叙述者曼努尔是个同性恋，不仅丑陋还自我厌弃，是个正在戒毒的瘾君子。他记录了自己去拜访已逝母亲出生地安达卢西亚的孤独、痛苦旅程，他的母亲阿拉科利曾是一个农民，不顾她中产阶级父母的反对，嫁给了他的父亲尤金尼奥，一个英俊的意大利海军军官。曼努尔坦白说，他的思维被固化了，只能接受"无法挽回的拒绝"，"如果我能看着自己的未来，只能看到一条崎岖的小路，我自己总是孤单的、年老的，继续独自在那条路上来回走，像一个喝醉的通勤者。直到一次巨大的山崩，所有的道路都清静了"。他从没有去过国外。生活被困在米兰的几个小房间中：有家具的房间他几乎要付不起房租，还有"小出版社"，只有"两间办公室，外加一个黑暗、没有窗子的卫生间"，曼努尔整日在那里读书，翻译想成为作家的人的文字（"他们中大部分都是老年人"），并写下报告。这是个晦暗的工作，他把它比作吞胶水。

《阿拉科利》在1982年出版，两年后兰登书屋出版了美国版，由威廉·韦弗翻译。这本书中有作者前作里熟悉的元素：闪回、梦境、阶级矛盾、家族秘密、失去的天真、爱情丑闻、精神创伤，《历史》中的那份消极达到了新高度——或者说，是新的深度。我们又一次被扔到了无法理解、无法舒缓的土地上。书评人、译者雷蒙德·罗森塔尔在1985年1月13日的《纽约时报》中这样描述阅读《阿拉科利》的感受：

大部分时候，你会感到被困住了，就像一个纠缠不休的熟人给你讲一件悲伤的事，按理说应该值得同情，却丝毫没有激起你真正的兴趣或让你同情。

曼努尔是个追鬼人。他透露，阿拉科利已经被葬在罗马的维拉诺公墓37年了，那是他的城市，但是他还是要回到西班牙，因为"在无知的情况下被分离这么多年之后"，他要回去找她。有时候，"尤其是在极端寂寞的时候——一种绝望的脉搏开始在生者的心中跳动，推动他们去寻找逝者，不光在时间中寻找，还要在空间中寻找。"他回忆起，在二战期间，"在一次空袭中，维拉诺公墓被炸弹袭击：很多坟墓被炸开了、墓地被摧毁了、柏树被连根拔起。"曼努尔相信，他母亲从自己的坟墓里逃出来了，"恐惧，浑身带血，穿着我上次见她的时候她穿的那件起皱的睡裙。"他将他人生前几年里她给他的爱理想化，那时候她给他哺乳，他强烈地爱着她，他是她世界的中心。但是，她生下他的妹妹以后，他就不再是了，他妹妹不久后便去世了。阿拉科利从她的抑郁与悲伤之中走出来后，完全变了一个人，变得自私、狂野、面目全非。

她变得非常"性化"，成了一个情色狂，为了一些不顾后果的露水情缘拒绝自己的儿子——然后她死于脑瘤。"塞利纳之后就没有这样暴力的对生活条件的抗议了，"罗森塔尔写道，"对死亡的概念如此愤怒，对人类存在的物理事实如此坚持不懈地攻击。但是，这本书并没有塞利纳的讽刺幽默和他如诗如歌的深刻。"莉莉·塔克在《罗马女人》中承认，她第一次读《阿拉科利》的时候，觉得它"几乎毫无意义地让人烦恼、震惊"。再次读的时候，"我开始学会欣赏它了——也许是因为它太过黑暗，拒绝任何把它放进条条框框的可能性"。从这种角度来说，《阿拉科利》与作者本人不无相似，她拒绝以任何固定的形式被分类，或者跟某一种思想绑定，塔克指出，"她足够勇敢，能够在明确了解的情况下牺牲和有逻辑地来表达她对一个混乱世界的畅想"。

曼努尔坦白说："人们所渴望的所有美好中，我只渴望过一个，那就是'被爱'。"他的渴望跟艾尔莎多次表达没有被爱的感觉不无关系。

"就连流浪的动物也是如此，比起食物、抚摸、宠爱，它们更想要的是幼崽时期每日每夜舔舐它们的母亲。"曼努尔说。

他前往安达卢西亚的旅程开始日期正是帕索里尼在1975年被谋杀的日子，这肯定不是巧合。曼努尔跟艾尔莎一样近视，这是脆弱的表现，也是焦虑和羞愧的来源。他对自己衰败的身体所感到的恶心也跟艾尔莎对自己身体状况变差的悲哀相照应，自我厌弃在年老时被放大了。"没什么好活下去的了，"塔克写道，没错，在小说的最后，"读者只剩下一种恐怖的清醒，对主角来说，没有什么有意义的事了，也许，对作者来说也是同样……余下的只剩死亡。"

《阿拉科利》出版后不到6个月，在1983年4月6日，艾尔莎试图自杀。她吞掉了一些安眠药，关掉公寓里的所有窗户，打开煤气。为她工作了超过30年的女仆露西亚刚好救下了她。昏迷的艾尔莎被送去罗马的圣吉亚科莫医院。（这所医院在2008年关闭，当时已经连续营业了近700年。）阿尔贝托立刻来看她。她接受治疗的时候，医生们发现她脑部有积液；这压力会造成脑补损伤，甚至可能危及生命。积液需要通过手术提取出来，虽然有风险，但阿尔贝托和艾尔莎的妹妹玛利亚还是相信，在附近的诊所做手术是正确的决定。艾尔莎活了下来，但是她成了过去自己的一个影子。之后去看她的每个人都觉得她面容吓人，她在诊所的恢复也并不稳定，进展缓慢。一开始，她不省人事，那之后也间歇性神志不清。

艾尔莎大部分时候都躺在床上。她有心情的时候，会把但丁的《神曲：地狱篇》放在大腿上读，有时候还会被人用轮椅推到外面去，坐在花园里。露西亚每天晚上跟她睡在同一个房间，从不离开。阿尔贝托在这个时期扮演了分居妻子好朋友的角色，经常来看她。1984年，艾尔莎经历了短暂的恢复期——跟一个物理治疗师合作，重新学会了走几步路——她希望能在圣诞节回家，也许还能继续写作。（她得到一些好消息：《阿拉科利》在法国获得了名声在外的梅迪西斯外国小说奖。）艾尔莎在诊所里遇见一个患癌症的利比亚男孩，住在她隔壁的病房，她教他意大利语，给了他一本《彼得潘》。"你是这个阴暗的地方唯一的光。"她对他说。

1985年1月，艾尔莎因为穿孔性溃疡被紧急送进手术室，又得了腹膜炎。她不得不靠插入导管维持生命，此后她一直处于极度痛苦和不适中，几乎神志不清，大部分时候都在睡觉。她活着，但无法生活，之后的几个月里，她的情况也没有好转。11月25日，艾尔莎在床上死于心脏病。

"我依然能感到艾尔莎·莫兰黛的死带来的巨大悲痛。"娜塔莉亚·金兹伯格在1992年秋天接受《大杂烩》杂志的采访中说，"（她的死）不光给我带来作为她朋友的个人痛苦，也是整个世界的遗憾。我相信，她是我们这个时代最伟大的作家。我不知道她的作品（在美国）有多受重视，但在这里，她很成功，同时也被一些人所拒绝。这份拒绝造成了她的痛苦。"

当代受艾尔莎·莫兰黛影响最大的意大利作家之一就是匿名作家埃莱娜·费兰特，她的《那不勒斯四部曲》取得了国际名望。（她的名字就体现了艾尔莎的影响：艾尔莎/埃莱娜，莫兰黛/费兰特。）费兰特曾说，她青少年时，被《谎言与占卜》迷住了："我在那本书里发现了文学的可能性。"她在一次跟 Vogue 杂志的采访中说道，"那部小说助长了我的野心，但是它也成了我身上的包袱，让我惊愕。"2014年，她被《纽约时报》问到她认为自己在意大利文学史中是怎样的角色，费兰特答道："比起写作，我一向对讲故事更感兴趣。即使在今天，意大利也是一个在叙述上薄弱的国家。我们有许多美丽、壮观、精心打磨的书页，但并没有流畅的故事，那种即便很厚，也能让你沉浸其中的故事。艾尔莎·莫兰黛是一个迷人的例子。我试图从她的书中学习，但我认为它们无法超越。"

艾尔莎·莫兰黛被爱过、恨过、忽视过、崇拜过，她是一个值得认真对待的作家。她死后，意大利的主要报纸纷纷写下长篇讣告，纪念她和她的作品。（很多报纸错把她的生年刊为1918，但实际上她去世时73岁。）她的葬礼熙熙攘攘。一群前来悼念的人在寒风中等待给她平凡的木头棺木献上敬意，上面摆满了花环，人们排着队路过它。阿尔贝托还参加了在波波罗广场圣玛利亚教堂举行的弥撒。

艾尔莎去世后几个月，阿尔贝托跟卡门·里拉结婚，引起了一些轰动。卡门是个年轻的西班牙女人。"年老的意大利文学伟人阿尔贝托·莫拉维亚如今78岁，在周一跟一位32岁的出版界高管在罗马市政厅完婚，仪式很短暂。"合众国际社在1986年1月27日报道，"'莫拉维亚是与众不同的，没有人能像他一样写得那么好。'卡门·里拉这样评价她的新婚丈夫，她已经跟他同居3年。夫妻二人拒绝为摄影师和电视摄像师接吻，仪式结束后几乎立刻离开了——莫拉维亚回去继续写他的小说，里拉则回到她工作的出版社，她在那里负责新闻处。"

1990年9月26日，阿尔贝托在自己的公寓里去世。他被誉为意大利最畅销的作家之一，他的作品被翻译成三十余种语言，在全世界售出数百万本。弗朗切斯科·科西加总统称赞阿尔贝托是一个"刻薄，但同时也高度敏感的叙述者，他叙述了20世纪的意大利社会：它的悖论、困惑，以及对价值的焦虑搜寻"。

艾尔莎并不是，也永远不会成为一个所有人都喜欢的作家，但是她的地位已经稳固。近些年，她小说的新版不断出版，包括一本新版的《谎言与占卜》，由珍妮·迈克菲翻译。如评论家罗伯特·波耶斯在2009版的《谎言与占卜》前言中所说（他认为这本书"深刻到让人无法承受"），艾尔莎要求她的读者，尤其是对待她的最后两部作品时，要"吸收复杂的震惊感受"。她拒绝提供舒适的阅读体验。他补充说："这些小说不适合心脏不好的人。"

阿尔贝托在他的回忆录里写下艾尔莎的死是如何影响他的，文字感人至深，他说即使她的死并非犯罪暴力造成，比如帕索里尼的命运，它还是"很恐怖的死亡，完全不应该，不公平，绝对是不幸的"。

1959年，在接受《纽约时报》的采访中，艾尔莎——当时意大利最著名的女作家——被问到她和阿尔贝托有没有影响到彼此的写作。她僵住了。"没有，"她说，"没有。他有自己的身份。我也有我的身份。这就够了。"采访到此结束。她没有什么好说的了。

# 3

依琳·邓蒂
和
肯尼斯·泰南

"那时生活是完美的,完美的,完美的"

"《坏掉的牛油果》可逗坏我了，我大笑、尖叫，前仰后合（真巧，三个词并列这种格式还挺像个律师事务所的名字）。"格劳乔·马克斯在给作者的粉丝的信中这样写道，"如果这真的是你的人生，我不知道你究竟是怎么挨过来的。"戈尔·维达尔称赞作者的第一部小说为"我读过的最好笑的一本书"，还说这本书的副书名应该叫"黛西·弥勒的复仇"。

作者是一个37岁的美国女人，名叫依琳·邓蒂。她的小说1958年冬天由格兰兹出版社在英格兰出版。这本书记录了刚刚大学毕业的赛丽·杰·高斯充满酒精味、幽默诙谐，以及包含了她初次性经历的一系列遭遇——她美丽、热情洋溢、条件优越、时髦、不负责任——她在20世纪50年代晚期到达巴黎，准备征服一切。（她的姓来自詹姆斯·瑟伯的《男人、女人和狗》中一个人物。）主角在咖啡厅、夜店、社交派对和英俊年轻人的床笫之间周旋。"我们在找一种情绪。"赛丽·杰说，"铁了心要活出样子。"她是一个不甚纯洁的外国旅居者，她的冲动和自由只能在年轻人的身上看到："我经常独自走在巴黎的街上，突然在一个商店橱窗里看到自己的影子，想到这世上没有人知道我此刻在哪儿，就傻乎乎地笑起来。"一个评论家称这部小说"像香槟泡泡一样轻盈"，称赞赛丽·杰"对生活天真的热情"。当达顿出版社出版美国版时，他们在《纽约时报》买了大版位广告，配上名人推荐语、漂亮的插画，还有一句简洁的广告语："赛丽·杰是个引人入胜、不同寻常的女主角。她好像是用别针组装的，被自己那'探索的形象'引领着，她从左岸的小夜店到丽兹卡尔顿酒店，爱上巴黎，爱上爱。"

依琳·邓蒂——出生时姓布里姆伯格——1921年出生于曼哈顿一个犹太制衣商人家庭，父母是塞缪尔·布里姆伯格和他的妻子弗洛伦斯。除了父母，她还有两个姐妹，雪莉（1919年出生）和贝蒂（1924年出生），依琳8岁以前住在中央公园以西敞亮的大公寓里，那栋楼后来还住过许许多多有影响的人物，比如罗伯特·德尼罗、保罗·西蒙、斯汀。你只需要偷听依琳的睡前祷告，就能对这个家庭的富有了解一二。几十年后，她还记得自己虔诚的背诵：

"上帝保佑母亲，还有爸爸。"我开始说，"上帝保佑雪莉、贝蒂、小姐（我的法语家庭教师）、安娜（贝蒂的德国保姆）。"然后是三个玛丽："厨师玛丽（波兰人；潮湿的黑发）、侍者玛丽（爱尔兰人；火红的头发）、清洁工玛丽（国籍未知；头发藏在头巾下面）。"然后是"杰瑞（我们的司机，爱尔兰人；我无条件爱他）"。还有一个女工和一个洗衣工，她们存在感太低，无法进入我的祷告词。我继续说："祖父、祖母，我的所有姑姑、阿姨，我的所有叔叔、舅舅、表兄弟姐妹。"然后是一连串要被保佑的最好的朋友——或者允许他们被遗忘——说完之后，我觉得工作完成得不错，求上帝也保佑我。

这场景像极了《小姑娘艾萝依》。布里姆伯格一家是"犹太新有钱人"一族，邓蒂这样说，在20世纪20年代，他们逐渐占据了这个街区，尤其是靠公园的位置。依琳、雪莉和贝蒂在民族文化学校上学，离家只有几条街远，就在公园旁。几个女孩"着装打扮来自托茨服装店"，那是第五大道最昂贵的一家童装店。她们被几个保姆、家庭教师赶着去中央公园的游乐场。她们给鸽子喂花生，去滑旱冰，玩跳房子，"跟着一些数字和乱编的歌谣跳绳、弹球"。她们爱去绵羊草原，那里有真正的绵羊，姐妹几个喜欢喂它们面包。（1867年，中央公园的建筑师弗雷德里克·劳·奥姆斯特德和卡尔弗特·沃克斯在6万平方米的地上放了200只南方绵羊，这些毛茸茸的生物一直在这里留到1934年。）春天，女孩们寻找四叶草，把三叶草花编成临时的首饰，几小时后就会枯萎、死亡。她们爱坐公园里的旋转木马，依琳回忆说："有一次，我够到了金圈子，能免费坐旋转木马，我坐了太久，下来的时候恶心极了，吐了。"

几十年后，依琳在她书名轻快的自传《生命本身！》中分享了她的童年回忆。"坏掉的牛油果"鲁莽的个性、活泼的语气在她的书中每一行都闪耀着。第一眼看去，她的童年似乎完美到荒谬，不像是真的。他们经常去自家在新泽西的夏日度假屋郊游，跟她父母和他们的朋友一起去骑马、游泳、打网球，在草地上打槌球。回到城市里，7岁的依琳在客厅的东方风格地毯上练体操，一练就是几个小时。

"我进入自我驱动的疯狂时，急切地需要倒立，（地毯）就是我的朋友，我的帮手，我的支持。"她爱去父母的房间，用母亲昂贵的香水，并戴上她的珠宝，穿上弗洛伦斯梦幻的睡裙。"那些睡裙上有刺绣缝上去的珠子、飘逸的雪纺绸，缝制得非常精巧。"这个早熟的女孩还阅读、画画、练习法语、做白日梦。生活全都是"安全、富足、自由自在的日子"。

然后，一切都变了：就在布里姆伯格一家准备在新泽西的房子里为依琳举办8岁生日派对前，依琳被车撞了。这可能还不是最糟糕的部分。在医院里，她的伤口被处理了，额头上的口子缝了针，她很感激善良的医生、护士，他们让她感到自己很勇敢。但是弗洛伦斯出现了，穿着睡裙，头发乱糟糟的，她"狂野、杂乱的样子"和疯狂的哭喊吓到了她的女儿。即使依琳才是车祸受害者，她却为给家里带来麻烦而感到羞愧。她的母亲没有欣喜、欣慰地拥抱她，她的父亲责怪她过马路不小心。出院之后，依琳因为对破伤风疫苗过敏而发高烧，被迫在一个房间里隔离，康复过程中跟家人分离。

还有更深的创伤等待她。几个月后，1929年10月29日的傍晚，依琳正在客厅里玩，她父亲回家了。他没有对她说话，只是把报纸扔在地板上，大声哭嚎着瘫倒在地。她冲过去，跳到他的大腿上，但他把她推开了。她又尝试了一次。他狠狠扇了她一耳光，一次又一次，按着她冲她尖叫。雪莉试图介入，他连她一起扇。两个女孩恐惧地躲了起来，慌忙用枕套装起一些细软，准备逃跑。她们到了电梯口，却被塞缪尔抓住了，开始打她们。那天，股市经历了暴跌，很多人的财富一夜尽失，激发了经济危机，后来这一天被称为"黑色星期二"。大萧条开始了。"我们财富所造就的巨大堡垒崩塌了，好像纸板搭的一样脆弱。"她后来写道，"这击垮了每一个家庭成员。"这个家庭内部关系的问题现在彻底暴露在外。

布里姆伯格一家从纽约市逃离到长岛的大颈镇，但不到3年时间，塞缪尔就成功翻盘，完成出色的复出。他成了一家钢铁公司的总裁，1935年，一家人又搬回了曼哈顿。这一次，成功似乎更加甜蜜了：他们住在公园大道上。但是摆脱负债,重获奢侈、舒适的生活并没有治愈这个家庭的不正常。对孩子们来说,生活十分折磨人。

虽然依琳在学校很快乐,她的家却感觉像"一个监狱,我的父亲是监狱长,我们姐妹几个是犯人,我母亲是我们中的叛徒"。她们姐妹几个关系很亲密,因为共同遭遇的创伤,她们无法在母亲身上找到安全感。弗洛伦斯太害怕她的丈夫,她不敢为女儿们出头,尽力不去惹他。女孩们必须保护自己和彼此。布里姆伯格家的傍晚总是可以预见的糟糕:塞缪尔喝酒,自己把自己弄得"大发雷霆",然后发泄在女儿们身上。依琳足够有洞察力,她知道他并不是失控的怪物。他完全可以控制自己,这让他更加恐怖。在他没有再冲她吼或者以其他方式贬损自己的孩子时,他总是冷漠、沉默的。他从不叫依琳的名字,而是喊她"你",或者"她",即使依琳就在房间里。

在家里,塞缪尔是个施暴的霸凌者。对公园大道1185号之外的世界来说,塞缪尔·布里姆伯格是另一个男人。这个成功的波兰移民备受尊敬,也受人喜爱。他是个忠诚的丈夫、父亲。他和弗洛伦斯都是犹太裔社会的重要成员。

他们的朋友圈很广,包括戴维和葛楚德·内梅罗夫。他们在第五大道有一家百货商店,他们的儿子霍华德后来成了一个著名诗人。他们的女儿成了著名摄影师,更为人知的是婚后的名字——黛安·阿勃丝。布里姆伯格一家都是慷慨的慈善家,经常被邀请去参加晚宴、重要的社交活动。塞缪尔是叶史瓦大学阿尔伯特·爱因斯坦医学院的创始人之一,也是犹太裔盲人公会的捐助人，还跟其他很多组织有关系。在外界人的眼中，他是个好人。

依琳说她从未克服"对爸爸的真正恐惧"，她忍不住嫉妒自己母亲真诚而幸福的童年，她的父亲海曼很爱孩子。依琳的外祖父是个拉脱维亚移民，来到美国的时候身上没有多少钱，也不会太多英语。他是个出色的工程师，只靠一项发明成了百万富翁——先锋性的自攻螺丝，被称为帕克·卡隆螺丝，它被用在查尔斯·林德伯格的发明"圣路易斯精神"号飞机上，甚至还被用在自由女神像的一次重要的修复工作中。

弗洛伦斯有文化、漂亮、博览群书，她还有商业头脑。从纽约的大学毕业后，她创办了自己的幼儿园，是纽约市第一批幼儿园之一。她离开只是因为要跟塞缪尔结婚，塞缪尔35岁就成了百万富翁。依琳爱自己的母亲，但是永远都不能原谅她面对父亲残忍时的沉默。弗洛伦斯91岁的时候，她给女儿写了一封解释和道歉的信，她似乎还在给丈夫的虐待行为找借口，说那是因为他在华沙的童年很艰难，他做生意的压力太大了。（弗洛伦斯在1996年去世，就在她的100岁生日前不久。）

少女时期，依琳幻想着给父亲的食物里放毒药，毒死他。她回忆过一次发生在她17岁的"重大"事件：两人大吵一架之后，依琳抓起一把刀来嘲讽父亲，问他是否想杀掉她。他朝她冲过去。她跑了14层楼梯，跑到公园大道上，父亲一直追着她，直到放弃，然后转身回去。几小时后，她回家了，威胁说要告诉学校刚刚发生的事。她母亲的回应冷漠得令人震惊："哦，拜托了，不要，依琳。那样我会丢脸的。"

你不需要精神疾病方面的专业知识就能知道父亲的家暴对依琳的伤害有多大，还有对她自尊的伤害，以及他们之间的有害关系如何奠定了她与男人之间关系的基础。（酒精是她的首选应对机制。）她后来跟记者回忆童年时光，说"财富、奢侈、机会被恐惧、难过、压抑所抵消"。

她的姐妹也过得不好。雪莉后来成了实验电影制作的领军人物——《纽约客》称她为"创意写实电影的主要发明者之一"——染上了毒瘾并有其他问题。"她被（我们的父亲）伤到了，那是一辈子都无法治愈的，"依琳写道，"这份伤痛让她开始寻找越来越危险的方式来反抗他。"

依琳在公园大道上度过的那些年完全是灰暗的。她有着丰富的想象力，幻想成为电影明星，也十分爱去看电影——青春期时，她独自一人去百老汇看日场。她看过埃塞尔·默尔曼在百老汇的首秀——音乐剧《疯狂女郎》——之后，她迷上了戏剧表演。依琳崇拜诺埃尔·考沃德，曾经在剧场后门等他出来，拿到了他的签名。奥森·威尔斯是她的另一个偶像。（将来有一天，他会成为她的密友。）少女时，依琳开始喝酒、抽烟，这两件事都帮她纾解了家庭生活的压抑。她跟自己的初恋男友吉尔一起去夜店看爵士和布鲁斯表演，有一次在哈勒姆的舞台上看到了比莉·哈乐黛，这是一段刺激的经历。她爱上了《育婴奇谭》和《女友礼拜五》之类的喜剧，能看多少电影就看多少，她迷恋怪人女主角："我永远都不会忘记我初次看到这种角色的时候有多欣慰。我立刻就知道，我必须像她们一样，因为我无法成为任何其他人。"

依琳喜欢给名人写粉丝信，得到回应的时候总是很开心。15岁时，她决定给爱德华八世（地址白金汉宫）写一封信，表达对他父亲离世的真诚遗憾，并祝贺他成为国王。

1943年，她以优异的成绩从斯威特布莱尔学院毕业，但对以后的人生毫无头绪——只知道她要寻找性经历，这项任务她在那年秋天完成了，她称那次体验"不痛，甚至有一点点美好"。她的下一任男友是她的高中同学，泰伦斯，昵称泰瑞，他的父亲是获得过普利策奖的编剧马克西·安德森。依琳第一次尝到了理想的成人生活可以是怎样的。

跟泰瑞相处时，她得以通过他的父亲跟著名演员、作家、艺术家有交集。这让依琳十分激动。她认识了库尔特·魏尔和他的妻子伦亚，还有英格丽·褒曼，她当时在主演马克西写的一部剧，依琳爱听马克西的"本行谈话"，分享戏剧行业最新的绯闻。一个周末，他改变了依琳的人生，他问她是否想为一部新剧试镜，说她的长相很适合其中一个主要角色。虽然依琳很害怕，不敢接受这个善意的邀请，她脑海里却打开了一个开关：她知道她想要追求什么了，决定她需要正式的训练。她最终问父亲要钱去上演艺学校，他给了她。很不幸，她跟泰瑞的恋情没有未来，他知道马克西很喜欢她，但无法欢迎她加入他们的家庭，他会很失望。"你对我来说太有野心了。"泰瑞对她说，"这行不通的。"他害怕的并不是她做演员的野心，更多的是她想让他成为作家的野心。她相信他的才华，鼓励他，被拒绝之后很生气。"但是好的妻子不该那样唠叨、催促……我会成为那种糟糕的妻子，削弱丈夫的男子气概，让他们疯掉。"

对依琳来说，演艺学校在她分手后给了她很多宽慰。她爱这群共同追梦的演员之间的友谊（还有一群新朋友），发现演戏对她来说就是一切——是假期，也是诊疗，一个安全的地方，可以将"我曾经受伤的、不理智的自我换成新的自我，它会更好。它是我的慰藉，也让我激动"。最棒的是，她的英国戏剧老师给了她一份礼物——一个新的身份。他提出依琳·布里姆伯格这个名字不适合她，建议她用一个新名字：依琳·邓迪。这很完美。她只需要把"邓迪"改成"邓蒂"，免得让人想起著名的苏格兰果酱。

27岁时，依琳还不是个明星，但她已经是个有角色的女演员了。她通过试镜，在费德里科·加西亚·洛尔卡在格林威治村樱桃路剧院的《耶尔玛》之后，拿到了第一份在纽约的工作。她跟26岁的女演员碧翠丝·亚瑟一起出演，碧翠丝鼓励她去申请戏剧工坊剧目剧场。依琳根据她的建议去做，而且被接受了，在那里有幸跟一个名叫伯纳德·施瓦茨的年轻演员一起工作——他后来作为托尼·柯蒂斯成名了——她还迷上了帅气、魅力十足的哈里·贝拉方特。

1949年，依琳离开剧场，去追求其他工作，包括戏剧、电台、电视广告。她有稳定的工作，她的梦想成真了，但并没有她想象的那样成功（包括收入）。她痛恨住在家里，她父亲坚持让她留下。她从一个大学时的朋友那里听说，对美国演员来说，巴黎有很多机会。于是依琳办了护照，跟父亲协商了一笔每月的零花钱，她就这么去了。

她一到达巴黎，就爱上了那座城市，而且在那里很快认识了新朋友，包括一个来自加利福尼亚州的19岁女孩，朱迪·谢夫特尔，后来以朱迪·费弗的艺名成名——漫画家朱尔斯的妻子，也是依琳一生的挚友。她在不工作的时候，就去探索城市，或者在咖啡厅里待着，依琳喝很多酒，找情人、抛弃他们。（"在巴黎，你可以以破纪录的速度忘掉一段情事。"她回忆说。）她继承了母亲对漂亮衣服的爱，得知巴黎有样品甩卖之后，她非常开心。她淘到的最好的衣服之一是一件奢华的露肩橙色、棕色夏帕瑞丽丝绸裙，朱迪说服她买的。"有一次我穿着它去了一个女伯爵办的派对，惊艳了所有人。"她在给母亲的一封信中写道，"唯一的问题是——我穿了它没法走路。"

依琳很快就找到了演戏的工作，主要是做法语电影的英语配音。她落入了跟在纽约时一样的陷阱——有工作，有钱，但还是在等待被发现。"我过得很开心，但我的事业几乎是透明的。"她回忆说。她的机会到底什么时候才能来？她在巴黎住了一年，已经感到不耐烦了。

去了几次伦敦之后，她决定搬去那里，住在一个英国朋友的多赛特广场公寓里。她们每晚去一个拥挤的地下室俱乐部——无金石俱乐部，就在干草市场剧院的背后。这里成了演员们的聚集地，尤其是"正在上升期的有野心年轻人"。因为外面没有招牌，俱乐部成了他们的专属活动场所，只有圈子里的人才去。许多编剧也是常客，比如哈罗德·品特、理查德·伯顿。"在西区每个剧院、老维克戏院演出的所有年轻演员都走过那楼梯。"依琳回忆说。那是个有趣、热闹的地方，可以吃饭、喝酒、聊八卦。

一天，依琳去无金石俱乐部跟前男友皮特吃午饭，他看到一个高个子的瘦削年轻人坐在卡座里，手拿香烟，掌控全场。皮特去做了介绍，那个男人邀请依琳挤进他的卡座，加入一群认真听他讲话的人。她被他用自信和魅力吸引听众的能力所折服，即使她注意到了她后来描述为"严重的"口吃。他有一双优雅的手，像音乐会的钢琴家。他穿着骆驼毛双排扣夹克、深紫色裤子、黄色袜子、黑鞋子，戴着米奇老鼠的腕表。他的名字叫肯。几个月之后，他会跟她结婚。

肯尼斯·泰南刚从牛津大学毕业。跟他的同学们不同，他穿着奇装异服，包括女式雨衣、绿色的西装、紫色鹿皮夏装、金色丝绸衬衫、红色丝绸装饰的斗篷，还有各式各样的领结。（小说家伊丽莎白·简·霍华德很多年后跟他有过一段短暂情缘，她对他的描述很恰当，"一个自我塑造了很多层次的生物"。她还注意到"他身上有一种懒惰的氛围，但被睿智和有洞察力的智慧所掩盖。他大部分时候看起来好像随时在等待让他觉得有趣或者激动的事"。）一个同学回忆说，他很高、很美丽，"淡黄色头发，像比亚兹莱的颧骨，说起话来有些结巴，深紫色西装，薰衣草色领带，红宝石图章戒指"。作为一个本科生，他的成就远超预期，在学术方面得心应手——同时还在探索很多领域，包括导演、制作、编剧、表演，在一版《美狄亚》中，他穿着粉色紧身裤加入群舞。他参与学校的辩论赛，做周报《切尔韦尔》的编辑，报纸在肯给女本科生分发一份关于性的长调查问卷后被禁了。他还是《爱西斯》的戏剧评论员，这是1892年创办的学生刊物，创办者的名字非常厉害，叫蒙太古·霍雷肖·莫斯廷·托特尔·皮戈特。这位上升期的评论家并没有对夸张的手法产生免疫力。在一篇对《奥赛罗》的评论中，肯称赞道：

"我目睹了一次公共事件，汇集了太多的重大和辉煌。"

肯选择了莫德林学院，他后来告诉《卫报》的一个记者："因为我想读英语文学，而那时学院的英语教授是C.S.刘易斯，他对我的人生影响重大，我认为他是本世纪最伟大的英语文学评论家，也是有史以来最好的英语作家之一。我认为他是和约翰逊一样的人物，我非常崇拜他。"肯想寻找一个父亲的替代者，刘易斯也乐意如此。他们的关系延伸到了学术之外。"我的私人问题都去找他。"肯在一个采访中承认说，"他帮了大忙。"肯在18岁的时候就跟一个同学订婚了："结婚前夕，她突然抛弃了我，跟一个爱尔兰的同学跑了，我心碎了，自杀倾向很严重。"几十年后，他坦白："我当时太受伤了，下定决心，再也不会让任何人抛弃我。这也确实没有再次发生。我完全依赖女人的爱。我那时就决定，我要非常迷人，任何我想要的女孩都会留下。"

他找刘易斯寻求安慰。刘易斯让肯想想战时在伯明翰遭遇空袭的时候，指出肯所居住的那条街上好几栋房子都被夷为平地。（"一颗炸弹落在我家，是从飞机上用降落伞放下来的，就差几十厘米就要落在泰南家了。"）"你已经过了7年借来的日子了。"刘易斯说，"所以，看在上帝的分上，现在可别谈什么自杀。"肯总能在成为注意力焦点的时候开心起来。1948年，他25岁生日时，在伦敦租了一条船，在泰晤士河上开派对，邀请了200多个客人来庆祝。

肯非常享受他在牛津度过的时光，他相信是那段时光给他带来后来职业生涯中的所有幸运。他在1979年夏天跟《卫报》的一次"死前采访"（报纸是这么说的）中直白地说：

牛津的特别之处在于，它是特权的滋生地，剑桥也是同样。这并不是意外。跟我同一时间在剑桥的那群本科生现在控制着英格兰的传媒。他们编辑所有杂志，并且都是主要记者。他们控制所有电视节目。用我的话讲，他们是剑桥的八爪鱼。他们还是两党（保守党和工党）的内阁部长。所有跟我一起上牛津的人。所以，我要是想找什么关系，只需要拿起电话。老男孩的网络就是那样的。任何有点重量的人，不论是在法律界，还是其他业界，都跟我一起上过牛津。

1950年10月，在无金石遇见依琳后不久，肯出版了一部成绩不错的戏剧评论和侧写文集——《扮演国王的人》（来自《哈姆莱特》）。这本书非常不敬，很私密，而且相当刻薄，作者将此称作"英雄表演"的表演方式的情书。奥森·威尔斯给这本书写了前言，他赞赏肯"对暴力观点的容忍度，他知道如何欢呼，也不会不敢低吼"。《星期日泰晤士报》的戏剧评论家哈罗德·霍伯森帮肯开启了他的事业，并在后来的十年里成了他职业上的竞争对手，他收到了肯的出版方寄来的《扮演国王的人》先行本，给肯写了一封善意的信，表示重现表演是评论最难的方面。"而在这方面，你是绝对的大师。"霍伯森还补充说，虽然他并不总是同意肯的评价，"你的书似乎是我有生之年出版的最耀眼的关于戏剧的书。"该书出版一年后，肯在一封信中写道："我还是喜欢其中的一些部分；但剩下的，说难听点，是非常有特色的糟糕部分。"

他在戏剧世界里迷人、吓人，肯知道如何吸引注意力。他以挑衅出名，在1965年震惊了观众，因为他成了第一个在电视上说"操"的人，在一个晚间节目里跟玛丽·麦卡锡讨论审查制度的时候。这次说脏话事件让BBC不得不发布正式道歉，一个道德运动领导者给女王写了一封愤怒的信，坚持说泰南"应该被揍屁股"。后面我们会提到，这个说法相当合适。

以下是这位出色的年轻评论家评价劳伦斯·奥利弗在《亨利四世》第二部分中的表现：

这个肤浅的男人是个蹩脚、骗人的稻草人，像蛇蜕掉的皮一样萎缩起来；但他有一双充满怜悯的眼睛，还有分配饮食时那种欣喜，好像你最爱的阿姨。他念台词时像鹦鹉啄食坚果一样；他年纪那么大，却能够敏捷地窜来窜去，甚至称得上活泼；他的记忆力很好，甚至没有忘记福斯塔夫的台词"那个小小的小偷"。

肯对伟大的演员很着迷。可是当他抨击表演的时候，毫不留情：一个百老汇女演员被他描述为"朝我们甩她的声音，好像在挥动小拳头"；拉尔夫·理查德森爵士在老维克戏院《雅典的泰门》中的表演被狠狠嘲讽，因为他运用了"这样一种说话方式，平等地对待所有的音节"。肯经常让他的蔑视对象愤怒不已，可他却不在乎。"我不会接受，也不会反抗你几乎变态的欲望，必须诋毁我和我的工作的欲望。"演员、导演萨姆·沃纳梅克在他的舞台剧改编版左拉的《悲哀的桃乐丝》被肯狠狠批判之后这样反击，肯表示这部剧的三个主演似乎分别在三个不同的国际大都市里表演——沃纳梅克的表演被重点批判,"鼻腔音和夸张、痛苦的耸肩"。

不论是心狠手辣地绊倒他人,还是在扮演热情的啦啦队员,肯都能让他的读者感到有趣,从不会让人读了觉得无聊,他还影响了其他作家。他曾经说过,一个好的评论家,目标是告诉读者那天剧院里发生了什么;一个伟大的评论家,目标是告诉他们那天剧院里没有发生什么。编剧、评论家杰克·理查德森后来这样写肯:"(他)作为评论家的影响在于他乐意扮演积极的拥护者角色,而不是评论员。这让他的写作有了一种生动的紧迫感,让戏剧评论像是某种对社会有重大意义的事件,而不是葡萄酒品鉴。"理查德森称赞肯是"用英文写作的戏剧评论家中最智慧、最高效的"。

肯的读者很幸运,20世纪50年代,英国戏剧正在经历激动人心的复兴阶段,他刚好目睹了这一切,得以记录下来。他的仰慕者中,有一位是迈克尔·比林顿。他是1971年到2019年《卫报》的首席戏剧评论家,他称赞肯"撩人的文风和坚定不移的道德热情",认为肯的文笔"恰到好处,令人舒心的回声就像台球正中目标"。(比林顿还称《扮演国王的人》是"哈兹里特之后最好的写表演的书"。)本尼迪克特·南丁格尔,《新政治家》和《泰晤士报》的长期戏剧评论家,曾坦白说:"我觉得我每次写评论的时候都在想泰南,嫉妒他会舞蹈的辞藻,意识到要是他在写,能写出一篇好很多的评论。"记者、评论家、作家约翰·海尔珀恩也是泰南的粉丝:"60年代中期,我还是个新手记者的时候,我看到泰南潇洒地走进一栋楼,仿佛那栋楼是他的。在某种程度上来说,那确实是他的。他总是那么风度翩翩，下雨天也穿着白色西装，在当时年轻、未见过世面的我看来，那简直是瞥到了王室。我记得——我现在承认这些有些尴尬——我立刻给家里打电话，激动地告诉父母：'我刚刚看到了肯·泰南，他穿着白色西装！'"

在2001年的一篇文章中，詹姆斯·沃尔科特表达了对肯的文字持久的愉悦有多钦佩，说他的文笔"像蝴蝶一样飘然，像蜜蜂一样扎人"。（他还提到肯好似日常谈话的"眼镜蛇攻击"。）

苏珊娜·克莱普，《观察家报》现役的戏剧评论家（肯在职业上近10年的竞争者），在2016年该报225周年纪念日的时候给肯写了一篇致敬文。"这是长久以来的共识，我最著名的同行前辈是个耀眼的提倡者和牛虻。"她写道，"他有热情和精准、有尖酸和政见。最重要的是他的广度——包括话题的广度和情绪的广度——让我吃惊。很明显，泰南说'高清晰度表演'的时候，他是在说自己。"她还说他"戏剧评论仿佛是他看全部人生的棱镜"，而且"展示出戏剧可以让你回到日常生活中时拥有一双加强的眼睛"。

肯几乎能迷倒他遇见的所有人，他也很清楚这一点。遇到依琳时，他们"像磁铁一样互相吸引"。她向她的前男友皮特打听肯的背景，皮特说肯是个"神奇小子"，是评论家、导演、演员，新书引起了挺大的讨论。当依琳再次在谈话中听到《扮演国王的人》时，她决定去买这本书。她很爱，认为这是个再次找肯聊天的借口。他邀请她第二天在无金石吃午餐，然后又去看了两部电影：W.C.菲尔兹的《礼物》和马克斯兄弟的《赌场风云》。

几小时里,他们喝香槟、抽烟、聊天。依琳穿着她心爱的夏帕瑞丽裙子。肯突然说了一句话,让情况变得有趣起来,肯定是他当时醉了,他说:"我是已故的彼得·匹考克爵士的私生子。我有年收入。我23岁,30岁之前要么会死,要么会自杀,因为到那时候,我就已经说完了我想说的一切。你愿意嫁给我吗?"

他的童年很不寻常。他的父亲是彼得·匹考克爵士,一个地位显赫的商人和政客,每周有一半时间,跟他的第二任妻子玛利亚和五个孩子生活在西北部的柴郡沃灵顿镇。(他的第一任妻子是玛利亚的姐姐,在1890年去世。)他在镇上很受欢迎,在1913年成了镇长。匹考克爵士因为战时的爱国主义,鼓励当地居民参军,在1918年被授予爵位。他的一幅油画画像是沃灵顿博物馆&艺术画廊的藏品,至今仍然挂在镇政府大厅里。画中,他以社会顶梁柱的形象出现,一副威严的样子,穿着毛皮衬里的斗篷,身上的大奖章刻画着小镇的纹饰。

每周周四到周日,他都有另一个人生。往南130千米,在伯明翰,他叫彼得·泰南。他在那儿跟他的伴侣拉提莎·罗斯·泰南(日常生活中叫罗斯)生活在一起。他坐火车或者司机开的车往返于两个家庭。在沃灵顿,玛利亚——或者,在她丈夫被授予爵位之后,应该叫匹考克女爵——拒绝跟他离婚。他的回应是对他的公民义务、他的爵位不管不顾,换上一个谦逊的化名"彼得·泰南",以避免丑闻。他在战时甚至有两张配给卡。

1927年4月2日早晨，罗斯在伯明翰生下了他们的儿子，肯尼斯·匹考克·泰南。彼得当时55岁，罗斯38岁。肯的母亲很宠爱他，因为他爱看戏剧，就带他去看。关于他跟父亲的关系，肯这样回忆："我们相处得不差，但也不亲近。他想让我做律师，所以我在学校的辩论社里取得成功时他很满意。"肯有严重的口吃，3岁才会说话，而且一辈子都没有摆脱口吃。他从6岁起就开始写日记，记录他母亲做饭的细节，记录他最爱的童话剧、他父亲的恶作剧，还有其他事情。他尿床，没有安全感，急切地想要被同辈喜欢。他爱去看电影，尤其是美国电影，看完之后在他的日记里写下他的观影感受。他还"评论"他去看的话剧。看过约翰·吉尔古德演J.M.巴里的《亲爱的布鲁特斯》后，肯给这个演员打了96分，满分100。

肯后来声称，他在9岁时要圣诞礼物，要的是100本书，而且他也收到了。他的父母肯定是看出了儿子深深的智慧和好奇心，鼓励他追求兴趣。他用他们给的钱买了很多书、杂志和唱片，曾经还为自己买过一个单片眼镜。他小时候就已经经常写信，而且写得很自信，可以参考这封未卜先知的宝藏信，是肯在1938年，他的11岁生日前几个月写给《每周电影》杂志的：

如果华纳兄弟真的打算让亨弗莱·鲍嘉演一系列B级片，他们就犯了这辈子最大的错误。他在《死路》里演的帮派成员、《艳窟泪痕》里的检察官，还有《替身》里的制作人都是很伟大的表演，体现出鲍嘉是个在塑造人物方面很出色的演员，需要更多的人知道。

K.泰南

虽说他在情绪和智慧方面的需求基本上被满足了，他却梦想着过远离中部地区的生活。那里的生活太寻常、太工薪阶级了。他将伯明翰描述为"全世界最丑陋的城市，没有墙的公墓"，早知道他的命运在别处。"他有着非常成熟的思想。"他的一个同学后来回忆说，"而且想造成影响。"肯在学业方面很有天赋，上的是附近的男生公学——爱德华国王学院——在1552年以爱德华六世国王的名字命名。著名的校友包括爱德华·伯恩·琼斯和J.R.R.托尔金。肯赢得了12项学校大奖，在课余活动方面也是个全明星，在文学杂志做编辑，是辩论社和文学社的秘书，还是板球队的成员。他在学校的话剧里表演（"我应该很优秀。"他在扮演夏洛克之前说），还涉足政治。

当校长邀请男孩们开展一次模拟选举，肯报名做独立候选人——他的政见是废除同性恋和堕胎相关法律，他用辩论来赞美自慰的愉悦，在学校的公告板上发表激进的宣言。校长要求他取下他过激的言论，肯拒绝了，还辞掉了候选人的职位。

肯崇拜奥森·威尔斯，还跟奥森·威尔斯通上了信。他还是一个忠诚的戏剧爱好者，看过他最爱的演员唐纳德·沃尔菲在《李尔王》《麦克白》《仲夏夜之梦》《第十二夜》中的表演后，他惊呆了。青少年时，他在给一个朋友的信中写下这样精彩的对《哈姆雷特》的评价："他时不时发病，陷入抑郁，比如他侮辱奥菲利亚时和恐吓格特鲁德时；然后他又变成了那个莽撞的神经质。每个演员都会创造一个全新的哈姆雷特；如果你看剧的时候注意不到他台词与念台词方式之间的不连贯性，那这次新的创造就是成功的。"

到了12岁，肯已经成了执着的签名收藏家，经常给名人写信请求他们的签名，还有心地放上一个写好地址以及贴好邮票的信封，署名"你忠实的粉丝"。他们要是不回信，他就会抱怨："这是我第三次给你写信了，之前每一次，我都收到了有你签名的印刷图片。"温斯顿·丘吉尔第一次就给他签名了。肯还收藏阿斯特子爵夫人、乔瑟夫·肯尼迪、尼维利·张伯伦、H.G.威尔斯和众多演员、音乐家的签名。

一开始，他并没有那么强的说服力，不过，他恳求父母允许他独自前往伦敦去看一个好朋友。"他们说我才16岁，无权违背他们的意愿，"肯在信中对他的朋友抱怨，"我母亲（相当严肃地）威胁，要是我去了，他们就要剥夺我的财产继承权。"他最终说服了母亲，完成了大部分旅行计划，看了20多部剧，写了他的剧评。

肯的父亲在1948年7月去世，让人震惊的是，肯声称在此之前，他对父亲的双重生活一无所知。罗斯转达了这个悲伤的消息，把儿子叫到伯明翰。他在火车站等着的时候，惊讶地看到报纸上印着一张父亲的大照片，配的讣告是头条，文字却很不协调，说"彼得·匹考克爵士"在76岁去世。

几十年后，1979年，在接受年轻美国记者安·露易丝·巴达克内容广泛的采访中，肯回忆了他跟母亲的一次尴尬的谈话，那是他第一次得知关于父亲的真相。虽然母亲故意讲得漫不经心，但肯还是跟罗斯断了联系，拒绝原谅她。（虽然他怪她瞒着真相，但肯可能早就知道，只是忍住不提。）1958年，罗斯被警方发现在街上游荡，抓着一个行李箱，上面写着"我不知道我要去哪儿，但我要找寻爱我的人"。她得了失忆症，死在一家精神病院里。"我如果牺牲对自我发展的沉溺，就可以延长她的寿命，"他后来写道，"但我选择不那么做。"他还在接受巴达克的采访中讲了一件趣事，展示了他得知父亲双重人生时的反应有多么平静："我拥抱了罗斯，表示同情。我说：'这是一张爸爸的照片。给我解释。'她大哭起来，说：'好吧，我们没有结婚，我们以为你会以我们为耻。'我说：'恰恰相反，这是我听过的最浪漫的事——他愿意抛弃自己的过去，为了爱放弃一切。这太妙了！'"

他说他后悔在父亲有生之年没有知道这个秘密，因为他是一个相当重要的人，他被封为爵士，他在相当重要的政治圈子里活动。"但是他搬到伯明翰跟我母亲住的时候跟了她的姓，泰南。他在我们那片叫的名字是彼得·泰南。我想我其实应该叫肯尼斯·匹考克。"

他确实是。肯早年可能并不知道他这个意同孔雀的中间名是怎么来的，但他自恋的个性、耀眼的词汇、夸张的穿衣风格绝对配得上这个名字。他是个天生的炫耀者，对自己的尾羽十分骄傲。

到了1950年依琳出现的时候，肯在自己心里已经是个传奇人物了，现实中，他也确实在渐渐成名，因为他的书激起了一些水花。他在书中很尖酸，"炫耀博学，到了令人震惊的程度"，但他也有缺点，依琳觉得他的结巴很可爱。她回忆说，肯年轻时很美丽，"英格兰式粉红浅肤色，高高的颧骨夸张地占领他长脸的轮廓。他的额头也高高的，棱角分明，浅米色的头发在眉毛上方形成一个弧度向后弯，形似翅膀，他的嘴大大的，形状好看，给他一种迷人的感觉"。他作为作家的大胆和聪颖给他增添了魅力。"我太欣赏肯了，几乎到了膜拜的地步。"依琳回忆说。肯当时已经计划好要导演让·谷克多的《亲密关系》改编版，他后来被从这个项目开除了，因为女演员费·茨普顿要求开掉他。

这次失败很丢人，尤其是对一个有导演理想的人来说，不过一年后，他又被雇佣去导演让·雅克·伯纳德的《马丁尼》电视版戏剧，主演是年轻的克莱尔·布鲁姆，还有他眼中"被截肢版的"《泰特斯·安德洛尼克斯》。依琳爱关于肯的一切，包括他出了名的抽烟习惯：他总是用右手的中指和无名指夹着烟。他解释说，这矫揉造作的行为完全是因为他这样能一边抽烟一边写作，但他也跟其他人说过，他这样抽烟是为了避免被尼古丁熏黄手指。

肯和依琳的关系进展得很快。他们每天都见面，几周后，她就搬进了他在马里波恩上伯克利街19号的公寓里。"那时生活是完美的，完美的，完美的。"依琳这样回忆那些"无拘无束的幸福日子"。她唯一的"家务"就是给肯做培根、鸡蛋、烤面包，还有泡茶。他的家务贡献是晚上布置捕鼠夹，然后第二天早晨再把它们从窗子里扔出去。很快，表演就在她的脑海中成了第二位的。"终于，我被发现了。不是像计划中那样在世界范围内出名，而是被一个爱人发现：他很快就是我的丈夫了。"他们在1951年1月25日结婚，整个伦敦的报纸都把这对夫妻的照片印在头条。依琳在奢侈百货商店哈维·尼科尔买了件婚纱。她给父母发了一封电报："跟英国人结婚了。很快写信。"

肯称自己的新婚妻子"跳跳"——他说这很适合她——很快,她也开始叫他"跳跳"。"我当时疯狂地爱着他,心甘情愿地走进他名望的乐园中。"依琳后来写道。她喜欢自己的伴侣是个"有镀金人脉的内行人,能跟他一起开启更美好的发现"。肯无疑是两人之中的明星,但依琳还是存有一些野心的,她有相当稳定的工作,虽说演的是一些过目即忘的小角色。30岁时,她成了一个没有职业生涯却在工作的演员。"我总是在客串,从来没有演过主角。"她回忆说。当她得到跟奥森·威尔斯一起演广播剧的机会时,还是非常激动的,还有BBC版的埃德娜·费伯的《晚宴》。

1951年,肯的书在文学圈和戏剧圈都吸引到了更多注意力,他得到了国际声望。5月份,他还拿到了他作为演员的第一份(也是最后一份)专业工作,在新剧院亚历克·吉尼斯的《哈姆雷特》中扮演花花公子国王。

《标准晚报》对他的表演无情攻击之后——那个评论家跟他有个人恩怨——肯几天后用一封信回应编辑("我对剧评太在行了,我知道我在《哈姆雷特》中的表演不能用'相当糟糕'来形容。实际上,我的表演只比平庸差了那么一点点。"),肯总是很沉着。毕竟,他做的任何事都会被八卦专栏记录,他在社交方面和职业方面都很受欢迎。他和依琳在饭店总是被安排在最好的桌,还能收到他们从未见过的名人的派对邀请函。1952年,肯成了《标准晚报》的剧评人,写一个每周专栏。他当时24岁。

这家报纸在伦敦的所有报刊亭宣传他们优秀的新剧评人（"年轻人的代言人和精神"）："他娱乐戏剧爱好者，让那些被他批判过的制作人火冒三丈。"巨大的关注度给肯带来压力，不过他新获得的权利也有益处。他的社交从未停歇："约翰·G，我从没见过他，他突然邀请我去吃晚餐，我们聊到了凌晨3点。"肯在给塞西尔·比顿的信中写道。（G代表的是吉尔古德。）他和依琳很爱结交名人，把名人朋友当成一种收藏。他总有看不完的表演，享受不完的奢华晚餐，抽不完的烟，还要在去看剧之前、看剧之后喝酒。她开始时不时地"喝断片"，她在自己的回忆录中写道，可她当时太享受了，并没有采取措施。

有时候，她感觉在新生活中，她成了自己人生的观众，被这些跟她相处的优秀人物所惊艳——亨弗莱·鲍嘉、吉恩·凯利、田纳西·威廉斯（简称为"田"）、理查德·伯顿、约翰·休斯顿、格雷厄姆·格林、詹姆斯·瑟伯，等等。这对黄金情侣开始每年夏天在西班牙住6周，跟海明威一起看斗牛。肯将斗牛描述为："对我天性中所有的冲动一种逻辑性的延伸——对优雅和英勇的爱、对姿态和骄傲的爱；除此之外，还有因纯熟技巧而欣喜若狂的能力。"（1955年，他出版了《斗牛热》，是对他眼中激动人心的这项运动的研究和赏析，他将这本书献给了依琳。）

肯和依琳到哪里都受欢迎。"我们参加最棒的戏剧派对，在萨尔迪餐厅最好的桌子用餐，认识最挑剔的明星、编剧、剧评人，看最好的剧，在顶楼套房里被最富有的主人盛宴邀请，他们在努力地追随星光世界。"依琳这样回忆他们去纽约的一次旅行。他们的人气太高了，有一年，为了给导演迈克·尼科尔斯办惊喜生日派对，理查德·阿雅顿请肯和依琳坐飞机从伦敦飞到纽约。他们到达时，他把他们钉在箱子里抬着，当做礼物包好，送进他包场的一家餐馆。尼科尔斯用凿子打开箱子，"我们就那么蹦出去，活人做礼物"。多年后，肯在日记里回忆道。

依琳对她丈夫的重要性很是自豪——派对生活，在每个社交场合都成为注意焦点。她爱人们都害怕他，却又被他吸引的事实。她喜欢说，她不光有一个天才祖父，"我自己的床上也有一个天才"。

1952年，肯和依琳搬去了海德公园29号——一处"精干、温暖、巨大的新公寓，可以俯视公园"。肯在给比顿的一封信中夸耀。对依琳来说，这时候住在城市里真是激动人心。"伦敦正在经历文艺复兴，生活在这座城市也是置身于艺术家之间，"她回忆说，"在文学和剧作方面，愤怒的年轻人正在掀起水花，年轻的演员，比如说理查德·伯顿、阿尔伯特·芬尼、彼得·芬奇都开始独挑大梁。伦敦是个有秩序的地方，足够安全，可以去冒险。积极乐观是那时候的规矩，我就在那里。"

那年春天，他们迎来了他们的第一个孩子，也是他们的独生女。依琳很确定她是在"从马德里到巴塞罗那的夜间火车卧铺里"怀上的孩子。他们给她起名特蕾西，来自《费城故事》里凯瑟琳·赫本的贵族角色。这是他们最爱的电影，他们还请赫本做特蕾西的教母。（塞西尔·比顿是特蕾西的教父。）依琳知道，作为一个妻子和母亲，她有义务负责家务，包括做饭、保持房子基本整洁，但她对这些任务丝毫没有兴趣。（谁也不能怪她。贝蒂·弗里丹在写下《女性的奥秘》10年后，在《纽约时报》的一篇文章中写道："我们都被锁定在那样的奥秘中，让我们消极、互相孤立，让我们甚至看不到自己真正的问题和可能性，我跟其他女人一样，以为我不会在给厨房地板打蜡时高潮是我有问题。") 同样，依琳因为必须装修新家而感到灰心丧气，一想到要买家具、地毯、窗帘，她就忍受不了。喝酒是她的缓解方式。

在肯写专栏、不同的书、杂志文章、舞台剧改编的时候，依琳给丈夫做忠诚的助理。对他的读者来说，肯写作似乎是毫不费力的，每行字自然地在纸上流淌，但是他其实字斟句酌，甚至连标点符号都不放过。每次交稿日前，吃完早餐，读完报纸，肯就把自己锁在书房里，像个在实验室里的疯狂科学家，穿着浴袍或者丝绸袍子坐在桌前，俯身在打字机上打字，经常熬通宵来完成作品——总是打印整齐，并调整为单行行距。肯不停地抽烟，声称不抽烟的话他就无法写作。"他的剧评有诱惑力、有魅力，吸引人、博学、令人愤怒，而且幽默、有趣。"依琳后来写道，"这些剧评能改变人的情绪。"肯将这句话贴在他的书桌上面："唤醒脾气，刺激、撕裂、掀起旋风。"这是他自己写的话。他崇拜神圣的剧院之神，但是在有必要的时候，他会用剧评将那些神拉下神坛。他曾经写过一篇关于奥森·威尔斯的剧评，那是他的朋友和个人偶像，可是他还是评价奥森在《奥赛罗》里的表演平平无奇（"狠狠耸肩"）——肯的编辑查尔斯·库兰这样描述这篇剧评，描述其为"成功的手术，但是没打麻药"。他优美的文笔伴随着不少自我赞许。《纽约客》作家约翰·拉尔（他编辑了《肯尼斯·泰南日记》）讽刺地评价了肯，说他是"他自己最伟大的创造，而且他爱他的创造者"。

肯工作的时候，一根又一根地吸烟，整晚喝酒。"我打开他书房的门,"依琳回忆道,"烟就像核弹爆炸一样冲出来,包围住我。"她照顾他时保持着安全距离,为丈夫热好咸牛肉土豆炖菜或者罐头汤("按要求供应")在房间里踮着脚尖走,以免打扰他。他的专栏文章一旦写好,肯就会从书房里出来:"那一刻,他总是看起来很奇怪,像疯了一样。"依琳回忆道——然后"倒在床上,像根木头,倒头就睡。"这时候她就开始迅速工作,拿着稿子,她急匆匆的工作总是一样的。她赶忙穿好衣服,抓起信封,跳进一辆出租车,充当信使,亲自把稿子送到报社。后来,她换了一种更高效的方式,把信封给出租车司机,让他送给查尔斯·库兰。在复印、传真、电子邮件出现前的时代,每周看着肯的终稿在无人看管的情况下被出租车送走肯定是一件让人紧张的事。他通常不到交稿截止前最后一刻不交稿,这让库兰不得不打电话恳求——不是给肯打,而是给依琳:"泰南太太,你一定要保证他能按时交稿!"泰南太太尽全力了。

肯因为跟编辑起冲突而被《标准晚报》开除后,依琳试着指出当下的好处:给报纸写作让他没办法追求他真正想要做的工作,包括写一本关于他在牛津那些年的回忆录,制作他改编的斯黛拉·吉布森《寒冷舒适的农庄》的剧,还有他想写的关于斗牛的书。(他曾声称他在斗牛比赛中比在英国舞台上看到"更多高贵、更多优雅、更多热情、更多兴奋"。)

肯可听不进去。他给依琳施压,让她替他背罪,承认他那封让编辑大发雷霆、让他丢了工作的威胁信是她写的。"我向自己发誓以所有方式来支持他。"她后来回忆说,"我没有像薇薇安·艾略特、桑亚·托尔斯泰,或者其他伟大作家的妻子那样把他的诗打出来,或者抄写他的杰作。我没有给他洗衣服、熨衣服，也没有做秘书来给他挣钱，让他得以追求艺术。但我至少能做这个。"

也许这件事应该排第二。几个月前，她走进公寓，听到肯在打电话，显然是在跟情妇聊天。他挂掉电话，承认他有了外遇，保证立刻跟那个女人断掉关系。那个女人是他们的熟人，也是已婚的。依琳既没有原谅他，也没有忘记，只是选择继续。即使在那时，她肯定也有预感，未来还会经历更糟糕的事。

一方面要照顾他们1岁的女儿，另一方面还要满足丈夫的所有需求，依琳开始失去了自我。"肯就是我的自尊。"她回忆说，"肯是我所围绕着旋转的恒星，对我的信仰体系来说，甚至对我的精神稳定来说，没有比这更重要的事了。"除了他的物品，依琳没有任何属于自己的东西。就连她拿来给肯的编辑写信求他重新雇佣肯的信纸都是肯的，她在肯的书房里、肯的桌上写下了那封信。她小心翼翼地为他计划，给他一个金属文件柜，将他的信件、合同、其他文档整理整齐。依琳没有纸、没有桌子、没有书房。她没有"一间属于自己的房间"，物理上和心理上都是如此。她让自己为了肯变得渺小、天真。她极少能找到电视上的表演工作，即使是找到了，也从不跟丈夫说——他从来不问。肯是她安全和危险的来源。她从来不知道即将到来的是哪一个，是安全港还是攻击，但她只有这些。

不论肯的行为有多么恶劣，依琳都努力去讨好他，做他不知疲倦的拥护者。她看到他失去工作之后很抑郁，于是依琳给《观察家报》的出版社寄了一本《扮演国王的人》，她知道这本书能最好地展示肯的才华。出版社给肯写了一封善意的信作为回应，给他做自由写手的机会。1954年，肯还没到30岁，就成了《观察家报》的剧评总监，这奠定了他在英国这10年作为剧评人的领导地位。他的好运完全是靠依琳的大胆，可他从未感谢过她。除过1950年到1958年，泰南夫妇搬去纽约住的时候，他短期在《纽约客》工作，肯一直为《观察家报》工作到1963年。到那时候，他们的婚姻已经不复存在。

几乎从他们确定关系起，卧室里就有问题。依琳后来才知道，对肯来说，打女人是一种前戏，他在他们婚姻的初期压制住了这种冲动。他透露自己在牛津时接触过性关系中的施虐，却将自己的兴趣故意讲得轻描淡写，说他已经不那么做了。他打屁股、用棍子的行为只是学生时的探索，仅此而已。

但是，结婚3年后，肯向依琳承认，他们的性生活让他感到无聊。他给她关于性虐的书让她读，还有一些色情图片，这没有让依琳感到兴奋，只让她感到不舒服。她愿意为了给他们无聊的生活加点料做任何事，但他们一开始的尝试结果并不好。"打一个女人光着的屁股，伤害她、侮辱她，这就是最能给他性满足的事。"依琳回忆说。

这让她愤怒无比，可是她还是无法将自己的愤怒说出来。这不是为了亲密或快感而存在的性，只是肯的一个借口，妻子不情愿地参与了满足他控制欲和残忍的活动。（他有一次因为她跟金斯利·艾米斯的外遇而打了她的屁股，"他的名字有多少字母，就打她几下"。）肯后来在自己的日记里承认，对受虐狂来说，身体上的疼痛不是快感的来源。

"忧虑、准备、威胁、暴露、羞辱——这些才是刺激的，还有之后的温暖，那些痕迹；棍子打在身上根本就不好玩。"

渐渐地，依琳意识到肯对打屁股有一种执念，这是虐待，不是淘气的性癖。他收藏了很多校长的教鞭和以打屁股为主题的杂志，肯曾经在杂志里将自己描述为"打屁股上瘾者"。很多年后，他决心制作并担任编剧，导演一部"色情而疯狂变态的"电影，他在自己的日记里这样写道，但是这件事显然被搁置了，电影并没有拍。第二段婚姻开始6年后，他跟一个失业的女演员开启了一段让他陶醉其中的外遇，她跟他有着同样的癖好。（他声称，他一天下午在摄政公园里把她按在自己膝盖上，打了她的屁股。）

但是那是他离开依琳之后的事，而且是很多年后了。目前，依琳还是他的妻子，她别无选择，必须满足肯的要求。虽说她跟他一起参与过几次虐待性活动，但她的参与对她来说很羞辱人。她后来描述说，感到她是"一个参与毁掉自己活动的从犯"。因此，肯嘲笑依琳，指责她太纯洁，床上功夫糟糕。他后来还在自己的日记里怪罪她，说他的妻子因为他"肮脏的欲望"而"纠缠、威胁、敲诈"他，让他痛恨自己。她伤害了他。在肯的心里，他颠倒是非，把自己看成了受害者——这是施虐者的典型标志。怪不得被困在虐待循环中的依琳不停地试图讨好丈夫，不顾代价地想要保住他们的关系。他只会更厌恶她。"肯，真命天子，变成了萨德侯爵。"她回忆道，"而我的回应是，变成一个悍妇。"

没过多久，依琳就意识到丈夫跟她的父亲之间有许多相似之处，比她想象的要多。他是个脾气吓人的霸凌者，对女人施暴。除此之外，他还是个操控人的专家。有时候，他只要得不到自己想要的——不论是满足他对打屁股的嗜好，还是其他要求——就会站在他们客厅的窗台上，威胁要跳下去。有两件事依琳是确定的：他永远不会自杀，而她每次都有义务"拯救"他。"我知道他可能会不小心滑倒、掉下去。"她回忆说，"那样我就得对他的死负责。"

疯狂的争吵、酒精、婚外情、嫉妒、怒火、愤恨贯穿他们的婚姻，这段婚姻轻易进入危险期。可这对情侣的忍耐程度很高，能在公众面前展示出联合的样子，他们之间也有真诚的爱。"我们给对方一种特别的感觉，让对方觉得自己独一无二，甚至魅力十足。"肯曾经这样谈论他的婚姻，"我们看着对方，很确信世界上从没有过我们这样的人。"他们很有魅力，自私自负，擅长娱乐他们有权有势的朋友们——不断变换的著名导演、作家、演员，还有其他伦敦的文化精英。但是作为父母，肯和依琳糟糕透顶。在几十年后的一次采访中，特蕾西很善解人意、慷慨地回忆，但她并未完全原谅他们："我的父母是有缺陷的人，他们自己的童年都是有缺憾的。"

"他们尽自己所能。他们就是没有做父母所需要的技巧。"她说他们对社交是"上瘾的"。

一件能体现他们缺点的突出典型事件发生在1973年特蕾西21岁生日的时候。她当时是苏塞克斯大学的学生，学习社会人类学。肯决定在小维克剧院办一个盛大派对,但是他请的自己的朋友比特蕾西的朋友还多:200个星光熠熠的宾客,包括丽莎·明奈利、彼得·赛勒斯、劳伦·白考儿、玛姬·史密斯,还有一个喜剧演员来表演,他讲的笑话让人尴尬,拿犹太人和黑人开玩笑。肯得知玛格丽特公主那天不在伦敦时伤心极了,甚至考虑要延期。这一切都是围绕着肯的:为庆祝他而办的仪式。派对的费用也远远超出预期。"那是在考验他吸引一线名人参与他生活的能力。"特蕾西评价说。几个月的时间里,编写、跟进宾客名单完全吞噬了他的生活。他不停地抽烟、喝琴姜汁,为了派对的每个细节劳神费心,一点都不考虑女儿在这个重要的里程碑生日里到底想要什么。那一整晚都令人窘迫,特蕾西为了挨过去,跟肯享受了一次罕见却不合适的父女亲密时刻。

肯还给特蕾西准备了一份特殊礼物。在这次奢华派对前几天,他在梅菲尔一家私人俱乐部安排了私人电影放映,观众有20人,包括特蕾西的新男友和他的父母。放映的电影是什么呢?小萨米·戴维斯"个人收藏"版1972年的色情电影《深喉》。好像情况还不够荒谬,这位影界人物本人还友情出镜介绍这部电影,说他希望所有人都能享受。特蕾西——性经历匮乏,被她自己父亲安排的放映震惊——那天晚上吃了安眠药才得以入睡。

前一年的生日也没好到哪儿去,肯给特蕾西写了一首生日诗,开头是这样的:

二十

挺大了
对大部分女孩来说
这时候就不是人了
透过她们的男人活

依琳在她的自传里回忆自己做母亲的点滴，虚构了她与女儿之间的亲密关系（"特蕾西每天对我来说都是深刻的灵感和启发来源"）。她将自己描绘成不完美但很爱孩子的母亲。特蕾西在2016年出版的回忆录《磨损：我人生的丝线》中讲述了一个非常不同的故事：她的童年充满了悲伤、忽视、低自尊。那本书的封面是一张黑白照片，照片里潇洒的泰南夫妇在他们蒙特街公寓的客厅里，两人都穿着假豹皮裤子，坐在扶手椅上，深深凝望对方的眼睛。他们身后是一幅巨大的复制画，耶罗尼米斯·博斯的《人间乐园》，依琳称这是"谈资作品"，但特蕾西一直很害怕这幅画。

她回忆说，要跟"我经常易怒、无法预测的母亲"和"永远在跟交稿日挣扎、神经紧张的大烟枪父亲"生活，几乎没什么时间跟他们独处。如果她的父亲不是在家写作、抽烟，就是在外面吃饭、喝酒、看剧、参加派对、搞外遇。他和依琳都没有参与特蕾西的6岁生日。那时候他们在西班牙喝酒、看斗牛。他们的女儿被留给了保姆，她的保姆换个不停，她是她们养大的。依琳回来后，给女儿的生日礼物是装在盒子里的两条饰边内裤，一条黄色、一条橙色。（特蕾西本想要一个洋娃娃或者毛绒玩具。）"我想要的是不总远行、不总出门的父母。"她后来写道。她那对疏忽到几乎犯罪的父母就连在她身边时也并没有真的参与她的生活,她感到被剥夺了每个孩子都渴望的情绪安全感。她和母亲几乎不拥抱,即使偶尔拥抱,也非常尴尬。他们不会坐下来作为一家人吃饭,依琳也不做饭。特蕾西只能自己吃饭,或者跟保姆吃。大部分时候,她醒来上学时父母还在睡觉。她每天回家时父母几乎都不在家。

一天晚上后半夜,她被父母的尖叫声吵醒。这在泰南一家并不是什么罕见的事,但这一次,特蕾西被眼前的景象惊呆了。突然,母亲站在走廊里喊道:"你父亲要杀了我!"最终,特蕾西又睡着了,第二天,她父母假装什么事都没发生。

之后还会有类似的情况,醉酒的喊叫式吵架,摔盘子,扔烟灰缸。两人似乎靠激怒对方来获得能量,两人都对这些给女儿造成的伤害熟视无睹。他们太过在意自己圈子里的重要人物,比如"莱瑞"劳伦斯·奥利弗、费雯·丽、玛琳·黛德丽、塞西尔·比顿、金斯利·艾米斯、约翰·奥斯本。(黛德丽算是依琳的半敌半友。她回忆说,黛德丽曾经提出帮她看孩子,但是依琳的回应充满怀疑。她后来告诉一个记者:"黛德丽霸占了我的丈夫……也许她认为帮我们照看刚出生的孩子能安抚我。")

1956年春天,肯赞许了奥斯本的第一部戏剧《愤怒的回顾》,称它是"这10年里最好的年轻人戏剧","杰米·波特是《哈姆雷特》之后我们文学中最完整的年轻人"。他把它宣传成了必看剧,宣告英国剧院一个激动人心的时代的来临——不那么保守的时代,远离上流社会,以现实主义和对工薪阶级的关注著称。(据说,观众看到伦敦的舞台上出现一个烫衣板的时候倒吸一口凉气。)他这段话完全可以用来描述他自己的婚姻:"奥斯本先生塑造了一个现代婚姻的形象,准确到令人发笑;他给我们展示两个年轻的动物竞争性殉难,分别将自己的獠牙咬在对方的脖子上,谁也不愿意松口,害怕流血至死。"

依琳和肯都有着强烈的地位意识,对特蕾西来说,他们对名人无穷无尽的痴迷似乎"更像是一种瘾,一种填补他们没有尽头的精神空虚的需求"。肯和依琳像收藏奖杯一样收集名人。他们要是有机会请玛丽莲·梦露或者亚瑟·米勒去晚餐派对,会毫不犹豫地举办,甚至还会为派对雇承办商,当"癫狂的梦露"(她丈夫说的)在客人到场前一小时取消行程时,他们挫败极了。

他们的特权世界对他们的女儿来说是常态,她对正常的家庭生活是什么样的一无所知。有一天,依琳的朋友"杰米"鲍德温来他们的公寓,教特蕾西扭摆舞。特蕾西跟理查德·阿维顿一起坐豪车也觉得很正常,他给依琳的第二本书书封摄影,或者跟玛丽·马丁一起看依琳参演的百老汇版《彼得潘》。(特蕾西在车里还吐在了玛丽·马丁的腿上。)

一天晚上,特蕾西听到父母在吵架,偷偷进了走廊里,发现父亲站在卧室的窗台上,穿着内衣,威胁要跳下去。她母亲赤身裸体,抽着烟,嘲讽肯:"你他妈的为什么不跳呢?"这次事件让特蕾西惊呆了,好像看到了人们口中的火车车祸。这是让人不适的经历,但她就是挪不开眼。"我第一次意识到我被父母的行为深深吸引。"她后来写道,"看他们就像看恐怖电影,吓人却又引人入胜。"在父母的派对上安静地坐在角落里——偷听、观察周围光鲜亮丽的人们——成了她的习惯:"我感到自己在看一出戏,那些成年人就是主角。"其中的很多人她都不认识,但她知道他们是重要人物。

特蕾西寂寞又害羞,感到在周围的喧嚣中做一个"好女孩"给她一种控制感。她有一种奇怪的感觉,她要对母亲负责,经常在父母行为不端的时候怪罪自己。"我在想,"一天,依琳对9岁的特蕾西说,"如果我把你介绍给别人时你能行个礼就好了。"特蕾西被母亲的要求惊呆了,她害怕造成麻烦,但还是为了讨好母亲按要求做了。"她是个讲道理的孩子。"依琳在自己的回忆录中写道,"她想要的大部分东西我们都能给她。"

又一次,特蕾西对童年的记忆是完全不同的。"大部分时候,我恐惧、困惑,感到我跟许多疯子在同一部电影里。"她后来写道,"我相信我演的是一个正常的角色,尤其因为没有其他角色空缺了。"她确实是个讲理的孩子,被自己的父母逼得充当了父母的角色。她需要安慰的时候,没有人能给她安全感。这个家里的荒谬场景并不限于依琳和肯摔盘子争吵。两人自己单独也是"疯狂"的人。有一天晚上,特蕾西在跟她的保姆看电视,惊讶地听到她母亲大声喊了一句:"靠!"然后喝醉的依琳出现在她们面前——又一次赤身裸体,站都站不稳——她试图往杯子里倒香槟,但失败了。"你不觉得你应该穿上点衣服吗,泰南太太?"保姆温柔地问,"你不冷吗?"然后,依琳跌跌撞撞地回到了自己的卧室。

泰南夫妇婚姻的骚乱也被外人看到了。奥森·威尔斯曾经说过:"他们在一起显然非常痛苦,但并不想看到他们婚姻的本质。"作家、记者赛丽·贝尔弗雷奇是泰南一家派对的常客,也是依琳的好友,她回忆说:"(我有时)到了蒙特街公寓的门口,发现门锁换了,通常是他们两人中的一个换的……按门铃,听到尖叫声、摔盘子的声音,小特蕾西来开门,还得研究新锁怎么开。肯喊道:'我要杀了你,你这个贱人。'于是开始摔东西,然后是保姆的呜咽声,特蕾西却表现出一副克制又冷静的样子,说:'嗨,见到你真是太好了。进来吧。我能收起你的外套吗?'她把客人带到客厅,倒饮品,让他们坐下,看起来非常感兴趣。"她这样描述这对夫妇混乱的社交生活:

上午接近中午时在法国俱乐部或者殖民地餐厅见到依琳,她在不停地喝酒,跟人见面、抛下他们。他们会在接近傍晚时回到蒙特街,然后跟肯一起出去吃晚餐,一直吃到凌晨三四点。那时候我要花差不多一周时间才能休息好。但肯和依琳第二天就又这么做了。他们总是在做一些疯狂的活动,从来没有任何停顿,无法思考或反思这一切的意义。最重要的是要继续在尽可能多的有趣的人群中社交。

依琳的好友朱迪·费弗震惊地看到了依琳和肯脾气暴躁的婚姻背后丑陋的一面。她回忆说,一天晚上,依琳出现在她的公寓,裙子上满是意面。

"肯和我对一部剧意见不同。"依琳说着,算是解释。

朱迪说："朋友把身上的污渍当做荣誉勋章。她好像想让我看到证据，证明他对她做了什么。"

自从1951年，这段婚姻就一直在往一个方向走——下坡路。结婚不到4年，当特蕾西还是个学步小儿时，依琳在超市顿悟，她想买一大罐花生酱，但是犹豫了。她突然意识到她可能很快就要恢复单身了，买一大罐会浪费掉，然后她买了一小罐。

结果，泰南夫妇的婚姻苟延残喘了多年，即使它充满残暴、厌恶、痛恨。1957年的夏天，肯30岁了。他跟一个新情妇去了西班牙，一个叫卡罗尔·萨洛扬的女演员，他们在黑暗中躺着时，她突然说："一个大高个进来了。"肯猛地坐起来，可不是吗，一个高大的男人出现在他们的酒店房间里。"抱歉，"他说，"我是萨利文，代表客户泰南太太。"（他是个私家侦探。）这事就这么结束了。肯给依琳打了电话，不停地道歉，表示第二天就坐飞机回家。"于是我又回到了地狱，继续跟依琳过了7年。"肯后来在他的日记中记录道。他去巴伦西亚跟卡罗尔（他认为她的价值在于她的"性能力"）见面之前，肯在整个公寓里给依琳留了很多绝望的字条："我的生活只围着你一个人转，我亲爱的""没有你，我没有什么好做的，亲爱的""请不要在今天离开我"。好像是她坐飞机背叛他似的——不过她当时确实在跟西里尔·康诺利偷情。他回来之后，依琳要求离婚。肯央求她再给一次机会，劝她打消了这个念头，他们回到了对他们来说的正常状态：又在一起了，但还是在离婚的边缘。

他们风雨飘摇的婚姻得以存活是因为两人共同的忠诚、愧疚、熟悉，以及一种强迫性的表演欲，继续在他们庞大的社交圈中扮演"幸福情侣"的角色。经常性的分离、指责、婚外情没有尽头，双方都有错。肯因为依琳的婚外情冲她大发脾气的时候，自己也身陷夸张的婚外情中，他们二人经常发生激烈的争吵。

也许，两人婚姻结束的开始可以追溯到1958年，那一年，依琳出版了《坏掉的牛油果》一书。肯会让她为此付出代价的。

那年的开始非常美好。1月12日，她的小说出版后获得了超高口碑："关于20多岁时爱上巴黎的探究，令人愉快、细腻精巧，是我读过的最好的。"《星期日泰晤士报》的约翰·麦特卡尔夫这样评价。《观察家报》的约翰·戴文波特称《坏掉的牛油果》是"香槟鸡尾酒"，他写道："读者会从第一句话起就爱上赛丽·杰。"依琳的主人公似乎迷住了所有人。（那年秋天，另一个深受喜爱的女主角霍莉·戈莱特丽在杜鲁门·卡波特的中篇小说《蒂芙尼的早餐》中出场。）《坏掉的牛油果》很快在英国登上畅销书排行榜榜首，并且加印了。可对依琳来说，最让她感到幸福的是求得肯的认同，认同她的存在，这很能说明他们之间关系的性质，也相当悲哀。

7月末，E.P.达顿出版社出版了美国版，称赞它的书评连续在《纽约时报》上出现了多日。《时代》杂志发表了积极的书评（刻薄得好笑），还配上了一段作者简介，来介绍"棕色眼睛、轻盈"的作者。（"她丈夫贡献了标题和一些建议：'把那些感叹号去掉。'依琳采纳了大部分建议。"）对依琳来说，美国的积极评价很有意义，因为14家美国出版商拒绝出版她的小说，直到维克多·戈兰茨在英格兰签下了它。他出版过的作者包括乔治·奥威尔、达夫妮·杜穆里埃，最近还出版过金斯利·艾米斯的《幸运的吉姆》。一开始，戈兰茨告诉依琳，他签下《坏掉的牛油果》是有条件的，要她用婚后的姓发表。她拒绝了。

评论家马丁·莱文在《星期日书评》中——第二段写道，邓蒂是"肯尼斯·泰南"的妻子——称赞他的小说为"新波西米亚风格的巴德克，以浓郁的现实主义描绘景象、声音，弥漫着被杰克·凯鲁亚克称为'巴黎之悟'的气氛"。他还提到，《坏掉的牛油果》一开始在英格兰出版时，"在布鲁姆斯伯里像一箱子加热过度的可口可乐一样炸开了：书封上的文字证明了它带来的'无与伦比的欢乐'"。

在随后的一篇文章中，《时代》近25年的主书评人奥维尔·普瑞斯特科，声称他已经厌倦了一连串美国人写的巴黎（海明威、菲茨杰拉德等）。他表示"我读过的最有趣、最欢乐的书是《坏掉的牛油果》"。

跟最近几部关于青春、爱、巴黎的小说里那些忧郁的、感情脆弱的年轻女人不同，赛丽·杰·高斯并不堕落。她只是热忱地爱着生活。在赛丽·杰看来，生活就意味着男人和情事。

即使他很喜欢这部小说，也承认邓蒂的才华，普瑞斯特科还是忍不住在结尾评价依琳："她是英国戏剧评论家肯尼斯·泰南的妻子，生活在伦敦。"

依琳得到的每一波赞美都让肯更加耿耿于怀。她是个忠诚无比的妻子，于是开始想办法避免伤到肯的自尊：在派对上，她听到有人赞美她的小说，就把人赶到听不到的地方去，只为了保护肯的自尊心。但是这些赞美不停地出现，让他很恼怒。"我很高兴读到了依琳的短评。"约翰·奥斯本在一封给肯的信里写道："请帮我转达爱和恭喜。"更糟糕的是，肯的朋友拿依琳的成功来开他玩笑："可怜的老家伙。一周又一周费劲地干才能保持现状，而你妻子只写了一部作品就做到了。"

确实，依琳同时做到了受欢迎又得到好评，还得到了她口中那些"大人物"的赞赏。特里·索泽恩管她叫"聪明小姐"。她崇拜的戈尔·维达尔在这个时期成了她的好朋友和倾听者，他们还有过一次性经历。大概在这时，企鹅出版社签下了《坏掉的牛油果》平装本版权，这部小说的电影版权引起了一次激烈的竞价。海外版权卖到了荷兰、德国，还有许多其他地区。英国版《时尚芭莎》刊登了一段书摘，依琳还为杂志拍了照。

肯感到被超过了、被背叛了。"我跟你结婚的时候你可不是个作家！"一天晚上，他大喊着把一本依琳的书扔出了卧室门。成为一个作家对依琳来说是救赎，她已经厌倦了夫妻俩无止无休的社交活动，感到一种"灰暗的日常、单调"，这让她抑郁。写小说就像创造她自己理想的角色，她享受这其中的自由。她还找到了一个从床上爬起来的理由。赛丽·杰·高斯出现在她脑海中的时候就"已经完整"了，依琳感到很有精力，她知道她找到了什么东西——但她没有足够的自信，不知道她的书稿会不会被出版社接受，更别说在多个国家出版了，她也不确信它会立刻取得成功。她的朋友厄内斯特·海明威称赞她的小说时，她很感动，他告诉她："你的角色说话都是不一样的，我喜欢。"（他哀叹自己的人物听起来都一样。）"莱瑞"奥利弗开玩笑对依琳说，既然她的书似乎赚到了很多钱，他们应该私奔，依琳可以养活他们。1959年9月20日，依琳收到一封来自格劳乔·马克斯的粉丝信，她很珍惜。下面是信的全文：

亲爱的泰南太太：

我一般不给已婚女人写信，尤其当她们的丈夫是戏剧评论家时，但我必须找个人说说（是你也好，因为你是这本书的作家）我有多喜欢《坏掉的牛油果》。它可逗坏我了，我大笑、尖叫、前仰后合（真巧，三个词并列这种格式还挺像个律师事务所的名字）。

如果这真的是你的人生，我不知道你究竟是怎么挨过来的。

真诚的，<br>格劳乔·马克斯

肯再也受不了了。一天，他找依琳对峙，警告说如果她再敢写一本书，他就跟她离婚。"这是我最后的稻草，"依琳后来回忆说，"第二天一大早，我就坐下来开始写一部新的小说。"她写的内容后来成了《老人与我》，这本书在1964年出版，以她跟西里尔·康诺利的爱情为灵感。

即使他可能已经把这件事从他脑海里踢出去了，但其实最开始是肯鼓励他妻子写一部小说的。在依琳"隐形的"演艺事业到达新的低谷时——"我有稳定的工作，但那些角色没有任何意义"——肯说他相信她作为作家的才华，她应该试一试。

反正她也不再给她的经纪人打电话了，她又有什么可失去的呢？

读过书稿之后，肯宣称这本书会成为"超级畅销书"。依琳松了一口气。"我相信了他，"她后来写道，"没有人比肯更会预测一部剧或者一部小说将会获得怎样的公众口碑。"

他甚至还帮她想了书名。一天傍晚，跟他们的朋友桑迪·威尔逊吃晚餐的时候——这是肯在牛津的一个朋友，他的热门音乐剧《男孩朋友》是19岁的茱莉·安德鲁斯的百老汇首秀——依琳称赞了桑迪长势正旺的牛油果树，表示她种不出那么好的，很挫败。"你的是坏掉的牛油果。"他答道，这给了肯灵感，他提出这个说法是个不错的书名。（戈兰茨一开始不同意，坚持说这听起来像一本烹饪书。）牛油果在书中确实出现了，赛丽·杰被一个未来的追求者比作牛油果："内心坚强，果肉软嫩，全都包裹在闪亮的外壳里。那么绿——永远那么绿……我要告诉你一件非常了不起的事。你知道吗？你可以把这些美味水果的种子放在水里——注意哦，只需要水……三个月内，它们就能长出一株结实的小小植物，满是绿叶。这是它们那结实的灵魂绽放了。"

肯让写作过程不那么容易。他有自己的书房作为创意工作的避难所，依琳则每天在客厅的沙发上"缓慢但稳定地"把打字机放在膝盖上写作。她的背很痛。她忍住喝酒的冲动，逼自己在坐下来写作之前保持清醒。她花了很大力气才做到自律。她开始拒绝肯请她去首映的邀请，这样她就能给自己多留点时间，这让肯既尴尬又生气："对一个已婚剧评人来说，比起没有妻子——这可能是他结婚的原因之一——更糟糕的就是她不陪他去剧院。"她后来写道。除了极少数情况，依琳并不让步。

依琳的自私对她的工作来说是有必要的。作为回应，肯开始一种"杀人的冷漠"，她回忆道："我试图用同样的情绪回应，但是从来做不到。"即便如此，她也知道肯也可以"善良、友爱、慷慨、幽默、有魅力，他突然间开始刺我的心，比如去上舞蹈课，因为他知道我曾经喜欢跳舞"。

依琳跟戈兰茨刚签下出版协议的时候差点就申请离婚，但是肯求她重新考虑，她回心转意了。他说她是他世界的中心，威胁要自杀。（这场拉锯战成了时常发生的事，两人最终总是会和好。）不知怎地，肯很清楚如何重新吸引他的妻子，比如在她的面前说他情妇的坏话，坚持说她们不能给他带来愉悦，或者给她惊喜，送她一本定制的红色皮革《坏掉的牛油果》，用金子封边，还写了题词"评论家送给作家"。一切都被原谅了。

书出版后不久，依琳在派对上遇到一个英俊的英国人，马克·卡尔姆·西摩。他不是作家，也不是演员，她喜欢这一点。依琳当时有"邪恶"的想法，跟马克调情，他也跟她调情，他们轻易进入一段"完全正常、完全寻常，但也激动人心的"婚外情。"我将它融入了我的生活。"她回忆说。

"我进入狂野阶段，感觉我争得了这个权利，可以做我想做的人和事。我从'牛油果之前'的反思者变成了'牛油果之后'的发电者。"

1958年秋天，泰南一家出发去纽约。肯和依琳肯定都希望换个环境能让他们的婚姻变得更好。肯受到《纽约客》主编威廉·肖恩的邀请，接替去世的沃尔科特·吉布斯做该杂志的剧评人。他们给他提供了一份为期2年的合同，所以这对夫妻把他们在蒙特街的公寓转租出去，在曼哈顿上东区租了一间家具齐全的公寓。（特蕾西在布里尔利上学。）因为肯更喜欢在卧室里工作，他要赶稿的晚上，依琳就得在沙发上睡觉。

一如既往，派对从不停止，给他们提供轻易、浸润酒精的消遣，可以让他们的争吵停歇一下。争吵还是那么激烈。

一天，他们在客厅里边尖叫边扔东西地争吵时，"我们看到女仆正准备进来打扫房间，我们一下也没犹豫，直接挪进了她刚刚打扫干净的卧室里"。对肯来说，很不幸，他们去的每一个派对跟依琳见面的几乎所有人都读过她的书，说他们很爱她的书。戈尔·维达尔举办了他们的第一次纽约派对，他跟依琳不一样，他的年轻伴侣霍华德全力支持他，照料所有家务事，包括家庭经济和做饭。"戈尔只需要写作。"霍华德解释说，"其他的都是我做。"泰南夫妇还跟作家交际，诺曼·梅勒、威廉·斯泰伦、伊萨克·迪内森，还有菲利普·罗斯，以及歌莉亚·温德比等社会名流。他们去了威斯坦·休·奥登在圣马克的公寓庆祝他的50岁生日，在那里遇见了诗人玛丽安·莫尔，他从装满冰的浴缸里取出香槟。

这一切发生的时候，依琳还在应对她对肯"有毒的愤怒"，私下里担心、喝酒。第二年，也就是1959年，她看到《纽约时报》上的一条广告，上面有一句激进的标题："你是酒鬼吗？"里面有大概20个问题，是约翰·霍普金斯大学医院用来衡量病人酒精成瘾程度的。测试说，如果你的答案有3个或3个以上是"是"，你绝对是个酒鬼。依琳的答案有几乎一半都是"是"。

泰南夫妇决定那年夏天分开过，依琳和特蕾西（还有他们家的保姆）在玛莎葡萄酒庄园过，肯则去欧洲。但是疯狂还是回来了，肯从柏林寄来一封紧急的恳求信。没有妻子，他无法写作，无法生活。"你是我存在的唯一证据。"他写道，"我爱着你，就像地球围绕太阳转。如果我好几周见不到你，就会躺在床上，像维多利亚时代小说里的人物那样因消瘦病而死。"依琳痛苦地挣扎之后，还是决定不去找他——后来她把他的话用在了一部小说里。

他们在1960年夏天于英格兰重逢的时候，两人已经决定开始开放式婚姻。这种安排可以说意味着他们就像从前那样过，但是"把我们的私人生活和私人想法保留下来，不告诉对方"。依琳回忆说。说的比做的容易。一天晚上，苏格兰诗人乔治·马克白狠狠敲大门，要求见依琳。他按了两个小时的门铃,直到警察出现,依琳和肯则在大嚷大叫地吵,特蕾西用枕头捂住头来把争吵挡在外面。不久后,肯在一天下午走进公寓,发现妻子跟马克白一起在厨房里,马克白浑身上下只有一条领结。肯抓起诗人的衣服,扔出了窗户,衣服落在公寓楼的院子里,这意味着依琳的情人必须得弱弱地借一件肯的雨衣,才得以离开。那衣服在外面扔了很长时间,淋了雨、完全毁了。

在看过父母吵了几百次架之后,特蕾西肯定在纳闷,他们到底是因为什么还在一起的。"他们决定这是他们强迫性出轨的解决办法,"她后来写道,但是"这从来没成功过,无法浇灭促生他们互相依赖关系的嫉妒、怒火,还有厌恶。"他们中总有一个人在威胁要离开(尤其是依琳,她特别渴望去墨西哥并且迅速离婚),但是两人都没有真的去这么做。双方都有内心的挣扎和拖延问题。但是依琳开始筑造自己的生活,还有远离她丈夫的身份。她跟那些被她称作"新的、非肯和依琳的朋友"相处,包括一些跟剧院有关的人和作家,比如埃玛·坦南特和弗朗西斯·温德姆——他们都"在将我从肯身边弄走的过程中扮演了强劲的离心力"。

依琳也继续写作。一个喜剧戏剧的想法开始在她脑海中渗透——《我的地方》,她完成了一稿之后,《雾都孤儿》的制作人在该剧在西区表演的剧院举办了一次剧本围读,依琳感到很荣幸。接着,她改了几次稿,把其中一稿送给了戈尔·维达尔,他的剧《华府风云》于1960年在百老汇上演,还提名了数项托尼奖。她从未给肯看过任何一稿。

依琳喜欢将自己沉浸在《我的地方》和其他创意项目之中。肯也过得不好。他重新开始在《观察家报》做剧评人，但是他的一本文集《窗帘》被"文学连环杀手"玛丽·麦卡锡差评，受到"非常小气、个人、无节制的攻击"。标题"泰南的谢幕"就说明了一切，肯也像麦卡锡所期望的那样绝望。他母亲在1961年冬天去世，这让他陷入自怨自艾。"你有家人，有父母、姐妹，"他跟依琳抱怨，"我谁也没有。我现在真是个孤儿了。"他制作的一部电视剧开始崩塌，肯也开始崩塌。他对地塞米尔上瘾（这是一种被广泛滥用的苯丙胺，在1982年停产），而且一如既往地每天喝酒、抽几包烟。他给《观察家报》写了一篇无法理解的文章之后，自己都不记得自己写了这篇文章，肯知道是时候去看心理医生了。对这个吹毛求疵的文体家来说，写出胡话来是十分丢人的低谷。他也知道该从蒙特街道的公寓搬出来了，于是他在骑士桥租了房，跟画家布兰达·博瑞开始新的外遇。她1963年给肯画的画像现收藏于国家肖像画廊。（博瑞后来说，肯为她做模特的时候，她那幅画的主题是"寻找逃离的出口"。）

同时，依琳很激动，《我的地方》在1962年1月开始了西区预备巡演，但是剧评褒贬不一，这部剧成了有价值的一课，而不是爆火的剧。她对自己写了这部剧很自豪，对于她眼中不公平的剧评感到失望。"我回去找我的小说了，"她回忆说，"我在那里有更多的控制权。"她还开始在与肯的关系里掌握控制权。他们两个都觉得被困在了婚姻的结束阶段，现在她准备好采取行动了。结果比她想象的还要疯狂、丑陋。

那年秋天，依琳结束了两人"谈论离婚"的循环，直接给肯递交了真正的离婚申请。"我跟他未决的关系开始对我产生负面影响了。"她后来写道,"我总也无法安顿,感到易怒、高傲、恶毒。"毫不意外,肯拒绝同意,但依琳没想到他还会站在窗台上,身体上如此,心理上也是如此。即使她很笃定他永远不会跳下去,他又一次成功地用情绪绑架了她。通常的恳求和"再给一次机会"又开始了,感到压力很大的肯坚持让依琳跟他的心理医生谈一谈,听听专家说这个病人因为依琳的决定而遭受了怎样的痛苦。从肯的角度来看,依琳申请离婚就是在将他的性命置于险地。他的心理医生同意,肯是有自杀倾向的,跟依琳见面的时候也这么说了,但她还是拒绝撤销申请——反正一开始是拒绝的。肯又一次靠磨说服了她。依琳暂停了离婚申请。

即便依琳下定了决心要从这段婚姻中脱身,肯也继续让她的生活痛苦不堪。她傻傻地以为,提交了离婚申请、跟丈夫分开,他就不是她的问题了。可他打电话的时候,她还是会匆匆赶去,即使他人远在西班牙,依琳恨自己的妥协。她跟苏格兰地主皮特·柯木比开始一段婚外情时,肯愤怒极了——无论他曾经出轨过多少次,也别提他现在的女友。他追问依琳每晚在哪儿过夜,指责她抛弃他。

在收到肯一封痛苦而夸张的信后(爱的表白再加上数页指控,里面还掺杂着自杀的威胁),她找朋友奥森·威尔斯帮忙,请他跟肯聊一聊。威尔斯跟依琳汇报时只说了简单的建议:"你最好跟他离婚,因为他在摧毁你。"肯要么还爱着她,要么把她当做他无法交出的所有物——也许两者皆有吧。有一次,他下定决心要和好,坚持要跟依琳和她的苏格兰情夫见一面,把话说开。到底谁才是疯子:提议这次见面的肯,还是默许的依琳？她想让他受折磨，让他追在她身后，同时她也可怜他。作为最后的一次帮忙，依琳甚至同意陪肯再去西班牙看一次斗牛。那晚在她的酒店房间里，依琳吃了一粒安眠药，去睡觉。不久后，肯来敲门。他第二天一大早就要离开，想跟她道别。依琳太累了，不想争辩，就让他进来了。肯袭击了她，依琳爬在浴室的地板上，不省人事，顶着两只熊猫眼和断掉的鼻子。

威尔斯和他的妻子宝拉帮了依琳，保证她得到了诊疗。虽然她的伤很快就好了，心理上的创伤却挥之不去，肯不愿承认自己的行径更是加深了这份伤害。一天，他出现在她的门口，即使她申请了对他的限制令：

总的来说，他把自己的所作所为说轻了——没有道歉，只是随口一提，说他的心理医生说没事的，很明显，如果我们继续在一起，要么他会杀了我，要么我会杀了他。他并不感到羞愧，也不为自己的所作所为感到抱歉。

我告诉了其他人，他似乎也没有感到尴尬。他心里总有一部分沉浸于自己的名声，花花公子、肮脏、堕落的唐璜。疯狂、邪恶、危险的施虐者。

依琳在马里波恩的德文郡广场31号新公寓安顿下来之后，开始去看心理医生。"我被迫直面我的生活有多么疯狂。"她后来写道，"我陷入了深深的抑郁。"肯不停地给她打电话。"没了我，一切成了空洞，只有孤独和自慰。"她回忆说。（就连特蕾西那时都知道："我父母的婚姻是无药可救的。")有一次,肯哄着依琳去蒙特街公寓看他,她看到熟悉的校长教鞭,心想:"它在这里多久了,被用在谁身上。打算用在谁身上?"她知道肯健康状况不好,经常咳嗽,有时候咳一整夜,可他还是不停地酗酒、抽烟、服用地塞米尔。这些都没妨碍他跟一个女人展开情事,她后来成了他的第二任妻子。肯被新成立的国家剧院雇用为戏剧文学顾问(文学经理)——这是他梦想中的工作,即使他每周只赚大概46英镑。他是被劳伦斯·奥利弗爵士邀请加入的,他被任命为艺术总监,把肯从他在《观察家报》的剧评人职位上挖走了。

婚姻纠纷之外,依琳的生活过得有滋有味:她被邀请做一期《女王》杂志的嘉宾编辑,主题为"两性之战",享受跟许多著名作家、诗人合作创作不同文章的过程。她还接了《时尚先生》《纽约》《大都会》和其他刊物的特约工作。曼彻斯特一家报纸邀请她去报道萨尔茨堡的国际文学论坛。《老人和我》的出版回应了一波所谓的"愤怒的年轻人"的作品,主角坚强、有野心、有谋略。(她跟赛丽·杰不同,并不"讨喜",也不"女性化"。)依琳知道,她笔下"愤怒的年轻女人"会惹恼一部分书评人,但是她忍不住想:"哪里能找到我口中'有计划的女孩'的丰满肖像呢?哪里有作者用对待男性角色的强度来探索和利用她们的罪孽和热忱呢?"

这部小说收获了一些赞誉,赞美它的人包括多丽丝·莱辛、埃德蒙·威尔逊、道恩·鲍威尔,鲍威尔称它是"绝妙的作品——尖锐、勇敢、泼辣——好像它是血滴成的,而不是写出来的……绝对是魔鬼般的雕刻精妙,能够杀人的喜剧"。依琳被戈尔·维达尔介绍给了鲍威尔,他说:"她们是世界上最有幽默的两个女作家。"依琳后来回忆说:"我们就那么干瞪着对方。这话怎么接呢?真是把天聊死了。"

迈尔斯·戴维斯是依琳的一个熟人,他读了这本书,只给了她一条对俚语使用的评价,没有说其他观点。这部小说褒贬不一,可消极的评论并没有动摇她来之不易的自信。"我把它们都撕碎、冲进马桶。"她回忆说,"我成了一个作家。"一天,她在好莱坞跟乔治·库克吃午餐,他后来在1965年凭借《窈窕淑女》获得奥斯卡最佳导演奖。他毫无征兆地开始夸赞《老人与我》,后来还表示他想拍这部电影。这事没成,依琳又因为加里·格兰特表示想拍这部电影激动起来,再后来是大卫·尼温说他很想拍。这些谈话最终都没有结果,依琳放弃了。她的小说在商业上也不是很成功——在美国,达顿清仓了这本书,依琳担心她会被标记为"小圈子的作家型作家"。她收到她的文学偶像之一P.G.沃德豪斯写来的信,他对这本书的赞美溢于言表,他催促她赶快写第三本小说,这让她重拾了信心。

1964年5月12日,特蕾西在生日这天接到一个电话,她当时在德文郡上寄宿学校,电话刚好在她睡觉之前打来。也许是她母亲给她打电话祝她生日快乐吧?依琳经常记错她的生日。结果,这个电话只不过来得凑巧。"嗨,亲爱的。"她说,"我在墨西哥。我刚跟你父亲离婚了。"她多次威胁肯要离婚,现在终于做到了。13年后,争吵、和好的循环终于结束了。两人离婚的消息登上了《时代》杂志、多个八卦小报,还有新闻简报。合众国际社宣布这条新闻的时候用的标题是"妻子跟肯尼斯·泰南离婚"。特蕾西在接到母亲电话后感到麻木。"我想了想自己的生日，心想为什么我母亲忘记祝我生日快乐。"她后来写道，"也许她是想把离婚当作生日礼物送给我。"她父亲至少给她寄了贺卡。

面对特蕾西，父母二人在离婚的细节上都做得很草率。依琳逃到了纽约，想尽可能离肯远一些，肯则留在了蒙特街的公寓。特蕾西放完春假回家，发现一个漂亮女人搬进来跟她父亲同居了，没有任何解释。他不擅长思考他的举动会怎样影响他人。

"我父亲有一种深深的不安感。"特蕾西回忆说，"他是个很复杂的人，时而慷慨，时而自私。他有一套自己的说话、做事方式。他以为那样能给我安全感，实际上效果通常适得其反。"

肯没有试图让特蕾西在他的新伴侣凯瑟琳·哈尔顿周围感到舒服。她不知道凯瑟琳是不是来替代她的。她试图去跟对方熟悉，却很尴尬，一点也不成功。除了都喜欢猫，她们没什么共同话题。"她的年纪还不够做我的母亲。"特蕾西后来回忆道，"但是她足够做我的姐姐或者朋友了。我应该跟她握手、拥抱吗？我应该叫她凯瑟琳，还是母亲，还是别的什么？"不过，接下来的几年里，她交替跟父亲住在伦敦、跟母亲住在纽约。特蕾西喜欢跟父亲住，"因为母亲一点一点陷入更深的抑郁时，我更喜欢离她远一点。"她回忆说，"我14岁的时候，她已经边喝酒边吃药了。"对依琳来说，早晨10点打开一瓶香槟并不是稀罕事。

凯瑟琳毕业于牛津大学，28岁，是加拿大战地记者的女儿，跟肯开始恋情的时候，她还是已婚状态。她想成为记者。她因为婚外情的事痛苦不堪，后来回到了丈夫奥利弗的身边，她大概在肯和依琳的离婚纠纷结束的时候也决定结束自己的婚姻。(在跟凯瑟琳安定下来之前，肯还跟另一个女人有过短暂的情缘，她是演员、舞者、歌手丽塔·莫雷诺。)肯曾经将凯瑟琳描述为"女人中的劳斯莱斯"，不知这究竟是什么意思。特蕾西称她是"花瓶妻，没有脑子"。

同时，1963年，42岁的依琳搬进了租来的跃层公寓，这是她的朋友——导演西德尼·吕美特搬走之后推荐她租的。她在纽约的朋友包括罗斯玛丽·哈里斯、迈克·尼科尔斯、雷纳塔·阿德勒、克莱尔·布鲁姆。依琳在她婚姻"长久的死亡舞蹈"结束之后松了一口气，她立刻投身于新的感情和结交新男友，还有一如既往的很多派对。即使他们两人之间隔了一个大洋，而且"我们的婚姻已经被正式埋葬"，肯——依然跟凯瑟琳在一起——还是跟她保持联系。他试图不请自来地参加她的派对（她拒绝了）。肯偶尔给她打电话，给她写情书，上面的名字是"依琳·泰南"。她有时候会动摇，但从未妥协。

"我明白，肯是最天才的操纵大师，他会在浊水上洒油，然后把它点燃。"依琳后来写道，跟他进行与特蕾西没有关系的交流都是"跟恶魔吃饭"。

她现在住在纽约，依琳开始跟特蕾西在长岛东岸的西汉普顿过暑假。特蕾西很喜欢沙滩上的白天，但惧怕傍晚时跟母亲独处。夜里，依琳总是醉酒、失控。"我人生走到一半，却迷了路。"她回忆说。她会神志不清地唠叨她有多恨肯，他是如何还爱着她。"我不想听他们对彼此肮脏执迷的细节。"特蕾西在自己的回忆录里写道。她回忆说,有一件事特别吓人,那天她决定给自己和依琳做汉堡。她觉得自己在晚餐里倾注很多爱意,非常自豪,摆好了盘,展示给母亲看。"胡椒不够!"喝醉了的依琳尖叫道,接着,她把一整罐干胡椒都倒进了盘子里,毁掉了这顿饭。接下来,情况还变得更糟糕了:"她拿起一把大砍肉刀,"特蕾西说,"开始到处乱挥,喊着,'我来教你怎么做饭。'"特蕾西跑进自己的房间,把门顶住。母亲命令她出去,但是特蕾西蜷缩在床上,恐惧又沉默,直到依琳最后放弃。那天晚上晚些时候,依琳口齿不清地在特蕾西的房间外道歉,但是她拒绝开门。

特蕾西给东汉普顿的一个朋友打电话,请求去朋友家,但是她羞于谈论依琳的行为。朋友的房子在接下来的两周里成了她温暖的避难所。做一个易怒酒鬼的女儿意味着要保守秘密,不论她喜不喜欢。"到了这时候,"她回忆说,"我已经学会了如何把不好的感受埋在最深处,身体上和心理上都是如此。"

接下来的几年里,特蕾西看到母亲的状况不断恶化,也许跟肯在1967年跟凯瑟琳结婚的事关系不小,那时候特蕾西15岁。依琳搬进了好友田纳西·威廉姆斯住的中央公园旁高层之后,特蕾西能听到他们在电话里聊自己吃药的习惯。(田纳西的床头柜上堆满了药瓶、药管,还有皮下注射器。)依琳被酒精、药物、抑郁越拉越低。最近,喝醉的她从楼梯上摔了下来,扭了背。她开始吃双倍的利他林,以达到飘飘然的状态,睡觉还要靠吃巴比妥酸钠。即使她承认自己在靠药物面对问题。

元旦这天，特蕾西早晨回家，发现母亲不省人事，身边全是空药瓶、空伏特加瓶，还有烟头的恶臭。"我耸耸肩，去了自己的房间，爬上床。"她回忆说。这只是又一次混合滥用。

不过她还是担心母亲的，尤其因为她根本不知道"谷底"到底在哪儿。"我的生活像是一集一集的，"依琳后来回忆说，"没有一条线把它们串连在一起。我甚至都无法穿针引线。"

几个月后，1968年，依琳也被自己上瘾的程度吓到了，她自愿住进伯克郡一家精神疾病医院奥斯汀·瑞格斯中心。特蕾西松了一口气。"我不需要对她负责了，"她在回忆录中写道，"我心里一直有种隐隐的恐惧，怕她哪次伏特加混药片的时候搞出人命来。那时候，我还不知道我母亲的自我毁灭行为是求助的信号，不过我确实感觉到了，她渴望有人去救她。我跟她在一起的时候，我感到那个人应该是我。这让我极度不适，有时候我会忍不住希望她死掉，那样我就不需要再应付她了。一有这种感觉，我就特别愧疚。"

特蕾西听母亲说，詹姆斯·泰勒当时也是那里的病人，她是泰勒的忠实粉丝，于是她很想去拜访。可她去晚了：她到的时候他已经出院了。不过她还是很高兴看到母亲清醒而健康的状态。一开始，依琳"抑郁到无法行动，还伴随着恐慌发作"。她在奥斯汀·里格斯住了一年，出院后还继续治疗了几年。

1974年，依琳出版了她的第三部小说《受伤一方》，一个朋友告诉她，肯被这部小说激怒了，到处告诉别人他不是小说里描绘的那个性变态。

小说出版后，她搬回了伦敦。1976年，正当她觉得自己可以从奥斯汀·瑞格斯毕业、完全靠自己时，她又服用氯乙甲噻唑过量，复发了，这是一种强力止痛药，用于治疗严重的酒精戒断期症状。这种药物还造成了谁人乐队的鼓手凯斯·穆恩在1978年的死亡，他享年32岁。依琳在医院的急救室里醒来，"盯着一个牧师给我念天主教的临终圣礼词"。她母亲来看她，带她飞回了纽约。"我已经不可能往低处走了，只能往上。"依琳回忆说，"但是什么时候呢？"她在母亲的公寓里住了一段时间，后来搬去了斯坦霍普酒店，起草了她的遗嘱。

依琳在西奈山医院接受了一系列电击诊疗，她相信这些治疗救了她的命。她又能社交了，1977年，她去参加了乔治·普林顿的50岁生日派对，她接了一些记者的活儿。虽然她没再写小说，却写了一些非虚构，包括《芬奇，该死的芬奇：彼得·芬奇传记》（1980年由莱因哈特&温斯顿出版社出版）、《路易斯安那州菲芮戴小镇》（1991年由达顿出版社出版），这本书讲述一个小镇的历史，这个小镇声称他们那儿每平方英里出生的名人超过美洲所有小镇。

依琳晚年的作品中最引人注目的是一本（即使对她来说都）出乎意料的传记：《埃尔维斯和格拉迪斯》，这本书记述了埃尔维斯·普雷斯利成长的岁月以及他和爱他又强势的母亲之间的关系。"1977年以前，"她解释说，"我在埃尔维斯去世之前都不知道他的存在。"她一听说他，就迷上了。依琳60岁出头的时候，无牵无挂，过得无忧无虑。她在密西西比州图珀洛（埃尔维斯的出生地）的华美达酒店住了5个多月，经常去孟菲斯和其他地方短途旅行——跟当地人交朋友，研究、做采访，了解一切关于普雷斯利的事，尽可能多地收集丰富的故事。她承认她只认识名人，跟"真正的"人相处、做有意义的事，对她来说有意想不到的乐趣。

她下定决心要保证她书里写的一切都是正确的，还为她的项目雇了一个家谱学家，发现普雷斯利的曾曾曾外祖母是北美原住民切罗基人，名叫"悲痛的鸽子"。依琳挑战大众媒体所宣传的普雷斯利的形象，她告诉记者："他是强大的文化爆炸，他是狂野的性力量，他们无法消化他，只能把他描绘成笨蛋。"她还成了普雷斯利音乐的忠实粉丝。在一次采访中，她以惊人的精确度来度量他的才华："要发出埃尔维斯所发出的声音，需要有生物学上的天资，可以通过多方面的分析来理解音高、时间控制、和声、节奏和音调记忆、音程辨别、模式（或和弦）辨别、旋律模进和音乐意象，而这些都受声腔结构、嘴唇、牙齿、舌头、软腭、下颌肌肉和声带的长度、厚度所制约。当然了，如果你有一个爱你的母亲、在一个小镇长大、是一个信念坚定的梦想者，这些都有帮助。不然的话，只能解释为他是个神童，可能还在子宫里就学会了这些。"

这本书1985年由麦克米兰出版社出版，2004年又由密西西比大学出版社再版。《埃尔维斯和格拉迪斯》被《科克斯书评》评为"深思熟虑、讲述真相""至今为止最实话实说的埃尔维斯人生故事"，而且也是

"最有质感的埃尔维斯传记"。八卦专栏作家利兹·史密斯称赞这本书，说它完美适合"任何埃尔维斯粉丝，如果你想要知道他为什么会成为那样的人，以及他为什么会变成妈宝男"。

依琳渐渐戒瘾，创作生涯也有所成就，肯则还在挣扎。他不再是那个让人害怕、令人尊敬的人了。他在国家剧院的职位让他气恼。1973年，他被新上任的总监彼得·豪尔逼走了，这让他很受伤，心怀怨恨。他的先锋派色情讽刺歌舞剧《噢！加尔各塔！》大获成功——剧名是法语里的黄色笑话，他很爱指出这点——可他只能赚到应得收入的一小部分，因为合同谈得不好，也因为他自己的理财问题。他认为自己是个舞台剧和电影导演，但是其他人不相信他的潜力。他的健康每况愈下，被自我厌弃和悔恨所淹没。他过了太久超出他经济能力的生活，债台高筑，无法再享受跟依琳在一起时那种吃喝享乐的生活方式。他经济很紧张。他追逐过也得到过的名气早已暗淡，不过他的很多名人朋友留了下来。（他称自己的社交圈为"高端波西米亚演艺圈"。）

1976年，肯罹患肺气肿，这一点也不让人吃惊，毕竟他是多年的大烟枪。他搬去圣莫尼卡，称自己是"气候移民"。特蕾西现在住在洛杉矶，成了一名成功的服装设计师，她对父亲搬来自己附近住这件事并不满意。（她跟电影导演吉姆·麦克布莱德结婚，有两个孩子。）特蕾西在她的回忆录里写道，他们的父女关系依然"充满争吵，非常复杂"，而她觉得自己没有融入他的新家庭。凯瑟琳既不是她的母亲，也不是她的朋友，特蕾西感到她们"相处有礼貌，但对对方有所防备"。

肯和凯瑟琳试图在好莱坞掀起波澜。她写了一部评价不错的小说，被改编为电影《阿加莎》（基于阿加莎·克里斯蒂在1926年失踪11天的事），由凡妮莎·蕾格烈芙、提摩西·道尔顿、达斯汀·霍夫曼主演。电影成功，但这是凯瑟琳的成功，不是肯的。威廉·肖恩拯救了他，给他丰厚的报酬，让他给《纽约客》写一系列人物专栏，主角是当代有影响力的人物，比如约翰尼·卡森、梅尔·布鲁克等。这些文章收录在肯备受赞誉的书《戏子人生》中，成为他最好的作品之一。

即使肯的健康状况因为他口中的"我那该死的肺病"不断恶化——这对任何人来说都应该是敲响了警钟——他还是拒绝放弃他挚爱的登喜路（烟草品牌），甚至不愿稍微调整他的坏习惯。他继续每天抽40根烟。虽然他跟凯瑟琳结婚，跟他两个年幼的孩子罗珊娜和马修一起生活，他还是一如既往地不幸福。他跟妮可的长期婚外情持续了很久。他将他们的情事一丝不苟地记录在他的日记里。他还经常跟妻子激烈争吵。肯对一个记者承认说："情妇和妻子互相痛恨。"他没有放弃情妇，而是抱怨道："这是过去6年里我生活中很多不快的来源，因为我试图把跟她们的生活分开，但没成功。"

虽然两人的婚姻摇摇欲坠，但凯瑟琳还是站在肯的身边，容忍他跟妮可的婚外情。他并没有丢掉他的聪慧，也没有丢掉他的魅力，就像他跟依琳在一起时一样，他将凯瑟琳钩进一个疯狂的循环里，赢回、拒绝。

凯瑟琳不在的时候，他说："我就像没了光环的土星，一个充满忧郁的星球。"依琳太了解这种语言了。

肯和凯瑟琳在情感方面依然依赖着对方,更重要的是,他们还是能接到好的派对邀请——跟保罗·纽曼、比利·怀尔德、碧安卡·贾格尔等宾客社交。依琳在肯最巅峰的时候在他身边,享受所有荣光,凯瑟琳则见证了肯的低谷——不光是因为健康状况,还有抑郁、写作灵感枯竭、自艾自怜。"我完全没有依然在进行的事业可言——每天早上醒来面对这样的情况,都像死一般,没有前景。"肯47岁时在他的日记里写道,"我要是自杀了,只是杀掉了一个——在很多方面——已经不复存在的人。"更糟糕的是,他感到自己的精神状态影响了他臭名昭著的性欲:"在这样的情况下,性就像在癌症病房里读漫画一样无关紧要。"

跟依琳一样,凯瑟琳也因为丈夫对性虐待的偏执而感到困扰。到了20世纪70年代晚期,这位魅力十足的金发女郎也开始搞外遇。肯私下里将她传闻中的情人名字都记录在他的日记里,包括华伦·比提、盖伊·特立斯、贝纳尔多·贝托鲁奇,还有"其他未被承认的"。同时,除了跟妮可的外遇,他还找妓女。作为记者和小说作家,凯瑟琳觉得肯既鼓励她的才华,又无视它,就像他对依琳一样。她也选择了客厅作为她写作的地点——弯腰伏在小桌子上写她的剧本。她于1987年出版的传记《肯尼斯·泰南的一生》成了她职业生涯的巅峰,这有些苦中带甜。(她还编辑了一卷肯的书信集。)"这太奇怪了,写自己的丈夫。"她承认说,"我是个热心的侦探,被局外人和局内人的双重身份拉扯着。"凯瑟琳在1995年1月10日因癌症逝世,享年57岁。

到了1979年,肯更加无比依赖妻子了。他日日夜夜都要靠氧气罐呼吸,已经无法开车,就算只走一条街,他也走得很难。为了更好地呼吸,他住院给气管里插管,还多次进了急诊室,差点没出来。他让特蕾西帮他买一本书,她到了书店才发现那是一本自杀指南,她拒绝买这本书。"他就像要新玩具被拒绝的孩子一样闷闷不乐。"她在自己的回忆录中写道。

肯放弃了生活,但只有死亡才能让他放弃抽烟。在家时,来访者总是惊讶地发现,即使他要挂氧气瓶,还是会不停地抽烟。他醒来需要吃药,睡觉也要借助药,就像他的第一任妻子一样,他每天都喝香桐酒庄黑中白气泡酒。他还爱吃瑞士三角巧克力,这是他最爱的巧克力。他濒临死亡,知道要及时行乐。

即使依琳为了拯救自己,在25年前就跟肯断了联系,长时间的分离和距离让她能够以一种更善良、更温和的视角看待他们的婚姻。在丈夫身边时,他们的生活多么激动人心啊,他影响了战后的戏剧行业,给伦敦和纽约最好的派对注入生机。肯是城市里最受欢迎的人,不论他在哪座城市。依琳相信,没人能像肯那样预测一部剧的口碑,他的热忱、智慧、聪明几乎无人能比。虽然他们的婚姻很糟糕——自恋的残忍、醉酒的怒气,等等——说到底他还是她一生的挚爱。"我们是对彼此做了很糟糕的事。"她曾回忆说,"现在,30多年后,我回想的时候,对他心怀感激:我怀着惊叹回忆。"

1980年,肯在加利福尼亚的医院里身体每况愈下时,依琳正好给特蕾西打了个电话,问他现在如何。"他很寂寞。"她女儿说。依琳在她的回忆录里写道:"最终,我做了对的事。"她把她的彼得·芬奇传记寄给特蕾西一份，特蕾西说过肯想读，她还在里面放了一封给前夫的信。她想让他知道，他会在她写过的、将来写的文字中找到"他的回声"。她深情地回忆着他们一起去巴黎的一次旅行，他们听伊迪丝·皮雅芙唱了《无悔》。

但是依琳的信是为了感谢，而不是表示原谅。肯在1980年5月20日写下感情充沛的回信：

亲爱的依琳，

我在医院里把你的书一口气读完了，大快朵颐。我读完了才意识到你做了多么细致的调查，你写得有多么举重若轻。我可以跟你讲芬奇是"多么伟大的演员"；可是除此之外，我没什么可以说的，只能恭喜你。

我也喜欢你的信。这么多年过去了，能再次拥有类似于正常的关系真的很美好。我知道你说的巴黎的事是什么意思，我永远都懂。

爱你，感谢一切。

2个月后，肯去世了，享年53岁。特蕾西帮着继母在比弗利山庄计划了一个追悼会，她被邀请名单惊呆了："看着就像一张好莱坞明星的介绍单，从约翰尼·卡森到奥森·威尔斯，谁都有。"凯瑟琳逼特蕾西给宾客打电话跟进，这意味着要跟一些传奇人物打电话，比如吉恩·凯利，她只在5岁时见过他一次。不过她还是回忆说："不断涌来的信件和悼念既让我感觉招架不来，又让我感动。"追悼会上，特蕾西忍不住为"名人出席率"感到骄傲，她知道这会让她父亲开心：沃伦·比蒂和他姐姐雪莉·麦克雷恩、史威夫蒂·拉扎尔、琼恩·狄迪恩，还有很多其他名人前来悼念。依琳没有参加。秋天在伦敦举办的另一个追悼会又是一次"全明星集会"，在考文特花园的圣保罗教堂举办，特蕾西回忆说，宾客包括汤姆·斯托帕德、阿尔伯特·芬尼、玛格丽特公主。她父亲死后几十年，特蕾西在她的回忆录里写道："每个月我都能看到杂志或者报纸刊登他的文章。他是死了，但他的文字还继续流传着。"（算是吧。他的书都已经绝版了。）

依琳打败了所有不利因素，奇迹般地比肯多活了近30年。她搬到了洛杉矶，跟特蕾西和她的家人近一些——特蕾西很不喜欢——继续断断续续地跟成瘾作斗争，晚年时还跟一种肌肉退化症作斗争。2008年5月1日，在一次为期10天的冥想静修中，特蕾西接到电话：她母亲因心脏病发作而逝世。特蕾西跟依琳度过了艰难的56年，依琳的行为经常让她愤怒、恐惧，她现在忍不住感到松了一口气。她跟静修营一个佛教学员谈话的时候，脱口而出："我不知道我是不是相信轮回什么的，但请给我点安慰，让我知道我母亲不会再回来了。"依琳在洛杉矶韦斯特伍德村公墓长眠，那里还埋葬着玛丽莲·梦露、比利·怀尔德、杜鲁门·卡波特、鲁德尼·丹泽菲尔德、查尔斯·马修、迪恩·马丁。（"到了最后一刻还是追着名人。"特蕾西这样写她母亲。）依琳的一生里有许多令人神往的人物、伟大的友谊、冒险、魅力，还有文学成功。2007年，85岁的依琳做了最后一次采访，她回忆着自己疯狂的一生。"我不知道这些都去哪儿了。"她说，"但我还是活得好好的。我觉得可以用坚持来形容我。"

# 4

# 伊丽莎白·简·霍华德
# 和
# 金斯利·艾米斯

"我跟他结婚的时候,没有办法写作,
我需要照顾一家老小,
而金斯利连鸡蛋都不会煮,
你知道我的意思。"

金斯利·艾米斯第一次吻伊丽莎白·简·霍华德的时候，她感到自己快要飞起来了。他是个已婚男人。她不是他的妻子。他们才认识一天。

他们说，那就是一见钟情。1962年，霍华德，朋友们叫她简，被指派为彻特纳姆文学节的总监。

她是三部小说和一本短篇故事集的作者，因为在电视和广播节目里的出镜而在英国出名。这个文学节现在是科茨沃尔德一带秋天一年一度的著名活动了，但在当时，这个文学节还无人知晓，没什么人参加。简的职位很高，但没有薪水。她的任务包括组织"性与文学"的研讨会，这次研讨会的主席是《星期日电讯报》的一个编辑（报纸是本次文学节的赞助商之一）。

简邀请了约瑟夫·海勒、卡森·麦卡勒斯、罗曼·加里来参与。《星期日电讯报》有人没有跟她讨论就邀请了作家金斯利·艾米斯来加入他们。"我还以为他会是一个'愤怒的年轻人'，认为整个活动都很傻。"她后来回忆说。简给助理编辑博雷克林·沃索恩（也是她的表亲）打了电话，抱怨这件事，但是他拒绝收回邀请。

活动结束后，简感觉这次研讨会很让人失望，"生硬、犹豫"，因为主席没有能力开启活跃的讨论，也因为一种奇怪的严肃感。（这似乎很让人惊讶，尤其考虑到这次研讨会的话题和参与者。）可她对整个文学节还是满意的，在她的指导下，这是这个文学节的第一次盈利。她还享受跟麦卡勒斯见面,她当时坐着轮椅,需要护士照顾。简回忆说,麦卡勒斯抓着一杯波本酒,"角度能看出来很有经验"。她对这个瘦弱的女人十分钦佩,后来她这样描述麦卡勒斯:"颓废而瘦小,脆弱,但同时又有强大的气场。"

金斯利当时40岁,是三个孩子的父亲,他跟妻子希拉里一起来到彻特纳姆,妻子的昵称叫希里。为了表示友好,简邀请他们夫妻俩去她租的房子住。研讨会结束后,他们一起去吃了夜宵,回到家。金斯利想熬夜喝酒。他妻子去睡觉了。迷人、美丽、时髦的简觉得她有义务留下来陪他。她最后跟他聊了一整晚,关于工作、婚姻,以及更多话题。他们接吻了,他妻子就在楼上睡觉。"我要是给你打电话,你会来伦敦看我吗?"他问道。她当然愿意了。

第二天早晨,希里和金斯利离开去吃早餐。简觉得她已经爱上了他。这时机太完美了:她的第二段婚姻正在结束,她忍受这段婚姻"靠的是假装我不在那里"。那周,金斯利跟他的家人出发去马略卡岛,简则去法国南部度假。她回到伦敦后,他们在莱斯特广场的一家酒吧见面。他们没有点酒,直到金斯利提到他在酒店订了一个房间。她愿意加入他吗?还是说,他应该取消预订呢?他们那晚一起过了夜。

简理解跟一个已婚男人搞婚外情是"错的",这样做很蠢。她之前就这么做过很多次,她斥责自己又重蹈覆辙:"我早该知道了,这样会让我无法写作,让我痛苦。"可简还是无法否认,她对金斯利感到一种"暴力的"吸引力。

她现在必须要时刻浸泡在恐惧中,害怕被抓到,这种被动等待电话响起的状态难以忍受,知道自己要为一段婚姻的崩解负责也是糟糕的感受。可她还是幸福到癫狂。她将自己的行为合理化,告诉自己金斯利和希里的关系本来就已经有很多问题了(这是真的),这段婚姻经历了双方的婚外情(也是真的)。希里和金斯利的一个熟人观察到,他们"似乎在言语和性方面都没有拘束"。金斯利坚持说他决心维持他的家庭生活,即使不幸福,也要为了孩子们——菲利普、马丁、赛丽。

这段婚外情从一开始,简就在做妥协。她一口气读完了金斯利的三部小说,还有他的诗歌,他则没有读她的任何作品,很少表现出兴趣。她试图不去介意。(她几十年后说:"刚刚陷入恋爱的人们总是一心想要在对方身上找到最好的一面。")她鼓起勇气给他看一本杂志上刊登的她写的一篇关于她祖父、外祖父的文章,他说:"真是可爱的小文章。"差不多一年后,金斯利终于读了她1959年出版的小说《海之变》,他以自己的方式赞美了它。"这确实是一部非常好的小说。"他说,"我松了一口气。我本来还害怕你不怎么样。"

做情妇是件难事。金斯利直白地告诉简,他这一年都打算跟他的家人一起住在马略卡岛,他只会回英格兰几次。"我不会经常见你。"他说。可他还是拒绝放弃他的情妇或者妻子,他告诉简他们必须"低调",还补充说:"如果这事抖出去,我会让你名誉扫地的——希望你知道。"他们在伦敦见面的时候,两人会见到朋友,比如瓦莱丽·鲍威尔(安东尼·鲍威尔的妻子)和小说家V.S.普里切特。简回忆说,每一次她和金斯利都得假装是尴尬的"老朋友",表演给他人看。最终,他们决定只在天黑后出门。(他们有一次用"朋友先生和太太"的假身份入住了巴塞罗那酒店。)

在偷情间隙,他们互寄情书。认识简没几个月,金斯利就写下了这样的信:"我对你感觉非常好。你很美。"他在第二年的信里写道:"你总是在变得更加美丽。我一直想着你。我见到的其他女人都让我想起你——想她如何比不上你。"他在结尾说,"爱你的亨特,很多吻"——这是他用来掩饰自己身份的签名,以防止信被人发现。(有时候,他会用其他变体,比如"亨特将军"或者"亨特爵士",或者他的中间名威廉。)他抱怨他的妻子是个棘手的负担。"我给希里打了电话,被她挂掉了。"他写道,表达他凌晨两点被她"醉酒、虐待、幽默、嘲讽的电话"搞得多么烦心。他们分开时,他渴望简的身体。"最亲爱的鸽子",他在一封信的开头这样写:

我想念你的嘴、你的呼吸、你的肌肤、你的头发、你的味道、你的左眼睑、你的右胸、右锁骨、右腋下、你的后颈。
还有你其他的一切。你的声音、你的眼睛、你的手,我从未像这样想念过任何一个人……
即使是想着跟你有一丝丝关联的东西,我都会有生理反应——记得下次见面时提醒我告诉你这是怎么发生的。

简的信表达了焦虑、脆弱、自我怀疑。

她担心她暴露了太多自我,需求过高,过于感性。她还鼓励金斯利少喝点酒。渐渐地，简更加信任他了，她想让他们的关系更进一步："也许你能通过我更享受你的生活。"她写道："我是说，体验更多方面，让生活丰富些。我现在有时候能看出来你在害怕，当然了，不是害怕我，而是害怕人生，主要是你的生活。我觉得我可以做出些改变，至少是对你来说。"她在别的地方坦白说："我的整个身体都感觉不一样了，胸很敏感，穿文胸都痛。也许恋爱中的人不该穿衣服。"

"你总是在我思绪的边缘。"金斯利对她说，"你走到它的中央时，我就会自顾自地傻笑。"他给简写诗。他称赞她"性方面无与伦比（比如，很适合男性幻想）"。他说她是个好人。他告诉她，因为她，他更享受生活了，他"因为做你的情人"而更喜欢女人了。他坦白说，写信很难，因为他只想跟她睡觉。"我很爱你。"他写道，"但是是以一种让人痛苦的肉体的方式。"他为她对他的信任感到荣幸，完全拥抱她自认为是缺点的那些方面。"我想重复我之前的话，我永远不会拒绝你，"他写道，"那不会发生，也不能发生……我知道你需要温柔对待，但是我喜欢温柔待你。"他永远那么温柔、让人安心、积极、慷慨、深情："你让我从头到脚都愉悦。"还有"我爱你的一切，尤其是你的一切"。

金斯利的一些朋友惊讶地发现他爱上了简。他们觉得她专横、矫揉造作。一个朋友开玩笑说："跟一个女爵偷情是件刺激的事。但是我没觉得这事会持续很久。肯定还有其他刺激的人啊。"K对他们的评价很高，简的"高贵"也是她魅力的一部分，这对金斯利来说仿佛一次"政变"。她作家的身份使她更令人向往了，菲利普·拉金说："又一个特德和西尔维娅组合？"

金斯利可以自由地跟简讨论他的作品，从中汲取灵感，同时感到被理解。

很快，他们租了公寓，花了每周15英镑的"巨款"。当时，简还没有正式跟她的第二任丈夫离婚，金斯利也还没有跟希里分开。他不再赞美妻子的美德，他1947年还在给菲利普·拉金的信里说："希里最好的一点，就是我不想跟她说话，她也不介意；或者至少，她不抱怨，对我们这种人来说，这两者没有区别。"

金斯利在牛津大学圣约翰学院上大一的时候有了初次性经历，那之后一直有频繁的性生活。1946年，他勾引了希里·巴德维尔。希里放弃了在牛津大学拉斯金艺术学院的学业，以做人体模特为生。她是农业部官员的叛逆女儿，也是个好的聆听者，脾气温和。他是个一米七八的帅气年轻人，但他很不会穿衣，发型也很糟糕，牙齿"乱七八糟，又黄又乱"。他比她大7岁，他上大学时休学去参了3年军。17岁的希里被金斯利"完全迷昏了"，他自私、幽默、聪明，有种奇异的脆弱感——他们约会过后，他害怕晚上独自走回家。

希里在金斯利期末考试之前怀孕了。他本希望她做人流，但还是决定跟她结婚。"说起即将结婚的事，"他在一封给菲利普·拉金的信中说，"很难不把它当成'权宜之计'来想，不过这种感觉最近稍微有所减轻。"

他们的孩子菲利普在1948年出生，以拉金的名字命名，一年后马丁出生，赛丽则在1954年1月出生——同一年，同一个月，金斯利出色而幽默的小说《幸运的吉姆》出版。他当时32岁。这让他迎来了金钱和名望，还有萨默塞特毛姆奖的虚构文学奖。P.G.沃德豪斯在一封给朋友的信中表达了这本书的成功让他有多恼火，抱怨金斯利最近在《旁观者》杂志里写的一篇评论，"说我的作品有多么糟糕"。《纽约时报》赞美《幸运的吉姆》时说"几乎像沃德豪斯一样幽默"，多讽刺啊，他补充说："我觉着他应该是我特别讨厌的那种聪明的年轻人。他几乎从来不会有长久的成就。"

金斯利出版第一部突破性小说之前在威尔士的斯旺西学院教授文学。他穷到要把空啤酒瓶送还给附近的酒吧来攒押金。有一段时间，他和希里跟她的父母住在一起。为了赚些外快，希里在附近一家电影院的咖啡厅上夜班，带晚餐回家。但是1951年，她收到母亲留下的一笔遗产，有幸给他们买了房子。金斯利在中产阶级偏下的家庭里长大，"没有任何社会优势"，他曾在一次采访中这样说。他在1922年出生于萧条的伦敦郊区，他是独生子，他的家庭"恐惧坠落回工薪阶级"。他没有理财、攒钱的概念，一生都保持对此的漠不关心。

金斯利跟简的婚外情并不是他的第一次出轨。（马丁曾将他描述为"一个习惯了为婚外情而生的男人"。）金斯利把谚语"做你爱的事"记在了心里，从菲利普出生起就一直在对希里不忠，几乎跟他们社交圈里的所有女人都有染，还有一些圈外的。

有一次，金斯利被妻子下了最后通牒，他对拉金坦白："问题是，把那一切都放弃太难了，多年来的习惯，你知道的，实在是太有趣了。"希里也享受了一些报复性的出轨行为，即使她比她的丈夫要低调得多。

没过多久，希里就知道了她丈夫跟简的婚外情。

过去金斯利被逮到出轨的时候，他都会向妻子表达自己的忠心，这次则不同。简深刻影响了他，他知道他的婚姻已经撑不住了。就连希里也不得不承认："我觉得我从没见过伊丽莎白·简·霍华德这样美丽的人。"他们的孩子们开始问缺席的父亲去哪儿了。一天，他们的保姆对马丁说："你知道你父亲在伦敦有个时髦女人吧。"他太小了，还不理解那是什么意思，他只想要父亲回来。

希里自己承认，她靠严重酗酒、服用药物来面对困难。她后来回忆说，她不同意按金斯利的意愿生活时，他被希里的愤怒和不配合惊呆了。"我的另一个选择就是坐视不管，直到他（跟简的）炽烈热情消耗殆尽，让他做一个访客，让他打电话，不切断联系。"她说，"你知道的，那样他就有两个家。"

她在金斯利的外套口袋里发现一封简的信，把它当作证据给了律师。他们早就计划好了去意大利和南斯拉夫的旅行，途中，他们一直在为简而争吵。

但是接下来这件事让希里很享受，这对她来说一定是某种令人满意的复仇：冲动之下的身体涂鸦。一天，金斯利在海滩上睡着了，她用口红在他背上写下:"一个肥胖的英国人,什么都睡。"然后她照了一张相。

到了1963年,他们的婚姻结束了。希里离家出走了,当然了,金斯利早就已经走了。那时候金斯利已经是一个文学明星了,既是小说家又是负有盛名的评论家。他现在显然已经忘记自己曾对儿子们说过的话:"永远不要怀疑我对你们母亲的爱。永远不要怀疑我们会永远在一起。"希里状态很糟糕,早晨经常无法起床。她为了赚点钱,把房间租出去。有一次,她过量服用安眠药,声称那是个意外,被紧急送去医院。几小时后,愤怒的金斯利出现在她的床边,冲她尖叫。

关于自己行为对其他人的影响,金斯利有模糊的感知,但是对希里的痛苦毫无同情。至于孩子们,他用昂贵的礼物安抚他们,金斯利希望他们会原谅他,接受简成为他们生活中的"母亲"。

这是幻想。在一次尴尬的"谈心"中,谈起婚姻会怎样崩解,爱哭的菲利普对金斯利说:"你是个贱货。"

马丁后来说,他父母的离婚造成了"可怕的麻木和怀疑,还伴随一种幼稚的隐忍。那是我第一次认识到,生活会很艰难"。但他不得不承认,认识简以后,她给他的第一印象很深刻:她"个子高、冷静、骨骼纤细,她曾是模特,还保持着那种女王般的时尚模特姿态"。(她在20世纪40年代晚期曾为Vogue做过模特。)金斯利在跟简的新生活中安顿下来之后,开始给希里寄关心的信("你在钱方面怎么样?"),他通常在落款时写下"爱",或者"很多爱"。他在经济方面照顾好希里,甚至还给她买了一栋房子。那些信很短，表达对她近期所作所为的兴趣，报道孩子们的近况（"小马还是很懒，但我们在管教他了。"），还安排孩子们在哪儿过假期。希里承诺会"更加努力"忘掉金斯利，不过她承认，她不知道她是否能忘记。

离婚几年后，希里开了一家成功的炸鱼薯条店，叫"幸运吉姆"。"反正呢，"她在一封信中写道，"谢谢亲爱的，谢谢你为我做的一切。"两人之间的旧恩怨已然消散。

同时，简在小心翼翼地适应她继母的新角色。她对孩子们善良、温暖，却无法强迫他们与她建立联系。"我决定，我能做的只有好好地、有规律地喂饱他们，通过我能力范围内的所有实用方法来实现。"她回忆道。简跟希里的关系却没能从双方都有敌意的状态中走出来。

在应对转变过程和骚乱中，金斯利很没用。"他只是想让所有人都安顿下来。"简回忆说，"那样他就能安安静静写他的书，不工作的时候好好享乐。"金斯利应对家庭纠纷的方法跟他应对所有不愉快的事一样，假装没出问题。拒绝面对，对他的工作效率和精神健康大有帮助。在他1966年的小说《反死亡联盟》里，一个角色说的话仿佛在影射他本人："我从来都对想事情不感兴趣，对让你想事情的事也不感兴趣。"

金斯利对"事情"的逃避让简成了"烦人的扫兴者，让人疲倦的清高之人"，这个称号可不会有人羡慕，只因为她试图让这个家有点纪律、结构和规则。

他在这方面毫无用处。简担心家庭生活太好、预料的节奏持续太久会影响她的丈夫。她知道，对一些作家来说，舒适的婚姻生活"是无关紧要的：他们渴望的是疯狂的极乐、执迷"。

她跟金斯利的关系是稳定因素，至少对她来说是这样的。两人都是有野心的作家，但是只有一个能获得成功。

另一个理应无条件地支持，放弃一切私人欲望。如果说简无法忍受实现一个人全部才能所需要的冷血，那金斯利根本不需要时间来思考，他会直接去做。他以一种一往无前的劲头追求他的事业，完全不考虑这对他身边人的影响。即使他被一个性感的小说家所吸引，他在日常生活中需要的还是一个无微不至的家庭主妇和照料者。他们的关系是有等级制度的，金斯利总是在上层，这不是简所期待的平等伙伴关系。他对她的工作表示鼓励、支持，但这是有限度的。他可以容忍她的自主性，只要这不影响他的需求，而她的自主性几乎总是会影响他的需求。她每次想开口，他都充耳不闻，但是只要简拥有金斯利的爱抚和赞成，她可以说服自己相信她在婚姻中是满足的。她依赖这一点。他心情好的时候，会用充满爱意的眼神看着妻子，说："我跟你的生活真美好！"这时候世上一切都美好。

简太了解行为糟糕的男人了，尤其是在她试图在男性主导的伦敦文学界找到自己的位置时。

有一次，在做伊夫林·沃的最后一次电视采访时（1964年为BBC

做的采访),简被他贬损("啊,霍华德小姐——你跟文学有什么关系呢?"),还被摄影组的人说些难听的话:"霍华德小姐什么时候脱掉她的所有衣服呢?"她喜欢男人的程度让她足以忽视他们这些令人厌恶的时刻。而面对金斯利时,她似乎总有无限的耐心和原谅。

1965年春天,金斯利和简在伦敦的马里波恩市政厅结婚。婚礼后媒体对他们的奉承性报道让希里很难接受——她后来承认,她依然倔强地爱着金斯利。她无法去看他们新婚的那些照片、八卦专栏、专题报道。"他们总是在报纸上。"希里后来在一次采访中回忆说,"你总能读到'我喜欢睡在床的这一边'之类的,你心想,'啊啊啊!'——在我的伤口上撒盐,你懂的。"婚礼那天早上,菲利普和马丁给金斯利和简做了早餐,送到床上。(赛丽还是跟希里住在一起,过节的时候来拜访。)"我是你们的邪恶继母。"简高兴地告诉两个男孩。(事实完全相反。)

几个月前,菲利普对她说:"我们对你有意见。"她没办法反驳。他们之间的关系很糟糕,不论她表现得多么善良。菲利普总是两个孩子中更难管教、更不愿原谅的一个,他对她的愤怒也从未消退。

不过简成功地与性格软一些的马丁建立了联系,靠的是文学。她经常讲起这件事,她有一天看到马丁慵懒地在家里躺着,"每个毛孔都渗透着无聊"。她问躺着的他想要怎样的人生。

"想当作家。"他答道。

"但你从来不读任何书。"她说。

她给他一本《傲慢与偏见》。大概1小时后,马丁大声敲着她书房的门,要求她把结局讲给他听。"我必须知道。"他说,"伊丽莎白跟达西结婚了吗?"这一举动不光融化了她与马丁关系的寒冰,还让他成了一个读书爱好者,不再只买漫画书。(马丁还读一些哈罗德·史宾斯和《查泰莱夫人的情人》"肮脏"的部分。)

"结局真的很棒!"几十年后的一次采访中,简这样说起马丁,"我当时最开心的就是看到他真正欣赏(奥斯汀),像成年人一样。"

简认为马丁迷失自我,被过于溺爱,但是他非常聪明,值得引导。她决心要帮他。(就连马丁后来也承认,他开始跟他父亲和简住在一起的时候,还"是个半文盲,经常逃学,是个饭桶,最大的兴趣就是在赌马店里混"。)简不停地给他书——狄金斯、菲茨杰拉德、格林——他也渴望更多。

马丁获得了牛津大学奖学金时,简有一种母亲的自豪感。他以一级荣誉从牛津大学英文系毕业。

"我欠你很多,我要做一个合格的人,来回报你。"马丁在给她的信里写道。虽然他父亲从未鼓励过他,但马丁却声称他并没有因为金斯利的缺席感到困扰。他曾说过,因为"文学才华是不能继承的",父亲的建议本来也会是空洞的。

金斯利曾说过，他的儿子是"唯一一个我认为有点才能的年轻作家"，可他也觉得马丁的书没法读。关于儿子的名气跟他相差无几这件事，他肯定有复杂的情绪，既感到烦躁，又有作为父亲的自豪。毕竟，马丁跟他一样，年轻有为，24岁就出版了他的第一部小说《雷切尔文件》。马丁曾说，他相信那是金斯利读完的他唯一一部小说。1978年，马丁出版了备受赞誉的第三部小说《成功》，那年夏天，金斯利在一封给菲利普·拉金的信中抱怨道："去年，他赚了38000英镑。小混蛋。他才29。小混蛋。"（他还曾说过，《成功》的开头和结尾不错，但中间部分不行。）关于马丁的小说《其他人》，金斯利跟一个朋友承认说："我觉得挺难读的。"

他挑《金钱》的刺，说他"讨厌这本书总让我想起纳博科夫"。金斯利在一次采访中坦诚评价《伦敦战场》："有些部分我觉得难读。我想，我应该试着把每一页都读完，但是我做不到。"

至少在公众面前，对于金斯利拒绝他作品的这件事，马丁脾气很好。"这很自然，人都会欣赏长辈，嫌弃小辈。"他在1990年接受《巴黎评论》的采访中说，那是他父亲去世前5年，"那就是世界运转的方式。有很短暂的一个时期，我父亲把我的作品当成当代文学无法理解、毫无乐趣的例子来狙击，这些抨击都印在纸上。谢谢你的宣传，爸爸。但那至少还挺好笑，很符合他的性格。我也反击了。"

马丁承认，他的姓带来的暗示在很多方面让人恼火。做金斯利·艾米斯的儿子并不容易。他曾经对一个记者说，这个姓在他刚成为作家的时候提供过"一点小推动"。"然后,社会文化变了:它成了一个诅咒,"他说,"我被遗传因素玷污了——因为我遗传了精英主义。于是,你想说我什么都可以随便说,可以这么说吧,我得到的都不是我挣得的。"

20世纪60年代中期,简的婚姻开始的时候很幸福——但是金斯利对老婆的疼爱并没有持续太久。一开始的那段时间,他们是魅力十足的文学模范夫妻,金斯利在1963年写给简的一封信中厚脸皮地说,他们应该向世界宣布,"我们是文艺复兴之后最好看、聪明、幽默、精致、适合彼此的情侣"。

他们买了一栋乔治亚时期的房子,有三十个房间、八个卧室,还有一个单独的小屋、一个谷仓。这处宅邸是隐蔽的,包括几平方英里的地,一个漂亮而茂密的花园、一片草坪,还有雪松树林。

他们买这栋房子很吃力,但是买下之后很开心。简残疾的母亲搬了进来,一直住到1971年去世——她亲爱的弟弟科林(外号"猴子")也跟他们住了多年。一开始,猴子会找姐夫的茬。"他们互相着迷,至少在我看来是这样的。"他说。家里情况基本和谐,因为简满足了金斯利的愿望,不分日夜。劳动问题很清楚:她负责做一切,他的时间全都空出来,做创意工作。"他起床、写作,"简回忆说,"然后吃午餐,散散步或者睡个觉,接着继续写作。"这是完美的存在——对他来说。一个朋友这样说:"简做饭,金斯利喝酒。"

简会揽下传统的"女性"家务劳动,还有一些"男性"责任,比如在房子里换灯泡、换保险丝。她还负责给丈夫预约挂号。她负责家里的预算——金斯利根本无心管这种事，即使他们的经济状况摇摇欲坠——还做他的司机。（金斯利拒绝开车，还害怕坐地铁。他说他从不坐地铁，就算克服了这种恐惧。）她是他的兼职秘书。金斯利不允许因为他喝酒的事唠叨他，他认为酒是必要的社交润滑剂。酒精跟欢愉是不可分离的。她替他写感谢卡片。因为他痛恨"无聊的"深色袜子，她给他织了很多双漂亮的袜子。她去跟他们的会计和律师开会。她在丈夫恐慌发作、恐惧症发作的时候照顾他。他是个成年男子，却害怕晚上独自在家，于是孩子们在简天黑后出门时会自告奋勇地轮流负责"照看爸爸"。（讽刺的是，这种恐惧症被他写进了小说《老恶魔》。）

简买生活用品，给一大家子人做晚餐。她爱做饭。不过金斯利吃饭时像个任性的学步小儿。她负责装修、买家具、打扫房子，金斯利的责任基本上限于调酒、端酒。简声称她不知道如何熨衣服，才摆脱了这项责任——这是撒谎——但是其他家务都被认定为在她职责范围内。可以理解，她总是精疲力竭，晚餐后经常坐在椅子上就睡着了。

多年后，在给菲利普·拉金写的一封信中，金斯利嘲讽她，因为简分手后在一次采访中贬低了他。"她说我让她管家是压制她的创作才能。"他写道，"是啊，她确实除了做饭什么也没做，而且只在有客人来的时候才做饭，一个月也就大概两次。"（这不是真的。）他还在"做饭"后面加了星号做注释，他在信的最下面写了"很认真，但是做得不怎么样"。

简不光要照顾自己的家人，还要忍受金斯利对她所做的一切不心存感激。他很爱周末请人做客，而且坚持要这么做，这就意味着，布置12人的餐桌是常有的事。（有一年圣诞节，他们有25个客人。）金斯利爱成为人们关注的焦点，他也很擅长。他喝酒、开玩笑、谈论政治、讲故事，能说到深夜。"我觉得所有人都很享受，除了简。"一个朋友回忆说。去他们家做客的人包括约翰·贝杰曼、帕特·卡维纳吉、约翰·贝雷、艾丽丝·默多克、伊丽莎白·鲍恩。塞西尔·戴-刘易斯罹患癌症命不久矣的时候搬来跟金斯利和简一起住。他在这里写下了他的最后一首诗，于1972年在他们家中去世，享年68岁。

20年前，简和戴-刘易斯曾有过一段婚外情。当时他跟第二任妻子吉尔·贝肯在一起，而她是简最好的朋友和倾听者。戴-刘易斯跟贝肯开始恋爱的时候，他还跟他的第一任妻子康丝坦斯在一起，同时还有另一个情人。简曾称他是个"格外美丽的男人，绝妙的额头上长着细纹，就像一条河的支流"。她因为背叛了吉尔，感觉很糟糕，不过最终两人和解了。

简沉默不语，默许她与金斯利之间的和平，她知道这样做就是在鼓励他不依不饶的要求，也是在给他提供条件。"作家们是自私的人这话没错。"她曾这样说，"实际上，所有艺术家都是自私的，但这并不是足够的借口。"她感到的所有痛苦对她的丈夫都没有任何影响。

他勤奋工作，小心地从来不在完成一天的写作之前喝太多酒。这意味着他傍晚时会烂醉——那也是夫妻二人唯一的独处时间。"金斯利认为女人的作用就是性和做饭。"简说过,"他不想要性了,因为如果你总是喝得烂醉如泥,就做不到了。"很巧,金斯利1978年的小说《杰克的东西》主角很暴躁,是一个中年牛津大学导师,失去了性欲,仇恨女人。

在金斯利的很多小说里,女人都被刻画成制造麻烦又难以驾驭的形象。

在暴躁的小说《斯坦利和女人》中,叙述者最好的朋友得知英格兰和威尔士所有暴力犯罪中只有25%是丈夫攻击妻子,十分震惊。"我还以为得有个80%呢。"他说。("跟一个人婚姻的结束,"金斯利写道,"是一件发生在你身上的事,一件非常暴力的事,一点也不好消化,向来如此。")他把那部小说献给了希里。

那一年,玛丽莲·巴特勒——爱德华七世在剑桥做英语文学教授,也是牛津大学埃克塞特学院的院长,这个男子学院的第一任女院长——在《伦敦书评》中一点也不拐弯抹角地这样开启她的文章:"就像美国的诺曼·梅勒一样,金斯利·艾米斯靠苛待女人筑起了自己的事业。"即使在采访中,他的厌女倾向也会显露出来,他在1973年说:"漂亮的大胸女孩多好啊,比那些可怕的女人强多了,跟你谈什么埃兹拉·庞德,没有大胸,可能也不怎么洗澡。"

简总是惊讶于丈夫在工作方面的严格自律。他总是有在进行中的工作。不论他有多么严重的宿醉,不论他的心情有多么糟糕。他每天早晨都是吃完早餐就立刻开始工作。马丁后来描述说，金斯利是个"磨工"，无论如何都要拖着脚去他的桌前。他还带着敬仰说，他父亲是个完美主义者，很擅长在困住的时候解决问题：

我父亲描述过一种过程，是这样的，他必须温柔但坚定地拉起自己的手，说："好了，冷静下来、你在为什么担心？"对话是这样的：

实际上，问题是第一页。

第一页有什么问题呢？

他可能会说，第一个句子。然后他意识到，他被一件小事困住了。实际上，我觉得我父亲坐下来、写下的东西立刻成为他眼中的终稿，因为他说，如果你不确定你完全认同一个句子，写下来就是没有意义的。

简经常感到很虚弱、很没有安全感，而且无法写作。"他在工作方面极度自律，对我来说是个优秀的榜样。"简渴望地说，"不过我没有那个时间那样做。"她的日子就是一连串错过的机会。"当然了，写作对所有人来说都是一件焦虑的事，不论男女。"珍妮特·麦尔柯姆在《沉默的女人》中写道，"但是女性作家似乎需要采取更强硬的手段、做更特别的心理安排来激发想象力。"

简开始退却。园艺成了她的安慰：这是私密的，只属于她一个人。即使她因为允许自己有这个爱好而感到愧疚——她身上的期待太多了——她还是继续坚持。园艺比写作更容易、更愉快。她可以让被遗弃的植物成长，结果喜人。在写作时，简经常只能看到通往失败的路。她恐惧空白的纸页。金斯利对她的工作表示支持，但他抛弃了原本的文学经纪人柯蒂斯·布朗，跟简的经纪人签约，出版社也换到了她那家，这让她感到自己被遗弃了，他们都去找更大的明星了。

她跟金斯利相处的多年里，她的自尊不断变得更低。

有一次，一个心理诊疗师问简喜欢自己哪一点，她说不出答案，只能想出"可靠"。相反，金斯利的自尊心无法动摇。他不会感到愧疚，也不会经常斥责自己。他不让别人驳斥他的面子，也不接受别人的挑战。一个曾经的熟人回忆说，有个人因为金斯利粗鲁的行为责备他，他马上说："滚一边去。不，多滚几下。"

简在丈夫身边经常感到自己是隐形的。她跟金斯利偶尔去一对夫妇家里做客，每次去的时候，对方都大张旗鼓地请他签他的书。他们从来不这样请她签名。更糟糕的是，金斯利从来没有夸赞过她作为作家的能力。她承认，她感到自己在这种情况下像个"匿名的局外人"。有一次，他们跟《观察家报》的文学编辑一起吃饭时，简提到她刚刚写完她的小说《朱利叶斯之后》。"肯定不错。"他说——就像她刚刚告诉他下单买了餐桌上的面包——然后扭头看着金斯利，问他为报纸写评论的事。简还记得，她和金斯利的一个朋友曾评价说："35岁的女人都对性没什么兴趣了，基本上不存在，还暗示这样的女人不值得交谈。"怪不得她的自尊这么难以维系。

后来，简经常私下里啜泣，她的医生给她开了地西泮，她晚上能睡觉了。但是写作还是没能开始，至少不能达到简所希望的速度。她无法像金斯利享受的那样保持钟表一般准确的时间表——金斯利能做到全靠她。"我觉得我必须得做自己的事了。"几十年后，简在她最后的一个采访中说，"我跟他结婚的时候，没有办法写作，我需要照顾一家老小，而金斯利连鸡蛋都不会煮，你知道我的意思。"

简在18年的婚姻中出版了三部小说：《朱利叶斯之后》（1965年）、《伪装的东西》（1965年）、《多出的女孩》（1972年）和一个故事集《错误先生》（1975年）。这还不错，但是跟她丈夫在这期间所出版的作品量相比，还是小巫见大巫了。简的写作时间少说也是不稳定的，可"如果我脑海中有一个想法，就会像骨头上会长肉一样，慢慢地丰满起来"。虽然她渴望拥有更多作品，但家务事的沉重负担还是让这成为不可能的事。一个过去的情人将她的作品描述为介于南希·米特福德和伊夫林·沃之间，评论家的评价基本上是积极的，但它们也被当作"女性小说"来看低。（她将自己的读者描述为"女性和受教育的男性"。）虽然她有塞比尔·克伦泽多希拉里·曼特尔这样的粉丝，她却没有获得她应得的读者群和赞许。当玛格丽特·德拉布尔在1985年版的《牛津英国文学指南》中忽略了她时，简感到非常不解和受伤。

相比之下，金斯利的文学之路与简充满挫败的经历形成鲜明对比，他的作品输出稳定而优秀：一部又一部小说写出来，有时候同一年会出版两部，还有诗集、短篇故事、非虚构文学、文学评论。他编辑作品集，还为电视和广播撰写文案。金斯利在跟简的婚姻存续期间写了近二十本书。他们离婚后,他又出版了几部小说,还有其他多个类别的书籍。简不能怪他拖自己后腿——是她选择了把自己奉献给金斯利。这是她人生中一个不断重复的规律:简跟男人的关系吞噬她、让她分心。她无法忘记她母亲曾经跟她说过的话:"永远不要拒绝你的丈夫——不论你自己有什么感受。"

1942年春天,简——优雅,高高的颧骨、长长的金发、长腿——跟彼得·斯科特结婚,他是南极探险家罗伯特·福尔肯·斯科特船长的儿子,时年32岁。她当年19岁,想要成为演员,在一个保留剧目轮演剧场工作,一个帅气又年纪大的男人对她表示有兴趣的时候,她受宠若惊:"他是第一个注意到我的人,我很感激。"她跟他结婚也是为了逃离自己的家庭。她于1923年3月26日出生在伦敦,成长在诺丁山一个条件优渥的家庭,家里有好几个仆人。简是家里最大的孩子,但也不完全是:她母亲凯瑟琳,昵称凯特,曾在之前生过另一个女儿,也叫简,但是那个女孩出生不久后就去世了。凯特喜欢这个名字,于是又把它给了第二个女儿。

这个家庭的财富来自伐木业,是她的祖父在一战时期成立的公司,他们每年夏天都在萨塞克斯的乡村大房子里度过。简的外祖父亚瑟·萨默维尔爵士是个作曲家,她的一个舅舅是英格兰银行的行长。这个家庭地位有多高,就有多不幸福。凯特是个大美人,聪明、博览群书。她为了跟简的父亲大卫结婚而放弃了在佳吉列夫的俄罗斯芭蕾舞团的舞者事业,大卫忍不住出轨,最终为了一个情妇而抛弃了凯特。简这样描述自己的父亲:"身体上非常勇敢,但道德上是个懦夫。"她记得女人们"像九柱戏的木桩一样一个接一个地爱上他"。

简小时候很焦虑,在学校被霸凌。从青春期起,她就在家里接受家庭教师的教育——这个女人也曾教过她的母亲。简回忆说她年长的教师"又高又胖,几乎盲了,但有无限的温柔",她的头脑就像百科全书,她也是简见过的最丑的女人之一。简读了莎士比亚的所有戏剧,写诗、写故事、写戏剧,在14岁就卖出了她的第一部戏剧剧本。她母亲几乎没怎么赞扬女儿的成就,即使简还学了钢琴、针织、油画、法语,还有一点拉丁语和希腊语、网球、骑马,还有其他很多技能,让人佩服。凯特从未给过简她所渴望的无条件的爱,也没有掩饰过自己对两个儿子的偏爱,他们分别是猴子和罗宾。她后来把简的信件、明信片都扔掉了,却保留了儿子们写的所有信。因为凯特对女儿的残忍,简在成长过程中一直保留着对抛弃的严重恐惧。"我很自卑。"简后来写道,"我对母亲有着绝望的爱,感到她没有以同样的爱回报我,家里人觉得这种感情是病态的。"

简认为父亲很喜欢她,他有魅力、爱运动、爱交际,穿衣总是很讲究。在饭店里,服务生"总是很喜欢他、认真为他服务"。他给简讲葡萄酒知识,从她4岁起就让她喝酒,他们经常父女俩一起出去,比如去划船、去看剧,这让她感到很特别。"跟他在一起,我从来不会觉得自己平凡、笨拙、不够聪明。他总是那么亲切、随和、不做过多要求。"她回忆说。但是她15岁那年,他们的关系发生了转变,给她留下了一辈子的阴影。

"我不记得他第一次攻击我的时候具体是什么情况。"她在2002年的回忆录《滑流》中写道。一天傍晚,他们独处,她父亲说简长大得可真快。他摸了她的胸,强势地吻了她。简挣脱了他的控制,逃走了,但这不是他最后一次尝试。很快,简就学会了永远不要跟他独处。他和凯特没有谈过他的行为,不过他后来若无其事地在妻子在场时展示作为父亲的爱抚时,简避开了他。她在他身边不光感到恐惧,还感到背叛和仇恨,她出于羞愧不敢将他的行为透露给任何人。但伤害已经造成。"这种情况一直持续到我结婚。"她写道。他恶心的虐待和凯特不加掩饰的蔑视永远地影响了简的自尊和她跟男性的关系。时间和距离让她能在某种程度上原谅他们——这些似乎是以英雄主义的气概获取的——成年后,她跟父亲保持着和气、疏远的关系。"他爱过我。"她写道,"我不再是一个小女孩的时候,他又给他的爱加了一个维度。这是不负责任的自私行为,但不是邪恶的。"(她对这种虐待行为的看法读起来让人痛苦。)简接收到了信息,包括母亲的暗示,她的身体是恶心的,性不是一种爱的表达行为,"这会影响我接下来30年的人生"。19岁时,她只想尽快逃离家庭。

不久后,简开始跟彼得约会,她惊讶地发现他还在为自己的一生挚爱悲痛,那个人跟他分手后跟别人结婚了。他坦白说,他失去的挚爱是个男人。彼得向简吐露自己的痛苦时嚎啕大哭。"你理解的,是不是?"他说,"你这么智慧,相对你的年龄,这么成熟。"她理解,算是吧。他说他爱她,然后他们有了性关系。第二年,彼得和简生了一个女儿,尼古拉。简害怕跟尼古拉单独相处,不喜欢喂母乳,也无法应付每天洗涮、蒸煮、晾干十几块尿布的家务。她一点也没有体会到人们口中那种她应该有的作为新手母亲的欣喜。

她父亲一个朋友的妻子给她寄来恭喜的信,这让她感到更加脱离自己了:"现在,你终于能够理解了,我们跟男人结婚所要经历的一切都会得到补偿,那就是这份伟大的喜悦——这是婚姻的唯一原因。"她跟另一个男人有了短暂的婚外情——彼得的继兄威兰德——这是她第一次感到情欲。她跟丈夫坦白了这件事,结束了婚外情,但这并没有让她更爱他。因为"无聊的可预料性",她又有了几次婚外情,她怀疑彼得也同样不忠。

即使是在最好的时期,他们的婚姻也仅仅是不温不热。她晚上写作,写她的第一部小说,有一部分原因是为了不跟彼得睡在一起。她希望能搞清楚自己在这段关系中的感受,她向一个心理医生寻求指导,开始每周跟他咨询两次。他似乎对她婚姻中的困难表示同情,她开始信任他之后,"紧张地想告诉他一切,并且得到他的积极看法"。她意识到自己把他当成了某种类似于父亲的人物,不管他们之间的关系如何,她都觉得这能给她安慰和帮助。不过有一天,她出现在他办公室的时候发现那儿有一盘蛋糕和一瓶葡萄酒。他们的咨询结束后,心理医生朝她扑来,试图强吻她。"我爱你、喜欢你、想要你。"他说。她把他推开、逃离了办公室,非常震惊,害怕他会追过来。那次事件让她想起自己父亲的行径。没有人可以被信任。"在我之后的人生里,"她回忆说,"每当我似乎要接触到真正的亲密和信任时,我就会退缩,避免遇到可能的伏击。"

1946年秋天，简才20岁出头，她离开了彼得和她年幼的女儿。"我自私地决定做一个作家，把这件事放在首位，我知道我必须独自去做。"她承认。（几十年后，尼古拉回忆说，她母亲是个"非常美丽的陌生人，偶尔来拜访"。她不记得简给她读过书，或者为她做过生日蛋糕。）简搬进了一间压抑的小公寓："我记得我在那儿的第一晚，天花板上吊着一个光秃秃的灯泡，木地板上满是可怕的钉子，还没干的涂料味儿里渗着腐败的味道，还有一种让人不适的感觉，一切都是脏的，除了我的床单。最强烈的感受是我很孤单，我心里只有一件确定的事，那就是我想写作。"

她有规律地去看尼古拉，她"明白这有多么不够，因此痛苦"。她们之间的关系需要花几十年的时间来修补，虽然得以修复，但她们从未亲密过。1950年春天，乔纳森·凯普出版了简的第一部小说——《美丽的拜访》，刚好在她的27岁生日之前。她的预付金是50英镑。安东尼娅·怀特在《新政治家周刊》中称赞她有"真正的想象力和一种感官上的力量"。简参加了她的第一次出版派对，她很激动地根据书封上的照片认出房间里的著名作家。1951年，她获得了约翰卢威连莱斯奖，伦敦最厉害的文学经纪人之一A.D.皮特斯提出代理她。

也是那一年，简和皮特离婚了。她疯狂爱上了一个给她买昂贵礼物的金融家，但是他并没有离开他妻子的意思。她后来的情人包括很多优秀又有名的男人，包括亚瑟·库斯勒，他在1955年春天发现简怀孕时命令她去堕胎。（1967年以前，堕胎在英格兰是违法的。）她跟劳瑞·李有过一段短暂但激情的婚外情，他的妻子是一个年龄才是他一半的女人,他们的婚外情和平结束,他给简的最后一张明信片上写着:"我想到你还是会狂喜。"她被疯狂迷恋她的小说家罗曼·加里(也是已婚)追求,他"深色头发、深色胡子,一双忧郁的眼睛长在略带橄榄调的苍白脸上"。他坦白说他从他们相遇那刻起就深深爱上了她——碰巧的是,他们是在跟库斯勒一起吃晚餐的时候认识的。加里邀请她跟他去巴黎共度一周,他在那儿把她介绍给阿尔贝·加缪。这段情事在那一周之后就没有了后续,但是简和加里还是友好相处,他后来又在1962年娶了他的第二任妻子珍·茜宝。简还曾跟肯尼斯·泰南短暂相处过几个月,当时他的妻子在纽约;他们去看剧、吃晚餐、参加派对,但性方面两人并不匹配,简后来承认说:"我不喜欢他那打屁股的习惯。"

她很清楚自己的弱点,无法克服被强大的男人爱的强烈需求(或者说是被人垂涎)。"如果一个帅气的男人下定决心要追你,而你又很寂寞,拒绝他太难了。"她曾说。奇怪的是,她似乎认为自己在这些感情中是被动的参与者,她坚信这些感情"就是击中了一个人——像闪电一样——这个人没有选择"。没有稳定的恋情时,她会在任何能找到亲密的地方寻找:"爱对我来说似乎还是世上最重要的东西,它从我的身边逃走了;我似乎没有能力维持、激发、接受爱。这加强了我内心深处感觉自己无用的想法。"

1956年,简出版了第二部小说,《漫长的浏览》——这是剖析一段失败婚姻的小说,令人心碎。小说采取倒叙手法,从婚姻的崩解写到相遇。她的女主角安东尼娅·弗莱明护照上写的是"已婚女人"。简后来提到这部小说,说:"把人们一层层剥开,直到最后露出赤裸的开始,这对我来说似乎有着许多有趣的可能性。"这本书部分改编自她自己的婚姻，小说收到的评价很好。"《漫长的浏览》为何没有被奉为20世纪最伟大的小说之一，我永远也搞不明白。"英国记者、作家安吉拉·兰伯特说，"我认为没有人这样细腻地表达过一个年轻美人被控制、利用的过程。她有着出众的智慧——微妙，但痛苦。"约翰·贝雷称这本书是"技术上的胜利，一种不同寻常的方式"。希拉里·曼德尔2016年刊登在《卫报》的给简的悼文中写道："这是一件很可怕的事，《漫长的浏览》这样一部完成度超高、技术上绝妙的书仅仅是她的第二部作品。"她赞美简早期的作品，写道："（霍华德的）才华似乎洋溢着许多热情，无法阻挡，你根本无法预料她下一步会写什么……从一开始，她就是个匠人。"

可两部小说之间6年的空档期让简无比痛苦，她责备自己的"懒惰"和对感情生活的痴迷。她不断追求亲密关系，很难投入工作。她的精力被分散了。"我沉迷于爱抚。"她说。她渴望新的恋情带来的刺激，承认"每次我爱上一个人，他们都把我当做阅读清单来用，但这对我来说从来没什么影响，因为我已经爱上另一个人了"。

在她90岁的一次采访中，她回答了这样一个问题，她是否可以在爱着一个人的时候写作，简用拜伦的《唐璜》中一句话来回答："'男人的爱情是男人生命中的一部分，而女人的爱情却是女人生命整个的存在。'你必须把写作放在第一位，我现在可以做到了，我没有任何理由不那么做。如果我爱着一个人，等待他们的信，那我就没办法集中精力。我在男人身上浪费了太多生命，但我想，很多女性小说家都这么做过。"

她没有坠入爱河的时候，男人们也会绝望地爱着她，被她的烟嗓和绝美容貌所吸引。"我眼中的自己并不美。"她在2012年的一次采访中说，这时她89岁（依然很美丽），"我以为那些人喜欢我都是因为我头脑聪明……那是我一开始的错误，也是个很基础的错误。他们并没有把我当作愚蠢的金发女郎，但也差不太远。"一个男人在他们第一次约会的时候就脱掉了裤子，结果被简礼貌地拒绝了。她事后透露，乔纳森·凯普签下她的第一部小说时，给了她一杯强劲马蒂尼，因为他坚持说这酒"对经期的女人好"。然后他围着一张桌子追着她跑，要求她向他屈服，否则他就不会出版她的作品。（她拒绝了，但他还是出版了她的书。）

接下来的几年里，因为她第二部小说所带来的关注度，她的社交生活变得丰富无比。她跟一些文学精英打交道，被邀请去参加晚餐派对、午餐研讨会，跟影响力很大的名人相处，比如斯蒂芬·斯宾德、伊恩·弗莱明、史蒂夫妮·史密斯、萨默塞特·毛姆、艾薇·康普顿-伯内特、乌纳和查理·卓别林。

1958年，她跟吉姆·道格拉斯-亨利结婚。这段婚姻比她上一段的更加糟糕。简当时很迷失，不幸福、没有效率，她厌倦了没有结果的情缘。她在写短篇小说，为杂志做零活儿，写电影剧本，完成她的小说《海之变》。她还在查图与温德斯出版社和韦登费尔德与尼科尔森出版社短暂做过编辑。

吉姆长相迷人，简后来回忆说："跟所有骗子一样，他拥有相当大的魅力，而且清楚如何利用。"简后来回忆起来，用她自己的话说，她跟他结婚，是为了"活动躺椅的喧嚣之后双人床的那份深深平静"。30岁中期时，她"厌倦了那些人刚认识半个小时就想跟我上床"。她还想再生一个孩子。

吉姆是伦敦秘密哲学小组"邬斯宾斯基社会"的成员，脾气暴躁，喜欢在情绪上虐待人。他没有维生的手段，却有着夸张的消费品位，相信简（因为她华丽的背景）有信托基金。结婚近两个月后，吉姆定制了一些衬衫。他以为妻子会付钱，但她被价格惊到了，坚称她付不起。简已经无法理解自己为什么会跟他结婚。她背上了自己无法预料的经济负担，只能为了额外收入多接几份工作。她写了一个电影剧本，拿到曼彻斯特一个电视节目的常驻工作，在镜头前评价小说、采访作者。她享受这份工作，但是被困在她目前生活"严重不幸福的气候中"，感到自己离成为小说家的梦想越来越远了。她决心找到回去的路，于是疏远了吉姆。他们的婚姻从没有过实质，到了1962年，这段婚姻结束了。然后她就遇到了金斯利。

即便是在他们关系最糟糕的时候，简也爱他让她笑的能力。"金斯利特别搞笑，这是最吸引人的东西，不是吗？"她说。他擅长模仿人、讲故事，还很会讲家庭笑话。（罗伯特·格雷夫斯曾称金斯利为"唯一一个让我恶心的人"。）结婚的前几年，简感到自己不能再幸福了。

不过，简后来意识到，做一个模范妻子不光让她作为作家的一面接受严峻考验，还让她失去了丈夫对她兴趣。"我被鼓励甚至被期待负起责任来。"她回忆,"可是反过来说,没有人会觉得一个负责任的人有意思,让人有欲望。"她坚信金斯利肯定有过一两次外遇,虽然她也不确定。(马丁相信他父亲对她"差不多是忠诚的"。)"金斯利想要一个可以让他依靠的人,把他生活中所有无聊的方面都甩出去。"她回忆道,"他原本爱着我,可他现在不爱了。也许,更准确的说法是他开始不爱我了。"

那是1972年前后。他们的婚姻氛围十分阴郁。除了金斯利因为酗酒消退的性欲,他性格中霸道的一面也开始使他变得愈发易怒。他对女人、"犹太佬"、"酷儿"和其他人群的可怕看法也变得越来越恶毒,简坚信她的婚姻将会走向悲惨的结局。紧张感已经无法忽视。愈发暴躁的金斯利用酒精来麻木自己,保持距离。简说:"跟一个酗酒的人生活最难的问题之一就是他们会因为你不酗酒而厌恶你。"(马丁曾写过一段关于酗酒的话:"要做一个成功的酒鬼,做到底,你还必须满足这些特质——不靠谱、不卫生、自我主义、没有安全感、不知疲倦。")

在1973年的一次采访中,金斯利说他对自己1963年出版的小说《一个胖英国人》的主角感到同情,那是一个肥胖、偷情的角色,那些话用来形容他本人也完全合适。他说:"是啊,我很同情他!因为我想,没错,他是很糟糕,他也清楚,没有借口。但这指出了一个反复出现的人类问题,我想我试图准确捕捉罗杰的人物性格和经历——如果一个人行为糟糕,即使他意识到了也没用。很大程度上,罗杰是个混蛋,他明白,可他做不到改变自己。我也没有要求人们同情他,但我们都有自己的十字架要背,做一个混蛋,清楚自己是个混蛋,这就是他要背负的十字架。"

即使简的婚姻并不是避风港，她也只有婚姻了。她不想被人当成一个三次"逃兵"，一小部分的爱不停地死灰复燃，至少在少见的场合反复出现。她和金斯利依赖对方，把对方当作他们写作时的回声板，每天工作结束后把工作成果大声读出来，寻求对方的建议，给对方评论："那个词听起来不太对""这里需要删减"，等等。但是简的产出并不多。即使她有稳定的记者工作和各种各样的零活儿，包括为电视台和广播台写作，她的小说却进展很慢。有一次，简得到一个机会写女王的传记，一个朋友甚至帮忙给简安排了跟女王一起吃午餐。可简觉得即使这个项目有利可图，最终也会是"无用功"，于是拒绝了。她急于完成下一部小说。《错误先生》出版时候，简回忆说，她"似乎被榨干了"。直到她的婚姻结束，她都没有再出版一部小说。（她的小说《做对》于1982年出版。）

长时间没有作品出版让人抑郁。简承认感到自己是个"卑微、没有成就的生物"。历史中的无数例子已经验证，能解放女性作家，让她们出版最好的作品的只有两件事，要么离婚，要么伴侣去世——或者说，要出版任何作品都是如此。"我最后有点受够了，"简承认，"因为我从来都没觉得——这真有趣——他作为作家比我优秀。但是他收到的赞誉、金钱、关注都是我从未获得的。"她回忆说，每当她对丈夫表达自己的沮丧，"金斯利就会说，'必须一直这样下去。'我说：'为什么啊？'他说：'因为我年纪更大，体重更重，赚钱更多。'"

1976年，53岁的简度过了跟金斯利在一起时最后真正快乐的时光，她在这段婚姻结束几十年后回忆了当年的一天。那个周末，他们跟约翰·贝雷和艾瑞斯·梅铎一起去了牛津郡,回来后,简觉得自己瞥到了一眼"曾经的"金斯利:"放松、亲昵、幽默、擅长沟通。"那天晚上她入睡的时候"抱有这样的日子持续下去的幻想,想着一个诚恳、互相陪伴的未来"。但这样的日子没有持续下去。偶尔,他们会漫不经心地试图改变:"我害怕我今早没有做好一个丈夫。"金斯利没能陪妻子去医院做一项检查之后写道,他说他会"试图改变"。那年的另一封信是他在简去法国见朋友的时候写的,金斯利早年写的信里那种显而易见的欲望和温柔已经不见了。这封信中——之后的其他信也一样——只是干巴巴地叙述了家里发生了什么("周一没发生什么,都在工作")和医学方面的情况("明天我要去看小克里夫,我的牙齿松了,简直是在风中飘荡")。金斯利的信可以说要多不浪漫就有多不浪漫,就差描述自己的大便情况了。

马丁在他的回忆录《经历》中写道:"即使是最没有好奇心的来访者,只要探头进门里10秒钟"就会知道艾米斯-霍华德的婚姻已经死了。简开始在南肯辛顿每周跟一个女心理医生见面,她想要解决自己的"悲伤沼泽"。她在多年后的一次采访中描述自己婚姻的痛苦和孤独:"我觉得跟一个酗酒的人生活在一起并不容易,但是最终,压垮我的是跟一个很不喜欢我的人生活。"她说,"一个人不爱你,你还可以继续跟他生活,但如果这个人不喜欢你,那才会让你活不下去。"

简和金斯利不再一起出去了,除非是跟他人社交,他们也不再在同一个房间睡觉。(马丁记得简"给我讲我父亲在他们性生活中的疏忽,这并不是我想知道的信息")。一天早上,金斯利进了卧室,吻了简,搂住她。"我曾经那么爱你。"他说，然后就走开了。简感到自己好像是见了鬼。

1980年秋天，金斯利出版了《俄式捉迷藏》，反馈很差。他写完这本书之后，在给菲利普·拉金的信中表达了自己的不幸福："我不知道我还会不会再写新书了。这太像苦力工作了吧！还让人焦虑。就像走在南极大陆上，总是害怕你会摔一跤，把髋骨摔骨折。"不过他也提到了一件开心的事，说他"今天早晨自己爽了一把"。

金斯利很难开始写他的下一本书。他放弃了一本书稿，又重新开始另一本。他对年龄的增长感到绝望（他快60岁了），同样让他绝望的还有性欲的消失。他的酗酒问题达到新的高度，在派对上行为恶劣，有时候还记不起自己说了什么伤人的话。（不论别人指责他做了什么事，他都会愤怒地否认。）有时候，金斯利喝太多酒，到了一天晚上结束的时候，他连路都没法走，会爬着上楼梯。

一天早上，简走进厨房，宣布说她要跟一个朋友去萨福克的一个"健康农场"。她离开的时候，正在看报纸的金斯利都懒得抬头看。简本该10天后回家，但是那天到来的时候，回来的不是她，而是一封语气严肃的信，是她的律师亲自送来的。信里有一部分是这样："这封信是要告诉你，我要离开了。你知道我近来的情况——我们两人近来的情况——已经不幸福很多年了。我思考了很久，得出了结论，我们的关系没有机会改善，一点希望也没有。没办法改善，只会静悄悄地越来越糟糕……争吵并不是最糟糕的事——最糟糕的是争吵间隙那难忍的、空洞的荒漠,我无法再忍受了。"

她还补充说这是"最让人痛苦的决定",她说:"我做出了决定,这就是最后的决定。"可她还是担心他,想办法让他不要太痛苦。"离开一个人从来都没有好的办法。"她承认。她惧怕他的回应。恶言恶语会在之后到来,而且来势凶猛,不过一开始,他央求她回去。他在极度痛苦的状态下恳求她再给他一次机会,他还附上了他为她写的一首诗。简给他回了信,请求他彻底戒酒。如果他能做到,她就回去。(金斯利在给拉金的一封信中嘲讽了简的最后通牒,开玩笑说简回去的第二个条件"应该是我把自己的头锯掉,加上一点荷兰酱做成菜给她端上来"。)简意识到跟金斯利谈判是徒劳的,于是申请了离婚。她这么做的时候也很痛苦。"那感觉就像丧偶。"她在一次采访中回忆道,"只不过在某种程度上更加糟糕,因为人们说:'难道不是你离开了他吗?所以是你的错啊。'他们似乎不明白,有时候人就是要两害相权取其轻。"

马丁接到菲利普的电话,说简离开了他们的父亲,他们两人一起欢呼。"当时的问题不是两个儿子计划着安慰他们失去妻子的父亲。"马丁在《经验》中回忆,"更加简单纯粹。我们两个中的一个必须一直在那儿守着。不是每时每刻值班,但是每天早晨、傍晚、晚上都要在。"马丁看到父亲"心痛",颓废又安静,只愿意解释简离开的基础事实,"但是不愿意谈他的感觉、谈爱,心碎,以及被打破的誓言"。金斯利已经在下坡路走了一段时间,现在"长胖似乎成了一个项目,在1980年冬天简离开他的那天严肃成立的项目——复杂的症状、压抑、自我隔绝。他在性方面的欲望消失了"。马丁在离婚中无法站队。他跟继母关系温馨,感到他

"在亲密关系问题上失去了分担责任的罪责——在婚姻失败、分居、离婚的情况下。共生关系、二联体，它失败了，就这样结束了"。

1980年12月5日，金斯利给拉金写信，他跟拉金交流的时候总能坦白、残酷，不惧怕荒谬的修正主义。他没有提简的名字。信的开头是为那段时间的疏远而道歉：

自从我妻子在23天前离开我后，我就没有给任何人写过信，也没有做什么事。她没跟谁跑，就是自己跑掉了。她这么做有一部分原因是为了惩罚我，因为我不再想跟她睡了，还因为她意识到我不怎么喜欢她。好吧，我对她确实没什么喜欢了，一个人把自己裹起来，完全无法容忍一点点竞争，也不能容忍一个疯子眼里最轻微的反对，必须什么事都依着她，时时刻刻如此，这谁能喜欢啊？好吧，我想，你应该也能从字里行间看出我们最近相处得不好。是啊，她不在身边，她永远都不会再在我身边了，这比她在我身边时造成的痛苦要多得多，多得无法计量。32年里，我一直有妻子啊。

一个月后，金斯利在给安东尼·鲍威尔写的信中说："我这里情况不太理想。看起来像是最终分道扬镳了，我感受颇多，其中一个想法是深深松了口气。"鲍威尔带金斯利出去吃过午餐后，金斯利感谢他"对我悲伤的故事这么同情"。金斯利扮演受害者的能力简直让人拍案叫绝。更绝的是，他1991年出版的《回忆录》中，简几乎没有被提及。她出现在书中时也只是顺带一提。书里没有关于他们婚姻的反思，没有描绘失去婚姻的痛苦，也没有给她在他人生中扮演了近二十年主角的感觉。

1983年，离婚终于尘埃落定。简前两次离婚后都感到人生重新开始了，但是这次，她觉得自己像块石头一样沉底了。她肯定不会再陷入爱河了，她安慰自己："我有一种不适的概念，孤独可能对写作有好处吧。"事实确实如此，但简总是沉浸在孤独中，感到这种孤独状态影响了她的生活。

金斯利似乎立刻就恢复过来了。他是个生存者。1984年，他出版了"恐女"小说《斯坦利和女人们》，马丁在他的回忆录中将它描述为"一部小小说，在所有意义上都很刻薄尖酸、毫不保留，整齐得可怕"。他写下了《老恶魔》，获得布克奖——打败了石黑一雄的《浮世画家》和玛格丽特·阿特伍德的《使女的故事》。他在1990年获得爵位：金斯利·艾米斯爵士，大英帝国司令勋章。他跟简不同，已经不再独自生活。简离开他一年后，金斯利跟拉金汇报说，他找到了一对夫妻来照顾他的余生："是希里和她的第三任丈夫基尔马诺克爵士。哎，你别这么瞪着我啊。好吧，你也有权瞪一瞪，但这是他们的建议，两个儿子都非常赞成，这是让我有个家庭的唯一办法。"

菲利普和马丁想着这令人侧目的家庭安排不会持续超过一年，但是金斯利直到1995年去世前都跟希里生活在一起（现在叫基尔马诺克女爵），一同生活的还有她的苏格兰丈夫阿拉斯特尔·博伊德（基尔马诺克男爵七世）。这种安排远远称不上理想，但对他们来说都合适。基尔马诺克男爵有他的贵族头衔和上议院的爵位，但他在经济方面很紧张。金斯利为夫妻俩和他们年幼的儿子杰米在伦敦买了房子。这一群身份混杂的人最终搬进了一栋更大的房子，金斯利有自己的单独生活区。他负担家庭开销，提供一些每周津贴。作为交换，希里给他做饭，用托盘端过来给他。她给他铺床、购物、洗衣服、管理他的用药、打扫，还要——很不适地——在傍晚时跟他坐在一起看电视，这样他就不会孤单、不会害怕。"我们不能用电视看任何节目，我多多少少是被困在了那里。"希里后来回忆说，"我总是在9点钟跟他说再见。我必须得歇一歇。"

她想帮助金斯利。他第二次离婚后，希里对自己的前夫很忠诚——她痛恨简夺走了金斯利，认为简离开他后行为不端。（分配房子、钱等包括长久的拉锯战，金斯利认为简占了他的便宜，要的比她应得的多。）金斯利跟基尔马诺克一家住在一起的时候过着国王一般的生活。他继续放纵自己，严重酗酒，每天至少吃六种不同的药。他摔断了腿，肝脏衰竭，还患上了肠易激综合征。他"胖到体型庞大"，这是他自己的话。曾经潇洒的男人现在状态糟糕极了。"你的个人生活低迷的时候，就会用吃来寻求安慰。"他在一次采访中说，"巧克力饼干、蛋糕。这是从简离开我时开始的。很明显，碳水化合物有一种让人平静的作用。抑郁的人喜欢拿着一块儿巧克力蜷缩起来。"

金斯利开始相信，离开希里是他这辈子最大的错误。至于简，他从来没有原谅她，再也没有跟她说过话，还告诉人们认识她是他身上发生的最糟糕的事。"我会见她吗？"他在他去世前几周的一次采访中说，"不。跟她结婚就已经够糟糕的了。"1995年10月22日，他在睡梦中去世，死在医院，享年73岁，他跟儿子菲利普说的最后一句清楚的话是："看在上帝的分上，你个该死的蠢货，给我杯酒。"希里于2012年去世，享年81岁。

简没有再爱上任何人。她70岁出头的时候跟自己的粉丝弗格斯·布兰德有染,他在广播节目里听到她讲话,联系了她。他痴迷地研究了她的背景、书籍,靠骗术进入她的生活,借了很多钱。他们之间的关系很短暂,她觉得他在床上"很厉害"。他说他想跟她结婚。简当时还在癌症恢复期,已经单身了15年,上一次有性生活还在那之前。她当时没有防备。还是尼古拉调查了这个人的背景——充满暴力和谎言——他的不良用心才暴露出来。"很痛苦,非常丢脸。"简谈起这段经历时说,她把它用在了1999年出版的小说《坠落》中。畅销书作家路易斯·德·伯尼尔斯称赞她从这样令人震惊的事件中找到灵感写了"一部好得要命的小说"。这部小说被改编成电影。

"用布瑞克奈夫人的话说,我的一生'挤满了意外'。"简85岁时在一次采访中承认。金斯利是她一生的挚爱。马丁曾说过,他继母"在选男人方面很灾难",他父亲"是其中最出挑的,在一群可怕的骗子、恶霸、无赖中都显得突出"。

简跟金斯利分开后最好的影响就是她在文学方面的创作。

简在她60多岁这些年里写了一系列半自传体小说,是马丁鼓励她开始写的。这一系列小说被称为《卡扎勒特编年史》,后来被证明是她最好的作品。该系列跟随一个萨塞克斯中产偏上家庭的三代人,基于作者的童年记忆创作,很容易引起读者共鸣。该系列在全球售出了数百万册，被改编为BBC电视剧和广播四台广播剧。2000年，简被授予大英帝国司令勋章。她的职业生涯远不如她所希望的那样多产，也不如她所希望地那样被称赞，可它持续了60多年。这是值得骄傲的事。她没有陷入关于"女作家"身份的思考，而是努力追回自己失去的时间。她年纪越大，就越渴望简单。

"人们总是有不切实际的世界观。"她说，"不去想真实的生活，而是想象自己活在歌剧一样的人生里——在普契尼歌剧里的清晨，站在城墙上，准备跳下去与死神相遇，而不是忍着过真实的人生。"

2014年1月2日，简在家中去世，享年90岁。去世前的几年里，她住在萨福克，河边一栋美丽的旧农场屋子里。

那时候她已经很虚弱，无法做园艺和烹饪，也不能开车了，可她说："我还可以学习。"她需要一个全职护士。"有时候我感觉自己是没有年龄的。"她说，"我觉得自己有种天真的、能接受事情的能力。"她有一些遗憾："我想我多多少少是为它们付出了代价。"她贪婪的阅读习惯一直没有变——每年读大概70本书——而且每天早晨都要写作几小时，目标是每天300字。虽然她咳嗽很厉害，还得时时刻刻拿着哮喘喷雾，但简还是经常抽烟。她去世前一年发表了最后一部小说《一切都在改变》，这是《卡扎勒特编年史》的最后一卷。《卫报》称赞其为"说到底，这本书讲述的是生活中不会变的那些东西——忠诚、善良、同情"。

《每日电讯报》的一位评论家说，"女性作家的挣扎"是这个故事中至关重要的一个方面,"很久以来,霍华德在他人笔下都是金斯利·艾米斯的妻子和马丁·艾米斯的继母。尽管要说这两个角色,都能说很多,可它们从来都不该定义她在文学方面的地位"。

临终前,简达成了一种真诚的满足和自我价值实现。"生命中最重要的事是不能被别人教会的。"她说,"但是,生活就是这样安排的,你正要离场的时候,却掌握了它的要义。这似乎很不公平,不公平到可怕。"

# 5

# 帕德里夏·尼尔
# 和
# 罗尔德·达尔

"我真希望你死了。
我希望你会被什么东西弄死。"

肯塔基州帕卡德是个被废弃的城镇，早就不存在了。据世人所知，留下来的只有几张褪色的照片。它坐落在坎伯兰山脉之间，那是阿巴拉契亚山脉东南的一段山脉，帕卡德在1900年作为一个挖煤营出现，繁荣了近50年。最终，三个煤矿公司在这个镇上安家，镇子归属于惠特利郡，离肯塔基州和田纳西州边界线只有16千米远。镇里有一间小校舍、一个旅馆、一个邮局、一个诊所、一个杂货铺、一个浸信会教堂，还有几百个家庭。这里的建筑早已被夷为平地。一口井为所有居民提供饮用水，卫生条件很糟糕。20世纪30年代以前，这里都没有通电，也没有室内下水系统。日常生活主要围绕煤矿工作展开，这里经常因为工作纠纷而陷入停工期，停工、罢工、抗议时有发生。女人是不被允许进入矿井的。1922年，肯塔基州州长下令派警卫队来到帕卡德，其中有两个机关枪小队，因为煤矿工人为了抗议危险的工作环境和过低的工资而纵火。"我们是一定会赢的。"一个煤矿工人兼工会代表说，"这种糟糕的环境无法再忍受下去了。"到了1946年，挖煤工作停止了，这个小镇也就被废弃了。

帕西·露易丝·尼尔于1926年1月20日早晨4点40分出生在帕卡德。她在1988年的自传《我这样》中回忆道，这个小镇"肥沃而繁荣"，而且"煤炭深埋大地肠道的经脉，滋养着很多家庭，比如我们家"。帕西的母亲欧瑞·米尔德里德·派翠是小镇医生帕斯卡·詹宁斯·派翠的女儿，她的诊所设在杂货店背后。帕西的父亲威廉·伯德特·尼尔是南方煤焦公司的经理，在帕卡德是神一般的存在，是镇子里最受欢迎的人。人们喊他的昵称"库特"。他出生于一个6个孩子的家庭，家里在弗吉尼亚州有烟叶种植园，他于1914年来到帕卡德。库特和欧瑞在参加朋友们组织的打牌聚会上认识，1918年结婚。他当时23岁，欧瑞19岁。6年后，1924年3月8日，欧瑞生下了他们的第一个孩子，一个女儿，他们给她起名玛格丽特·安。两年后，帕西·露易丝出生了。

对于尼尔一家来说，在帕卡德的生活很美好。整个镇子里只有三台电话：一台在杂货铺，一台在库特的办公室里，最后一台在他们家里。库特的书桌上挂着一个牌匾："组织就是让人们表现得像纯种马一样的艺术。当你召唤一匹纯种马，它会调动所有肌腱给你它最快的速度、内心的全部力量。当你召唤一个蠢蛋，它只会踢你。"这是库特的人生准则，将来有一天，帕西会继承这块牌子。库特的办公室缺人手，他雇佣了欧瑞来当会计。欧瑞不光要做全职母亲、家庭主妇的工作，还要每天去办公室上班，跟丈夫一起工作，他将自己的工资分给她。即使欧瑞不再是全职主妇，家里的衣服也总是有人洗，房间总是收拾得干干净净的，饭也总是能做好。尼尔一家有着舒适的生活习惯，在这个紧密的社区里适应得很好。但是1929年，库特接受了总公司一份薪水更高的工作，工作地点在田纳西州诺克斯维尔，一个工业城市，大概在帕卡德以南100千米。帕西当时才3岁，一家人搬到了那里，在那儿，他们不认识任何人，人们也不怎么友好。适应诺克斯维尔的生活并不容易，所以尼尔一家每月两次开车3小时"回家"去帕卡德。

1935年12月22日，这个家庭迎来了新成员：威廉·皮特·尼尔，大家都叫他皮特。帕西认为弟弟是"属于我的活娃娃"。虽然帕西很想让玛格丽特·安做她的朋友，两人之间的年龄差却带来了问题。帕西回忆过姐姐第一次见到她的好笑反应："我刚出生的时候——我猜大概是出生后几个小时吧——我姐姐那时候1岁零10个月，她进了房间，看了看——当然了，那个年代没人告诉自己的孩子他们要有弟弟妹妹了——然后，她看了一眼跟我母亲一起在床上的我，说：'啊，这不是比尔吗！'"所以之后的很多年里，"比尔"成了帕西的小名。姐姐可以随时对她发号施令，但是皮特是帕西的"小学徒"。有一天，她被母亲教训了，因为皮特说了脏话，还透露说是"帕西-帕西"教给他的。几个孩子成长过程中一起玩想象游戏，还在空地里玩棒球。他们的表哥杰克给帕西介绍了她的第一个坏习惯：抽烟。一天，他从他们的阿姨那里偷了一大包香烟。他、帕西，还有玛格丽特·安一起偷偷溜出去，几个人轮流点烟，一根接一根，然后抽了一口之后就扔掉。他们这样消耗完了整整一百根香烟。（杰克的母亲得知后把他打了一顿。）

在学校里，帕西有个老师叫柯尼利亚·阿万提小姐，她很幸运地受到这位老师的影响。这位老师在诺克斯维尔周围做戏剧朗诵，还附带道德说教演讲，话题是将会摧毁家庭生活的"酒精恶魔"之类的。帕西在一次教堂的圣诞节活动中听阿万提小姐背诵了一段独白，从此就被吸引住了。"我当时激动极了。"她回忆说，"我也可以做那个！我跟自己说，这就是我想一辈子做的事。"那晚活动结束后，她冲过去跟老师说她多爱那段表演，她梦想着做同样的事，但永远都不会做得那么好。"你当然可以了，小帕西。"阿万提小姐说，"将来有一天，我大概会看你表演。"

一天晚上，帕西无意中听到她父亲说诺克斯维尔要新开一个戏剧学校，是库特老板的女儿开的。库特没有意识到，他无意中说的话写下了自己女儿的命运。10岁的帕西给圣诞老人写了一张纸条，塞在壁炉上自己的袜子里，纸条上写着：

亲爱的圣诞老人，
我想要的圣诞节礼物是学戏剧。
求你了。

她的愿望得以实现，在新戏剧老师的鼓励下，帕西开始为社区里的孩子们表演独白，还成立了她自己的戏剧小组，跟其他孩子一起在各种"舞台"上跳舞、表演、唱歌——舞台就是尼尔一家的露台、后院、地下室。祖父母去世后，他们去帕卡德的次数越来越少，间隔也越来越长，诺克斯维尔更像是家了。帕西是个人气很高又自信的女孩，她是个有才华的年轻演员这件事传出去了，她开始在家附近的场所表演独白，赢了一个州的戏剧朗诵比赛，甚至还在高中时导演了一出《简·爱》的舞台剧。最终，城市里最重要的戏剧评论家马尔科姆·米勒注意到了她：

诺克斯维尔高中的帕西·尼尔在《田纳西河谷玩家》中首次亮相，她可以说将整部剧收入囊中。
她展现了优雅和好的姿态；她的反应时机很好，也很自然；她的台词尖锐又合适，她的声音投射很优秀。

米勒感到帕西应该带着她的才华去诺克斯维尔之外闯荡，也这么告诉她了。他替她给弗吉尼亚州阿宾顿巴特剧院的创始负责人罗伯特·波特菲尔德写信，推荐帕西去那儿做暑假学徒。巴特剧院创建于1933年，成立还不到10年，已经积累了很好的名声。1946年，它成了弗吉尼亚州的指定剧院。巴特剧院成立于大萧条时期，得名于他们的宣言"用你卖不掉的蔬菜买一次欢笑"[1]。入场价格是40美分或者同等价格的物品，这意味着用一根玉米棒子就能让你去看剧。看剧的人用奶制品做门票，有些甚至用牲畜（"用火腿看《哈姆雷特》"）。巴特剧院今时今日依然在火热营业。

1942年夏天，帕西16岁了，刚刚完成高中二年级的学业。库特和欧瑞很支持女儿，送给她一个漂亮的行李箱做告别礼物，送她离开——那是她第一次独自离家。帕西跟"真正的剧院人"相处，感到自己进了皇室圈子。她一开始帮忙搬道具，做舞台经理的助理，后来拿到了一些小角色，最终演上了主角。她还看上了巴特剧院的一个英俊的年轻人，开始对性感兴趣。一天晚上深夜时，她很紧张地去了那个演员的房间，接下来的一周多每天都去。他们只是坐在那儿聊天，帕西——身高1.72米，棕绿色眼睛，美貌惊人——不知道该如何勾引她喜欢的人。有一次她到的时候他已经躺在床上了，于是她脱掉鞋，大胆地上了他的床。她问，可以留下吗？当然了，没关系的，可他要睡觉了。"那年夏天我离开剧院前才得知，他不喜欢女孩。"她回忆说，"我在学校里听说过同志，可从来没在诺克斯维尔遇见过。"

---

[1] 巴特的英文"barter"意为以物换物。

帕西央求父母让她去纽约追求她的表演梦想，但是他们坚持让她先上完大学。她不情不愿地向西北大学报了名，在那里为校园杂志做模特，跟一个著名的表演老师学习，还加入了大学的戏剧俱乐部。但是这个相信自己"生于幸运星之下"的女孩在1944年春天遭遇了悲剧，她父亲在49岁死于心脏病发作，同年，她的初恋男友和表哥都死于战争。她中断了在西北大学的学业，买了一张火车票，于1945年秋天，带着300美元的存款前往纽约。

"没有人愿意来纽约住，除非他愿意碰运气。"E.B.怀特曾写下这样的名句，帕西准备好碰运气了。她很快就在纽约安顿下来了。她在曼哈顿上西区找到了一间顶层小公寓，有四个室友，其中三个都是西北大学的。她开始试戏："一个又一个微笑，一次又一次调情。调情在这行里是工具，而我正在成为专家。"她上表演课，尽可能多地看剧，在格林威治村的一家快餐馆工作，每小时赚70美分，一天大概有6美元的收入。她在霍恩和哈达特烘焙公司餐厅、阿斯特酒店的沃尔格林药房等地方吃饭——这些是没有工作的戏剧演员经常社交的地方——她可以在那儿找到对戏伙伴，或者打探试戏消息。在公寓里，通常的食物有奶酪、饼干、甜甜圈、花生酱、爆米花、三文鱼。一个房间里摆着四张床，最后一个回家的女孩得睡沙发。那个女孩通常是帕西。

虽然经济方面很紧张，但帕西有野心，她很快就正式成为一个活跃的纽约女演员。她的第一份戏剧工作是《七镜》，一起的还有一位年轻女演员杰拉丹·佩姬。她的第一个经纪人梅纳德·莫里斯最近刚发现了马龙·白兰度。她在百老汇大热剧约翰·范·德鲁登的《海龟的声音》

做替补演员，每周的薪水是150美元，她还在巡演剧团里工作，这部剧的制作人建议她换个新的艺名：帕德里夏·尼尔。她当时19岁。

1945年圣诞节时，帕德里夏·尼尔签名租下了她自己的第一间公寓，在莫宁赛德大道上。那是一间四层的楼梯公寓，里面有蟑螂，卫生间在屋外的走廊里，但那是她自己的。后来，她从这里搬去附近更阳光的地方跟另一个朋友住（也是一个女演员），这位朋友是简·哈根，也来自西北大学。

帕德里夏没有多少钱，但她对自己的才华很有信心，一直能接到工作。她一下子接到了两个百老汇角色：理查德·罗杰斯想让她在自己的新剧《约翰爱玛丽》中扮演女主角；莉莲·赫尔曼也想让她扮演自己新剧《孤寒财主》的女主角。那是她1939年半自传剧目《小狐狸》的前传，这部剧的剧名是赫尔曼的好朋友多萝西·帕克建议的。这是个艰难的决定，但是帕德里夏最终选了赫尔曼的剧。（幸运的是，罗杰斯后来又找帕德里夏演了这部剧的电影改编版。）

她激动地开始了《孤寒财主》的工作，编剧莉莲亲自做导演。"第一年，我每周能赚300美元，第二年如果还演的话，我每周能赚460美元。"帕德里夏后来在给莫德阿姨的一封信中写道，她跟阿姨的关系很好，阿姨一开始就支持她的野心。"如果这部剧火的话，我两年内不能辞演，除非欧尼尔先生想让我演《诗人的笔触》。"帕德里夏后来得知，跟首次做导演的赫尔曼打交道并不容易，甚至直到排演开始，赫尔曼才写完最后一幕。赫尔曼的伙伴，作家达希尔·哈米特经常去看排演（出现时经常烂醉），他深深迷恋帕德里夏，毫不掩饰。赫尔曼喜欢哈米特，不论他是什么状态，也不论他表现有多糟糕，两个人之间的联系有部分原因是他们都混左翼文学圈。哈米特后来被众议院非美国活动委员会传唤去作证，他被判蔑视国会后被关了6个月。

他因为拒绝配合约瑟夫·麦卡锡的女巫狩猎行动而进了黑名单，赫尔曼则因为过去参与政治进了黑名单。不论哈米特有多消耗赫尔曼——经济上、情感上——她都留在他身边。

"但是莉莲温和、温柔的一面只有少数人能看到，"帕德里夏后来回忆道，"大部分人看到的只有她的暴脾气，却看不到怒火之下的女人。出于本能，我理解她，我知道我遇上她发脾气的话，只需要低头躲开，等着它结束。"赫尔曼也很喜欢帕德里夏，她在1973年的回忆录《五重奏》中写道："我很高兴我找到了一个不出名的女孩——帕德里夏·尼尔，看着她成长为一个好演员和一个女人。"她们一直保持朋友关系，直到赫尔曼去世，而且在1952年，这位编剧的一次晚餐邀请还会在帕德里夏的命运中扮演关键角色。《孤寒财主》在百老汇外的试演反响很好，得到的都是好评，帕德里夏——扮演主角雷金娜，这个角色在《小狐狸》中由塔卢拉赫·班克海德扮演——被剧评人描述为"非常美丽、有才华"，而且"令人大开眼界"，赞美她"浑厚的声音，可塑性强，情感丰富"。然后，百老汇演出日来了。首演夜是1946年11月20日，它满足了帕德里夏的一切梦想。"我确信，我想做演员就是为了那一刻，"帕德里夏在她的自传中写道，"掌声就是爱。那是来自所有人的肯定，我沐浴其中。"《孤寒财主》收到褒贬不一的评论，是个小火的剧，最终在富尔顿剧院（如今的海伦·海丝剧院）表演了182场，于1947年4月26日停演。

（一年后，该剧被改编为电影。）但是剧评人很爱帕德里夏。"尼尔小姐做出了杰出的贡献，并且令人印象深刻。"霍华德·巴恩斯在《纽约先驱论坛报》写道。赫尔曼在她上东区的别墅里开了首演夜派对，演员们在那里等待剧评出炉。帕德里夏的母亲和弟弟从田纳西来纽约看首演，住在阿尔冈金酒店。"台上的帘子一拉起来，我就紧张又激动，几乎没看进去剧。"欧瑞后来告诉《亚特兰大日报》的一个记者。

首演夜派对之后，帕德里夏回到酒店里，欧瑞自豪地告诉女儿，她收到了近90条祝贺的电报，不光来自亲友，还有些来自大人物，比如塔卢拉赫·班克海德、大卫·O.塞尔兹尼克。帕德里夏睡了一夜，醒来之后就成了百老汇明星。"一夜之间，我成了纽约大红人。"她回忆说，"那感觉很让人激动，我人生中第一次走在街上会碰到许多陌生人跟我说：ّ你在那部剧里棒极了。'"一个年轻演员看了帕德里夏那时的表演，表示她让人刮目相看："太美了，那么健康，那么成功。"没错，她做了一小段时间挣扎的小演员。而现在，她在萨迪斯饭店有预订，能得到顶级演员的派对邀请，常跟格利高里·派克之类的名人吃晚餐。好莱坞制作人都来跟她邀约。1947年4月6日，帕德里夏21岁生日那晚，剧组演员给她唱了生日歌，赫尔曼买了一瓶艾兰迪和一个生日蛋糕，送到她的化妆室。她和室友简搬到了河畔大道一间漂亮的公寓，她为那儿买了不少香槟，还可以把衣服送出去洗。那年春天这部剧结束演出的时候，帕德里夏已经成了媒体的宠儿，上过一次《生活》杂志封面，也上过《Vogue》《时尚芭莎》和《红书杂志》，此外，还得了《百老汇关注》的最佳新人奖和戏剧评论奖、唐纳森奖（1944年首次颁发，1955年终止）、世界戏剧奖。1947年4月6日，她获得了首个安东妮特·派瑞奖——如今人们更熟悉的名字是托尼奖——的戏剧最佳女主角奖。当晚的其他托尼奖大奖获得者还包括亚瑟·米勒、英格丽·褒曼、艾格尼斯·德米尔。（"女士们"得到的奖品是银质化妆镜盒，男士则拿到金质钞票夹或者打火机。）

她参与了《孤寒财主》的巡演，不过巡演没持续多久，她在丹佛接了夏令剧目，时间安排很紧。她收到了偶像之一尤金·奥尼尔一张善意的纸条，很是高兴。尤金对她的成功表达了喜悦，还补充说："这对我来说并不意外，我知道将来有一天，你会成为我们之中最棒的。"

那段时间，帕德里夏听说一个新的工作室刚成立，给专注表演事业的职业演员们做训练中心。这个工作室叫演员工作室，由伊利亚·卡赞、罗伯特·刘易斯、谢里尔·克劳福德创办。她收到了邀请，感到很荣幸，跟她同一小组的有马龙·白兰度、西德尼·吕美特、蒙哥马利·克利夫特，还有其他年轻演员。她没得到机会向她的偶像伊利亚·卡赞学习——这让她很失望，因为她认为罗伯特·刘易斯在精神上虐待人——但开心地回忆卡赞"说话带着火。他彻底把我迷住了"。（她后来有机会跟他工作，他也很喜欢她。）不论如何，她不能再推迟闯荡好莱坞的事了。

1947年12月30日，帕德里夏收到多个影视公司的橄榄枝，她跟华纳兄弟签了约。"我想成为银幕上有史以来最伟大的女演员。"她后来回忆说。她知道母亲在诺克斯维尔很寂寞,于是找了一间公寓让母亲和弟弟住,欧瑞可以做饭、打理家务,帕德里夏则负担皮特的教育费用,她父亲去世后她一直这样做。她现在在经济方面条件优越:她的为期7年的新合约让她每周都有1250美元的基础工资(最后一年涨到了3750美元),还有特别出演和主演的费用,合同存续期间还有两次回去演剧的机会。帕德里夏跟华纳兄弟的第一个项目就是罗杰斯的剧改编的喜剧电影《约翰爱玛丽》,于1949年上映。华纳兄弟在新年前夜办了一个奢华的派对,来参加的都是电影明星。一个帅气的年轻人在派对上跟她搭讪。"我叫罗尼·里根。"他说,"我们要一起演这部剧。很高兴认识你。"(他们后来还合作了另一部电影——《浮生梦痕》,在1949年秋上映。)

《约翰爱玛丽》的剧本是一对夫妇写的,亨利·艾芙隆和菲比·艾芙隆。他们的女儿诺拉、迪莉娅、哈莉、艾米长大后都成了重要的作家。"片场的所有人都很有经验,除了我。"帕德里夏在她的自传中回忆道,"但是我太激动了,顾不上害怕。"她的迅速成名之路很惊人,但她很快就会发现,名气并不等于票房成功。《约翰爱玛丽》的影评褒贬不一,帕德里夏的表演也是一样。柏思丽·克劳瑟为《纽约时报》写了一篇严苛的影评,说"崭新的华纳女孩"还有很多要学习的,"她的表现让人难以推荐她未来再演喜剧。她的长相就更吸引人了,她的举止有些笨拙,她说幽默台词时让人痛苦"。可这部电影跟她的下一部相比,算是很成功了。她的个人生活也即将崩塌。

华纳兄弟花了5万美元签下安·兰德1943年小说《源泉》的改编权，又花了13000美元让作者写剧本，剧本还需要重写几次。选角出了几次问题、一些纠纷——克拉克·盖博和亨弗莱·鲍嘉等都接触过霍华德·洛克这个角色，芭芭拉·斯坦威克、吉恩·蒂尔尼、劳伦·巴考尔等都考虑过多米尼克·弗兰肯这个角色——电影公司雇了加里·库珀和帕德里夏·尼尔来演主角。库珀出生于1901年，当时是好莱坞最大、最赚钱的明星之一，他因为克制的表演风格而受观众喜爱，在行业里人气很高，还有"为人礼貌、迷人、谦虚"的名声。他还比帕德里夏大25岁，已婚，出了名的爱出轨。（他出轨多次，在1942年拍《战地钟声》的时候跟英格丽·褒曼发展了一段恋情。）他和帕德里夏一见钟情，但是在拍摄结束前并没有对双向的吸引付出行动。

华纳兄弟对《源泉》这部电影有很高的票房期待，公司高层很关注帕德里夏的职业生涯。她后来承认，电影片场的亲密和高强度总能让所有参与的人认为自己在创造伟大的艺术。"可我们并不知道，我们正像旅鼠一样冲下悬崖，跳进澎湃的大海。"她回忆说。1949年电影上映，令人失望的《约翰爱玛丽》刚刚上映6个月，《源泉》票房大失利，被评论家贬得一文不值。（"《源泉》是一部你不看都知道它不可信的电影。"《纽约时报》警告。）无所谓，她跟加里·库珀的婚外情才刚刚开始——即使柯克·道格拉斯才是华纳为她安排的"公开"男友——她的电影《浮生梦痕》在英格兰拍摄，1949年秋天在英国上映时很成功。观众全体起立鼓掌，电影那年冬天在洛杉矶和纽约上映，也收获了很多赞誉。第二年，帕德里夏有三部电影上映，这时候她感到跟加里·库珀的双重生活开始变得如"地狱一般"。她还是深陷爱情，为他不肯离开妻子维罗妮卡而沮丧,维罗妮卡昵称"罗姬",曾经是纽约市名媛。帕德里夏告诉自己,只是时间问题。可罗姬质问丈夫外遇的事,嘲讽帕德里夏是他的"南方母牛",把加里的所作所为告诉了他们年幼的女儿玛利亚。(玛利亚后来跟帕德里夏见面的时候朝她吐了口水。)他承认他爱上了帕德里夏,外遇就这样持续下去了。他们之间有一个高光时刻,库珀带帕德里夏坐包机去古巴,见他的好朋友厄内斯特·海明威和他的妻子玛丽。(帕德里夏演过海明威的小说改编的一部电影,不过评价不太好。)对帕德里夏来说,跟这位伟大作家见面很激动,可玛丽跟罗姬关系很好,不加掩饰地讨厌帕德里夏。帕德里夏问玛丽她喜不喜欢打桥牌,她鄙视地答道:"我有太多书要读,没有时间玩小游戏。"

之后不久,帕德里夏收到一封电报:"我受够你了。你最好现在停下,不然你会后悔的。"署名是"加里·库珀太太"。帕德里夏开始看心理医生。她总是在哭,毫无征兆,还渴望拥有自己的丈夫和家庭。她跟约翰·韦恩拍完《太平洋争霸战》之后陷入了抑郁:她在片场总是心情很差,跟导演吵架,表现得像个恶霸。而且帕德里夏感到疲惫、身材肿胀,戏服都不合身。去看了医生之后,她发现自己怀孕了。

她把消息告诉加里时,两人都很激动,直到他们开始意识到现实。他说他"认识一个人",为她预约了去洛杉矶市中心一栋破败建筑里的诊所。1950年10月,天气晴朗的一天,他开车送她去了小诊所,给她一个装着现金的信封,在门外的车里等着她去做人流。

"我若是允许自己思考,"她回忆说,"也许我会对加里失望,因为他不坚持跟我一起进去。"

她在自传中记录了这次给她创伤的经历：

除了必要的话，他什么也没说。我一言不发地按照医生的指示做。我记得他灌满注射器的时候针头很近。那是我这辈子见过的最长的针头。我闭上眼睛。针头扎进来本应该舒缓疼痛。我还以为我要死了。我身体上每一个毛孔都开始出汗。那是我一生中度过的最痛苦的一个小时。我只能听到刮的声音。

帕德里夏回到车上，发现加里浑身被汗水浸透，他们一起哭了一个下午。帕德里夏后来透露，之后的几十年里，她经常在深夜独自哭泣，怀念她所失去的。"如果我一生中能有一个重新选择的机会，"她写下，"我会选择生下那个孩子。"

同时，两人的外遇从公开的秘密变成了全面爆发的丑闻，媒体到处跟着帕德里夏，追问她做家庭破坏者的细节。她成了八卦小报的好用素材。公关人员教给她一些通用的应对媒体的话术："我们只是好朋友。""如果我爱他，这么大肆宣扬就太蠢了。毕竟，他可是已婚男人。"她震惊地得知加里把人流的事告诉了他的妻子，这时她意识到，他不会抛弃罗姬的。

罗姬是个天主教信徒，任何情况下她都不会考虑离婚。她很清楚丈夫过去的出轨情况，但是帕德里夏是这段婚姻遭遇到的第一个外界威胁。加里不愿或者不能忠诚于一个女人，他从没公开讨论过这次婚外情，可是这件事带来的紧张和愧疚还是让他疲惫。"库珀先生眼里出现的那种悲伤有种特别之处，他走路时慢悠悠的，很疲倦的样子，他的一些举止并不在剧本里，这提醒了中年的观察者，库珀先生已经干这一行好久了。"一个评论家这样评价他在《达拉斯》里的表演。

他肯定感觉到他跟帕德里夏的关系不会继续太久了，但是他拒绝放弃他爱的情妇，她也拒绝放他走。即便如此，帕德里夏还是承担了他出轨的后果，她被道貌岸然的公众谴责着。"没有人站出来当面指责我，"她回忆说，"更多是在派对上搞小动作。"虽然她的朋友克拉克·盖博坚定不移地支持她，也有她原本以为是真朋友的人跟她断了联系。一天晚上，她跟加里被邀请去加里·格兰特家吃晚餐，格兰特当时的妻子贝特西·德雷克伤心地给帕德里夏打电话，临时取消邀约，解释说很遗憾，她丈夫不想让他们去，因为可能会引起不好的影响。帕德里夏还失去了一个角色，那部剧是尤金·奥尼尔的，奥尼尔很喜欢她，可他的妻子坚持让他辞掉她。在电影制片人大卫·塞尔兹尼克家的一次盛大派对上，帕德里夏跟加里一起走进去，"我几乎可以闻到空气中伪善的味道，所有女人都迅速挪开目光。她们中大部分人都在跟情人睡觉，跟已婚男人在一起，可我似乎让她们的愧疚全都隐身了"。

华纳兄弟的合同到期了，帕德里夏没有得到续约的机会。她虽赢得了影评的赞美，但影视公司为将她打造成高价明星的投入没有得到票房回报。她被这个结果感到刺痛，毕竟开头充满了希望，可是跟华纳的关系破裂后，她的经纪人帮她签下了跟20世纪福克斯的合同，包含三部电影。1951年5月18日，帕德里夏在拍摄跟新公司的第一部电影《地球停转之日》，这是她杀青的前一天，库珀夫妇公开宣布分居。"加里·库珀夫妇分居：帕德里夏·尼尔会是下一个吗？"这样的新闻标题出现在八卦专栏里。罗姬留在布伦特伍德的家庭居所，加里则搬进了贝尔艾尔酒店。到了秋天，他需要应对健康问题（包括因为溃疡而住院），因婚姻崩解而抑郁，因对不起女儿而焦虑、愧疚，还有停滞不前的事业。（他签下《正午》这部电影后，得知自己是导演的第四选择，前三个分别是马龙·白兰度、查尔登·海斯顿、约翰·韦恩，他们都拒绝了这个角色。）帕德里夏在一通痛苦的电话中结束了跟加里的关系，可她还是期望着他能给她打电话，求她回去。她觉得自己离开他活不下去。

八卦专栏记者希达·霍珀成功约到了跟帕德里夏的独家专访，问她是否有可能跟库珀重聚。

帕德里夏承认她"还是很爱他"，说："我还有大好的人生，我想跟一个有趣、没有牵连的人共度，一个能跟我共建美好恋情的人——我希望那段感情是永久的。库珀很好。我从来没认识过像他那样的人。可他也是个非常复杂的人，你很清楚……我向你保证，这件事结束了，永远结束了。"她被问到她爱过几个人，帕德里夏答道："只有一个。"这个数字直到她去世时都保持不变。

1951年，帕德里夏在墨西哥阿卡普尔科参加新闻发布会时，她没有过脑子，就去给加里买东西——手工丝绸衬衫、毛衣、袜子，还有一套古董迷你手枪，她知道他会喜欢的——然后把东西寄到了他家。同时，他给帕德里夏寄了一件貂皮外套，里面放了一张纸条："我爱你，我的宝贝。加里。"这是他们的告别礼物。

据说加里在他们断了联系之后很心碎，但他跟罗姬和好了。这对夫妇的婚姻一直持续到他1961年因癌症去世，享年60岁。"时至今日，我每次在银幕上看到加里，"帕德里夏在自传中写道，"都会重新爱上他。仅仅是他的声音就足够重燃我的激情。"

分手后，帕德里夏哭啊哭，瘦了18斤，几乎说不出话，还遭受失眠折磨。这是全面的崩溃。"我感到我的人生好像从里到外坍塌了。"她回忆说，"我生命中对我来说有意义的东西全部都被撕碎了。"沃尔特·温彻尔、罗爱拉·帕尔森斯等八卦小报记者不停地报道着他们分手的系列事件。帕尔森斯声称帕德里夏逃去了棕榈泉，解决她的体重问题，温彻尔则写道："加里·库珀与帕特·尼尔关系的终结让她痛不欲生，她最亲近的好友透露。"在库珀死后几年的一次采访中，帕德里夏这样描述他："最美、最迷人的男人——也很聪明，虽然有些人不这么觉得。"时间可能并没有抚平伤口，但给了她一些不同的视角："我让自己陷入了团团麻烦之中，那段感情不可能成功，并没有成功，也永远不该成功。"

1952年夏天，帕德里夏已经演了14部电影。但是好莱坞和加里·库珀一起让她心碎了。没错，她的很多表演都受到赞扬。《地球停转之日》——她在其中说了一句标志性台词"Klaatu barada nikto"（外星语）——后来成为经典，成了史上最受欢迎的科幻电影之一。但电影发行时，只称得上稍微成功，她的其他电影成绩也良莠不齐。可她还是一线女演员，是银幕上一个高个子的耀眼美人。评论家布兰登·吉尔曾这样评价她又高又宽的颧骨："镜头可以在那样的脸上转一圈。"

结束跟库珀的恋情后不久，帕德里夏就跟皮特·道格拉斯开始了一段恋情，算是走出失恋的疗愈。他是一个驻英格兰美国大使的儿子，很富有。这段恋情一开始很随意，主要是因为强烈的性吸引力，可在她脑海中，它发展成了有更深可能性的感情。可是一天晚上，皮特爽约没来约会，也没打电话解释。这是最后的羞辱。她心碎了，好莱坞的事业也一塌糊涂，她决定是时候重燃她对戏剧的热爱了，这是一个总是接受她、欣赏她的朋友。1952年8月，她去亚特兰大看了姐姐和妈妈，她们现在住在那里，之后她又回到纽约重新开始生活。

她在广场酒店的一间套房住下，后来又搬去了公园大道上一间公寓，把所有的家具都从好莱坞运了过去。

她感到重新来到曼哈顿很激动，立刻意识到她的决定没错。"每次在街角转弯，我都在对纽约说：'我来了！'纽约则以一种美好的方式拉起我的手。"她得知莉莲·赫尔曼和制作人克米特·布鲁姆加登正准备在百老汇重新排海尔曼大胆的第一部剧《双姝怨》，她立刻给布鲁姆加登打了电话，要求试戏。他制作了《孤寒财主》、亚瑟·米勒的《推销员之死》，还有其他戏剧。

1934年《双姝怨》在百老汇首秀的时候被波士顿的市长弗雷德里

克·曼斯菲尔德宣判为"有伤风化",颁布了一道法令,禁止它在市里表演。可这部"丑闻的成就"在百老汇剧评和观众风评双丰收,为当时29岁的赫尔曼赢得了美国重要编剧的地位。"虽然有一些小缺点,"布鲁克斯·阿特金森在1934年12月2日的《纽约时报》中写道,"《双姝怨》是一部让人刺痛的悲剧。"这部剧的点子来自哈米特,他给赫尔曼讲了一个发生在19世纪爱丁堡的故事,一个女生指控两个老师是一对同性恋人,两个女人余生都在试图找回清白。

帕德里夏的朋友因为她愿意为赫尔曼试戏而调侃她——毕竟她已经是个明星了——可她并没有失去那份渴望和动力,总愿意证明她可以做到。她还很自信,玛莎或者凯伦这两个角色她都可以演。"五年的焦躁不安和一颗破碎的心在舞台上迸裂。"帕德里夏回忆起她试戏的场景。赫尔曼计划自己导演这部剧,她和布鲁姆加登立刻就说他们想让她演,她可以自己选择演哪一个。最后,她选了玛莎。(金·亨特得到了凯伦的角色。)

9月份,排演开始前不久,赫尔曼邀请帕德里夏去她在曼哈顿的别墅参加一次晚餐派对。一个帅气、近两米高的金发年轻人吸引了她的注意力。

"那个高个子男人是谁?"她小声问赫尔曼。

"罗尔德·达尔!"

不知是碰巧还是计划好的,帕德里夏坐在达尔身旁,他给她的第一印象很差。好莱坞明星习惯了做众人的焦点,尤其是在男人之间——还习惯了其他人嫉妒她身上的关注——她完全不知道他是谁,但认为他会整晚都试图迷倒她。她等着。可他的注意力却在他正对面的宾客身上,伦纳德·伯恩斯坦。帕德里夏试图加入他们的谈话,可是两个男人无视了她。她离开派对时愤怒极了:"我已经下定决心,我痛恨罗尔德·达尔。"

可达尔注意到了帕德里夏,问赫尔曼要了她的电话号码。

"你在家啊,真是太好了。"大概一天后,帕德里夏接了他的电话,他这样说,他邀请她第二天晚上出去。她拒绝了。

两天后,达尔又打来电话,他们约好了日期。他带她去了一家意大利餐厅,这是约翰·哈德森岳父的餐厅。帕德里夏被达尔的聪慧、自信、幽默吸引。他几乎对所有事都感兴趣:绘画、园艺、古董、象棋、葡萄酒、政治、戏剧、建筑、医药、音乐。他还是个伟大的故事讲述者。帕德里夏当时正深陷抑郁之中,但她不得不承认,罗尔德还是不讨人厌的,她喜欢他。一次约会后,他们又去了第二次,一个接一个,很快,他就开始在排演结束后来到剧院,跟她一起吃晚餐。他后来回忆起他对帕德里夏的初印象:"我认识她的时候,她很抑郁……她内敛,压抑自己,很显然整个人状态都不好。我想,她当时是计划努力工作,把这当做个人生活不幸的解药。"

这时候，帕德里夏已经很熟悉赫尔曼"直白，有时候残忍的"导演方式了，她跟亨特和剧组的其他演员不同，很幸运地可以避开大部分不愉快的经历。

1952年12月18日，《双姝怨》在皇冠剧院开演（现在是尤金·奥尼尔剧院了），在那里表演了189场，在1953年5月30日结束演出。布鲁克斯·阿特金森依然是这部剧的粉丝，在《纽约时报》写下了关于新版的评论："这依然是顶级的戏剧，18年的时光让它比最初上演时更和当下的社会相关……帕德里夏·尼尔和金·亨特扮演的两个老师被严重玷污，她们以完全不同的表演方式奉献了富有洞察力又充满活力的表演。"

这部剧上演的时候，帕德里夏和罗尔德已经几乎每晚都要见面了。她并没有陷入热恋，只是从伤痛中走了出来。罗尔德稳定而坚持。他36岁，准备好结婚了，而26岁的她也准备好了。帕德里夏心碎的伤痕还在恢复，罗尔德在恋情方面也有自己的问题，只不过没那么戏剧性。他原本在跟一个美籍匈牙利裔离异女人交往，名叫苏珊·霍瓦斯，她有一个来自前一段婚姻的孩子。

1951年秋天，他给苏珊买了200美元的百达翡丽手表不久后，他向她求婚了——但是1952年2月，他临阵逃脱了，不敢做那么大的承诺，他们的关系在那年结束。罗尔德是个将自己的感受基本都藏在心里的人，他从未透露过恋情结束的原因，只说是苏珊跟他分手的。他不是个容易打交道的人，不论是恋爱还是做朋友。1950年，他在一张手写纸

条中列出"我恨的事",写得非常细,以下是他憎恨的东西:

所有摇晃又不结实的桌子,尤其是那种能一个摞在一个上面的——六张。
说"你在想什么呢?"的女人。
摆着一本没读过的书的书架。
戴花俏戒指的男人。
戒指越大越受不了。钻石戒指是最糟糕的。
戴领结的男人,穿尖头鞋的男人,还有两种混合皮的鞋、领带夹、袜子背带。
用大拇指和食指拿香烟的男人或女人。

帕德里夏来到他生命中的时机似乎正好合适。"他知道他想要什么,他静悄悄地去争取。"帕德里夏在她的自传中回忆。

罗尔德(他名字的英文发音是"罗尔","德"是不发音的)在1916年9月13日出生于威尔士兰达夫,父母是来自挪威的富有移民,他的名字来自罗尔德·阿蒙森,在1911年到达南极的挪威探险家。

帕德里夏在肯塔基的童年相当美好,而罗尔德的早期生活则充满了悲剧。

他的母亲索菲·马格达林·赫塞尔贝格嫁给哈罗德·达尔的时候才20多岁,而他已经40多岁了。哈罗德是二婚:他的第一任妻子是一个叫莫莉的法国女人，于1907年去世，年仅29岁，哈罗德作为世界上最大的船舶货运中心卡迪夫一家船舶经纪公司的合伙人赚到了他的财富。他在中世纪小镇兰达夫买了一栋漂亮的房子，给它命名莫莉庄园。第一任妻子死后，哈罗德伤心欲绝，一心扑在生意上，在莫莉母亲瓜诺的帮助下艰难抚养两个孩子。度过了孤独的4年后，1911年夏天，他在度假时遇到了索菲，一周后就跟她求婚了。

他们结婚后，索菲成了哈罗德孩子们的继母，同时也生了自己的孩子：女儿阿思翠出生于1912年，阿芙希尔德生于1914年，儿子罗尔德生于1916年，最后是艾尔希生于1917年。（阿芙希尔德后来回忆说，罗尔德作为她母亲的唯一一个儿子，是索菲的"骄傲和喜悦"，他受到了特殊待遇。）第二年，第一次世界大战快结束的时候，一家人搬去了乡下的一栋花园别墅——泰米妮德，这是一栋维多利亚式别墅，有60万平方米的农田加小屋，可以给家里的工作人员住。哈罗德不仅是个园艺专家，还是个出色的木雕手艺人，他为新房子买了油画和古董家具。他对美丽的东西都有热情，这后来也影响了罗尔德，罗尔德长大后买卖油画、家具，还有很多其他东西，作为在写作之外的额外收入。哈罗德经常加班，总是很忙、沉默寡言。然后，悲剧来了。

1920年2月，罗尔德才3岁，他7岁的姐姐阿思翠因阑尾炎去世。罗尔德后来回忆说："阿思翠是父亲最爱的孩子，比爱其他孩子多很多。他对她的喜爱无法衡量，她的突然去世让父亲在之后的很多天里连话都说不出。"

哈罗德被悲痛击垮，患上肺炎，在4月份去世。他当时57岁。

丈夫和最大的孩子都死了，35岁的索菲当时还怀着孕，她卖掉了房子，带着家人搬回兰达夫，买了一栋不起眼的维多利亚时期红砖房，那年秋天生下了他们的女儿阿斯塔。哈罗德给她留下了超过15万英镑的遗产，放在今天就是几百万英镑，足够让孩子们去上寄宿学校，过着舒适的生活长大成人了。每年夏天，索菲都会带着孩子们去挪威一个偏远的岛上。在一年一度的度假时期，罗尔德和他的兄弟姐妹们学会了挪威语，吃新鲜的鱼和焦太妃糖，在冰蓝色的峡湾里游泳，聚精会神地听着关于矮人和女巫的故事。

哈罗德坚持让孩子们在英格兰接受教育，因为他相信英国的学校是全世界最好的。

1925年，罗尔德5岁的时候，索菲送他去了圣皮特学校。这所学校位于萨摩萨特郡的韦斯顿，后来罗尔德将这里戏称为"韦斯顿超级泥巴"。他痛恨这座小镇，也痛恨这所学校，曾经说圣皮特学校是"私立疯人院"，学校在20世纪70年代被拆除了。13岁时，他转学去了成立于1557年的德比郡莱普敦学校。那时候他母亲已经带着一家人搬去了肯特郡贝克斯利一栋八间卧室的房子，房子还附带一个网球场。在这两个学校里，罗尔德的成绩都不好，部分原因是持续不断的思乡情。圣皮特学校的期中成绩单显示，罗尔德是个不出色的学生：英文写作"非常不错"，数学"只能勉强算好"，在法语方面"渐渐有进步"。在莱普敦的期中成绩单中，这个长大后写的书在全世界卖了2.5亿册的男孩被描述为"长期捣乱鬼。词汇量可以忽略不计,句子写得结构混乱"。另一份成绩单说:"我从未见过一个男孩这样执意写跟他本意完全相反的文字。他似乎没有能力将自己的想法付诸笔端。"

在校期间,罗尔德每周给母亲寄一封信,有时候更频繁,这些信件一直持续到他成年。1957年,索菲去世的那年,罗尔德才发现母亲留下了他写的每一封信——整整20年,超过600封——小心翼翼地把它们用绿色胶带捆起来,每一封都放在原本的信封里。

虽然他理解母亲送他去寄宿学校的决定,却也非常想念她,还想念那个他几乎记不得的父亲。被困在莱普敦的日子无比阴暗,而在家的时候,罗尔德备受喜爱,经常是众人的焦点——他的兄弟姐妹们给他起了个外号"明珠",意思是他是母亲的掌上明珠。他后来回忆道,索菲"毫无疑问在我人生中具有最主要的影响。她有着水晶般透明的智慧,对太阳下几乎所有的话题都有着深深的兴趣"。

罗尔德后来承认,《好小子:童年故事》中所记录的他的学生时代"被我对幻想的天生热爱填了色",他的同学们质疑他一些故事的准确性,包括其中对学校工作人员的刻画和霸凌事件。罗尔德个子高,是个体育健将,而且聪明出名,他发明了一种捕鼠器,还配了一句广告语"抓猫所抓不到的"。但他总是乐意编造细节、延伸真相,只要能讲出更好的故事。一个曾经的莱普敦学生回忆说,学校确实是个"艰难的地方",有"严苛的规则和纪律,学生们活得像斯巴达人,是维持这一切的90%打人事件的始作俑者,这里的打人事件很多"。罗尔德后来的描述中，莱普敦比圣皮特差劲很多，因为违反纪律而挨打"更严格，更频繁，我当时从未经历过那样的事"。可他还是在这痛苦的环境中找到了让自己快乐的事：罗尔德爱上了摄影，甚至把母亲房子里的一间卧室改造成了暗房来满足他的爱好。虽然他被自己的老师认定为不合格的作家，他后来在回忆中说老师是个"热心读者，胃口无法得到满足"。他竞争欲很强，在运动方面表现出色，参与曲棍球、足球、高尔夫、板球，甚至成了壁球队队长，还在最后一学年赢得了学校的拳击比赛。他还赌博上瘾了——扑克、桥牌，还有其他牌类游戏——这成了他一辈子的爱好。最重要的是，莱普敦有一个好处是让他在这里的经历稍微少了一点折磨：英国甜食公司吉百利家（现在叫吉百利）为了做一些市场调查，允许莱普敦的学生们试吃新的巧克力产品，给它们打分。每个男孩都能得到一盒巧克力试吃，还能拿到一张清单来打分。这愉快的试吃经历奠定了罗尔德对巧克力一辈子的热爱，让他开始思考，这些绝妙的美食是怎么做出来的，也给了他写某本畅销书的灵感。

童年的罗尔德在面对权威人物时恐惧而缺乏信任。

在《好小子》中，这位作家描述了他跟圣彼得校长的第一次会面，把校长写得像个欺负弱小的人："他接近我母亲，握了她的手，然后跟我握手，同时冲我投来炫耀的咧嘴笑，像鲨鱼吞掉一条小鱼之前冲它露出的笑容。"他为了加强效果，还补充了——或者是编造——帮派一般的细节："我注意到，他的一颗门牙镶了一圈金子，他的头发梳得油光水滑，用了好多发胶，像黄油一样的闪闪发亮。"校长一离开，去迎接其他学生，罗尔德回忆道："我就开始哭。"

历史学家和评论家杰瑞米·特雷格罗恩在他1993年出版的罗尔德传记《罗尔德·达尔》中写道:"这是所有学校的命运,学校所培养的最鲜活的学生们,有一些长大后会痛恨它们。"特雷格罗恩写道,虽然罗尔德记述的趣事有夸张成分和记错的可能,可那个男孩在学校里确实很痛苦:"心理上的痛苦和身体上的疼痛一样,是不能校准的。要说罗尔德的叙述夸张,至少有一部分要归功于体验的主观主义——这是一种特别的主观主义,能造就虚构文学作家。对达尔来说,他的经历似乎足够真实,他当时的寂寞和安全感缺失也很明显。"

还有一件事十分明显:这些记忆给他造成了创伤,也深刻地影响了他的作品。这些元素很难跟他在个人生活中所表现出来的虐待狂行为分开来。暴力、仇恨行为和纯粹的恶毒在这位作者的童书中十分常见,包括《玛蒂尔达》《女巫》《蠢特夫妇》《詹姆斯与大仙桃》等——在他的成人虚构文学中也很常见,邪恶的行为经常伴随着粗鲁而令人不适的厌女。即使罗尔德认为自己在学校里是个备受折磨的受害者,他的莱普敦同学们却记得他是个恶霸。罗尔德在《好小子》中真诚地记录了他住校生活的一些毁灭性影响:

你现在一定很好奇我为什么要在前面几页如此强调学校打人事件吧?答案是,我忍不住。我上学期间一直为此恐惧,我不理解为什么老师和高年级的男生可以如此伤害其他男孩,有时候伤得还很严重。我无法跨越这道坎。

我到现在也从未放下。当然了,如果说当时所有的老师都在把学生往死里打,那也是不公平的,并不是那样。只有几个老师那么做，但这足够给我留下长久的阴影了。

这些事也在我的身上留下了实在的痕迹。时至今日，每当我在硬长椅或者椅子上坐久了，都会感觉心跳在和着大概55年前打在我屁股上的教鞭那节奏。

1934年，罗尔德从莱普敦毕业，他母亲希望他能去上牛津或者剑桥，但是因为他差劲的成绩，那是不可能的。他没有上任何大学，他认为上大学是在浪费时间。罗尔德选择了旅行和冒险，决定在壳牌石油公司工作，一年薪水140英镑。他希望能在非洲或者亚洲工作，一开始入职了伦敦办公室，在自己的办公桌上摆了一个"正在入洞的高尔夫球"，这是他用每天午餐后吃的一块巧克力的包装纸做成的。4年后，22岁的罗尔德终于如愿以偿被派驻海外，工作地点是达累斯萨拉姆。几十年后，罗尔德回忆起那段时光，表示因为英国对非洲的帝国统治感到羞愧。"我在那儿的舒适完全是因为我们有大量的仆人，那样不对。"他在一次广播采访中说，"当然了，那当然不对"。1939年，英国皇家空军来招兵打仗，罗尔德急切地报了名。他相信这段经历会激动人心，就算没有别的收获，他也很想免费学习如何开飞机、打枪——但他身高近两米，这个潇洒的新兵进驾驶室得蜷缩起来。

他记录了二战期间在英国皇家空军服役的经历——这段经历确实激动人心、危险得超乎想象——写下了充满悬念、高娱乐性、幽默，而且深刻得惊人的回忆录《独闯天下》。在执行第一次任务中，他被迫在利比亚的沙漠中迫降，这次事件让他头骨开裂、髋骨粉碎性骨折、脊柱受伤，这些伤痛将折磨他的余生。这本书的最后一个场景是描述他喜悦地与母亲重逢，母亲为了躲避战争中的炸弹从贝克斯利逃到了白金汉郡一个16世纪的茅草屋里，位于伦敦西北80千米。

大巴还有近百米远的时候，我就看到了母亲。她耐心地站在小屋的大门外等着大巴开过来，我说不准，她可能提前一两小时就站在了那里，看着之前经过的大巴开过。但是一个小时、三个小时又算得了什么呢？毕竟已经等了三年了。

我示意大巴司机停车，他帮我停在了小屋门口，我冲下台阶，直接冲进母亲等待的怀抱。

罗尔德没在家待太久。1942年1月，他被分配到英国驻华盛顿特区大使馆做助理空军参谋——他的同事包括大使馆的信息管理员以赛亚·伯林（未来的爵士），还跟大卫·奥格威成了朋友，他是未来的广告大亨；还有伊恩·弗莱明，他后来写出了著名的《詹姆斯·邦德》系列小说。这时候，罗尔德还从未想过要成为一个作家，他也没有任何想做的职业。但是，一次偶然的相遇加上一些运气，让他的文学生涯有了不同寻常的起步。

罗尔德在华盛顿特区工作的时候，英国小说家C.S.福里斯特被《星期六邮报》雇佣，写下罗尔德作为年轻飞行员的战争冒险故事，写他如何经历敌人的炮火，在利比亚的沙漠中迫降，从燃烧的飞机残骸中死里逃生，以及严重受伤后如何退役。与作家见面这件事让罗尔德很激动，尤其因为他读过福里斯特的书。他们在法国餐厅吃着饭，小说家让罗尔德给他讲述他作为战斗机飞行员时最可怕、最激动、最危险的事，他自己开始记笔记。但是罗尔德开始讲故事后,他意识到,还是他自己傍晚时写一些笔记,交给福里斯特改写比较容易,这样他可以随便改写,也不用赶时间。那天晚上,他坐下来用铅笔和纸写下事实,手边放着一杯白兰地。"人生中第一次,"他回忆说,"我完全沉浸在我所做的事中。"几周后,他得到了福里斯特的答复:

亲爱的罗尔德,

我是让你给我一些笔记,不是让你发来写完的故事。你的故事写得妙极了。这是有天赋的作家才能写出的。我一个字也没动。我署了你的名字,发给了我的经纪人哈罗德·梅森,请他提交给《星期六邮报》,并附上我的个人推荐。

《星期六邮报》收了这个故事,给罗尔德付了一笔丰厚的稿费,鼓励他多给他们投稿。"我希望你以后继续投稿。"福里斯特写道,"你以前知道自己是个作家吗?"

在华盛顿特区,这位年轻单身汉在社交方面也如鱼得水。他来这座城市是为了代表英国的利益,做协约国空军代表的中间人,他的身边从来不缺女人。珍妮特·柯南特在《不同寻常:罗尔德·达尔和战时华盛顿的英国间谍系统》中记录了他的冒险——为英国高官收集情报,其中包括温斯顿·丘吉尔,借此来影响美国的政策,为英国服务。同时他还与美丽的乔治城名媛谈情说爱。跟他有过情史的人包括克莱尔·布斯·鲁斯,她是时代生活公司的所有人亨利·鲁斯的妻子。"我精疲力竭了。"罗尔德对一个朋友炫耀道,他后来又勾引了一个石油大亨的女继承人，她同时还跟伊恩·弗莱明有婚外情。他爱去派对，认识了报业大亨查尔斯·马什，把他当做敬仰的父辈和资助人，查尔斯比他大几十岁。罗尔德还被邀请去白宫，在那儿认识了战地记者玛莎·盖尔虹（她认为罗尔德"非常、非常迷人，有一点疯"）和她丈夫厄内斯特·海明威。

他跟哈利·杜鲁门参议员打扑克，被介绍给了莉莲·赫尔曼。

1943年，罗尔德遇到另一件开心的事，也跟他的写作有关。沃尔特·迪士尼邀请罗尔德去好莱坞，他想把罗尔德发表在《大都会》杂志里的故事《小顽皮》改编成长动画电影。这个项目没能完成，但26岁的罗尔德被安排进了比弗利山庄酒店的豪华套间住，还派给他一辆车，让他能每天开车去迪士尼工作室。他算是得了个安慰奖，他的故事被改编成了图画书，在美国由兰登书屋出版。这本书成了埃莉诺·罗斯福的最爱，她读给她的孙辈们听，她邀请罗尔德去白宫吃晚餐，又在周末去了总统家的乡下住所参观。文学经纪人安·瓦特金斯签下了罗尔德。他在《大西洋月刊》《哈珀》《女士家庭杂志》等刊物上发表故事。（瓦特金斯还代理埃兹拉·庞德、卡森·麦卡勒斯、弗朗西丝·霍奇森·伯内特、厄内斯特·海明威等著名作家。）到了1945年，罗尔德辞去了英国大使馆的工作，开始为英国安全协调处（BSC）做战争情报工作，他对自己的未来有着明确的愿景。他并不想继续求学，也不想为壳牌石油公司工作，甚至不想做任何体面的办公室工作。临近29岁生日时，他知道自己想以写作为生。

1946年，克诺夫出版社拒绝了《献给你：十个关于飞行者和飞行的故事》，这本书由瑞纳尔与希奇克出版社出版，哈密什·哈密尔顿出版社买下了英国版权。两年后，罗尔德完成了他的第一部小说——《天下太平：超人童话故事》（在英国由柯林斯出版社出版，题为《天下太平》），美国版由斯克里布纳出版社出版。但是签下这本书的编辑——伟大的麦克斯威尔·柏金斯——拿到书稿之后数日便死于肺炎。罗尔德十分绝望。他本希望发现菲茨杰拉德和海明威的人也能出版他的作品。斯克里布纳出版社还是出版了这本书，这本书描写了核弹大屠杀之后人类所受到的影响。书卖得不好。罗尔德在一封信中向安·瓦特金斯承认，他"为写作职业生涯感到抑郁"。

罗尔德的朋友查尔斯·马什帮了他，带他做些生意，甚至还给他设立了一笔小额信托基金。

两人之间的帮助是互相的。马什开始依靠罗尔德出色的直觉建立起他的英国古董收藏。罗尔德在艺术方面的品位和知识无懈可击，他信任这个年轻人，让他替自己买油画——包括维亚尔、乔治·鲁奥等著名画家的作品。马什称自己是罗尔德的"老爹"，罗尔德曾说马什是他最好的朋友，马什在1964年去世，享年77岁。

虽然新出版的作品给他带来失望，罗尔德的职业生涯还远远没有被毁掉。1949年5月，他在英国，被拒绝过很多次之后，他终于给《纽约客》投稿成功。罗尔德跟编辑哈罗德·罗斯合不来，因为编辑建议的删减和改写起了冲突，最终是罗斯妥协了。罗尔德在《科利尔杂志》上发表了几个故事，又在1951年8月给《纽约客》投稿成功，他感到自己脱离了英国的文学界，也不知道自己在其中的位置。他的第二部小说找不到英国出版社，这让他很受伤，开始考虑搬去纽约住。马什给罗尔德提供了一份工作，在曼哈顿为他的非营利基金会工作，还帮他办好了签证，邀请罗尔德去他位于东92街的别墅住，不收房租。1952年，罗尔德遇见帕德里夏·尼尔的那个夜晚就住在这里。

两个人继续相处，各自在工作上也都很顺利。帕德里夏沉浸在《双姝怨》中，还期待着百老汇外的《稻草人》和《丑闻学校》；罗尔德则引起了阿弗雷德·克诺夫的注意，他读了罗尔德在《纽约客》上发表的故事，跟他签了一本短篇集《像你一样的人》，这本书在1953年秋天出版，收获好评。帕德里夏已经拒绝了罗尔德一次随意的求婚，可即使罗尔德赚的钱不多，她对他的感觉也并不是爱，"复杂的罗尔德·达尔"还是渐渐走进了她的心里。"他的智慧和可靠让他十分迷人。"帕德里夏回忆说，"他不是那种会放我鸽子的人。他有魅力十足、优雅的一面，让我很着迷。他在判断方面十分笃定，这在吸引人的同时，有时候也会让人觉得害怕。有一个强大的人在我身边，能给我一种自由的感觉。虽然我并不爱他，却深深仰慕他，在我人生的那个阶段，仰慕比爱更重要。"1953年6月16日，洛拉·帕森斯在她的八卦专栏中报道，帕德里夏·尼尔最近是个"非常幸福的女孩"，罗尔德·达尔长期陪伴在她的左右。"帕特去哪儿他都陪着。"帕森斯写道，"她又一次像刚来好莱坞时那样容光焕发。"帕德里夏和罗尔德在不到一个月后就结婚了。

1953年5月23日，罗尔德写信告诉母亲婚礼即将举行："她坚持要在教堂举办,所以如果我能找到小一点、远一些的教堂,让记者找不到,我也愿意……查尔斯坚持要送给我一个巨大的黄色蓝宝石戒指,大概二十克拉,他这么做真是可敬。"(这对情侣计划去意大利和法国度蜜月。)三天后,他给帕德里夏的母亲写了信:

亲爱的尼尔太太,

我知道帕特告诉您了,她和我现在想结婚,时间大概在6月底,在我们去欧洲之前,但我想亲自写信告诉您,让您知道我们两个感到很开心,我为自己能娶到这样一个好女孩感到幸运无比。妻子比我挣钱多,会有一点奇怪,但这不是问题,我很自信,不论她赚不赚钱,我都能靠自己的工作来养她。我们从欧洲回来后,她就要跟着剧组巡演了(《双姝怨》的巡演版),我会开始找一间稍微便宜一些,但也大一些的公寓,希望等我们终于安顿好时,您能经常来拜访。

他再次提到了希望能躲开媒体的摄影师,补充说:"也许到时候,我们可以稍微秘密一些,溜去一个安静的地方,最多只带四五个朋友。"他在信的结尾写道:"我的姐妹们(一共四个)和我的哥哥都早就成家了,过得很幸福,我希望我的婚姻也能像他们的一样成功。帕德里夏似乎很幸福,也很激动,我当然也是。"

她并不幸福,也不激动,而且她知道自己的未婚夫"不是人见人爱的"。但是帕德里夏还是准备好了踏入婚姻,她很爱孩子,罗尔德也一样。她回忆说,阴郁的达希尔·哈米特(后来成了她的好朋友)"是第一个说这话的人,他成了我们婚姻的第一个值得注意的末日预言家,后面还有一连串人"。

"别跟他结婚，帕特，他太可怕了，"哈米特警告她，"我不理解你为什么要这么做。"一天晚上，伦纳德·伯恩斯坦在赫尔曼家把她拉到一边，在她耳边小声说："我真心觉得你在犯你人生中最大的错误。"他注意到罗尔德总是很粗鲁、爱吵架，而且很高傲——也许这是条件反射性反击，因为他没上过大学。在餐桌上，他是跟人攀比和鄙视人的大师，再加上他那恶毒的厌女思想做武器，他十分享受讲不合时宜的故事，看女客人震惊的样子。即使在他们刚开始交往的时候，帕德里夏就知道她未来的丈夫"似乎感觉他有权作恶，没有人敢反驳他。确实很少有人那么做"。

他贬低过后来成为他的经纪人和朋友的哈利·奥尔金，抱怨说奥尔金"大嘴巴，还是犹太人"。

后来的几十年里，罗尔德对犹太人的歧视变本加厉。1979年的一天晚上，罗尔德在伦敦的柯曾俱乐部喝醉了大闹一场，大声抱怨俱乐部里的犹太人太多了，还侮辱了餐厅的食物。他被驱逐出去，会员身份被剥夺。

罗尔德嫉妒帕德里夏和她的好友们的成功，最嫉妒的就是那个让她余生都心痛的男人——加里·库珀。"他每次在报纸上看到加里，都会问我对他的感觉，"她回忆说，"我承认我曾经深爱过加里，但是赶忙补充，我们的关系本就不可能持续下去。"这两件事都是真的，但是，虽然帕德里夏安顿下来后,过"正常的"生活,可这并不是她想要的。"他身上有一点让我痛恨的东西。"一天,罗尔德在一次晚餐时行为恶劣,帕德里夏这样跟她的朋友说。可她发誓,要对罗尔德忠诚,告诉自己无论如何,都不会离婚。爱是无关紧要的,她的承诺是全身心的。

她把她在百老汇演的剧当做安慰,这些剧让她有机会展示自己作为角色演员的毅力,还得以跟埃里·瓦拉赫、安妮·杰克逊重聚,这些是她在演员工作室认识的朋友。她很佩服一个拿到跳舞小角色的年轻演员,他很好看,也有才华:"我很肯定,詹姆斯·迪恩有大好的前途。"

1953年7月2日,帕德里夏和罗尔德在曼哈顿的三一教堂结婚了。她27岁,他9月就37岁了。那晚,她跟丈夫回家后,哭到了深夜。第二天,《纽约时报》发表了两行告示,公布他们的婚讯,新闻标题肯定让罗尔德怒火中烧:帕德里夏·尼尔与作家完婚。

新婚之夜,罗尔德告诉帕德里夏他爱她。他们30年的婚姻中,他跟她说过三次"我爱你",这是第一次。蜜月旅行时,帕德里夏得知罗尔德受不了她裸体的样子,她在他们的酒店房间里照镜子时,罗尔德命令她穿上衣服。(加里·库珀一直很爱她裸体的样子。)即使婚姻一开始就不顺利,帕德里夏还是相信罗尔德是她所有问题的答案。他后来还会造成更多问题。

1953年秋天回到纽约后,这对新婚夫妇住进了中央公园附近一间租来的公寓,计划把小次卧给罗尔德当做写作工作室。他坚持让帕德里夏卖掉她的两幅画,"因为我们需要那笔钱"。帕德里夏赚得比丈夫多,但是对罗尔德来说,不论多少钱,似乎都不够用。"我们刚结婚的时候用的都是我的钱。"几十年后,她酸涩地说,"罗尔德当时根本没有收入。"但她怀疑他控制欲强的行为主要不是因为钱,而是想让她过去(和过去恋情)的证据全部消失。这可能也解释了他为什么要求她卖掉加里送给她做礼物的一对钻石耳环——但是这件事是不容商榷的。帕德里夏不想冒险去惹丈夫生气,她说她会考虑的,罗尔德没有再提起。但是几周后,帕德里夏在报纸上看到加里一脸微笑地跟妻子在一起的照片,于是大步前往海瑞温斯顿,卖掉了那对耳环。她得知那只是加里同时买的三对耳环中的一对,大笑起来,知道自己做了正确的决定。

在《双姝怨》巡演的芝加哥站,一个名叫迈克的年轻新入行演员去了丈夫的酒店套房,有所求。他曾经见过一次她丈夫,害羞地问帕德里夏是否愿意为他的剧团录一个罗尔德的故事。她觉得这个年轻人没有才华,礼貌地试图劝退他。7年后,她在《奇迹缔造者》中扮演海伦的母亲,正在排演——安妮·班克罗夫特扮演海伦的老师安妮·莎莉文,帕蒂·杜克扮演海伦·凯勒——那个男人来后台跟她打招呼。"我就是那个被你劝不要入行的家伙。"迈克·尼科尔斯说,他是跟伊莲·梅一起去的。

帕德里夏还在跟着《双姝怨》剧组巡演,她几乎每天都给丈夫打电话,她知道丈夫爱羊绒,于是休息时间都在自己的更衣室里给他织围巾。她回家后,他们的婚姻又遇到了一道坎,但是她把这件事抛诸脑后了。这本该是一次警钟的。罗尔德提到,她不在的时候,他跟葛洛莉娅·范德比尔特交了朋友。那是什么意思呢？他们在一次派对上相识，这位名媛被他吸引，他说，他声称他立刻告诉她自己已婚，浇灭了她的想法。至于他为什么在妻子不在的时候跟葛洛莉娅相处，他并没有解释。这事说不通，因为才结婚三个月，她选择信任丈夫，或者说，她下定决心要信任丈夫。多年后，范德比尔特声称她跟罗尔德之间没有发生任何肉体关系（即使她宣称他试图把她拉上床）——但是她给帕德里夏分享了一些罗尔德写给她的情书，里面详细描绘了他对两人关系的幻想。

帕德里夏和罗尔德一起度过的第一个圣诞节进一步揭露了他们的不合适，那之后的很多年里，这种不合适会越来越严重。

夏天，他们在蜜月快结束的时候去看了罗尔德的家人，他们同意圣诞节应该跟尼尔一家在亚特兰大过。帕德里夏在英国的时候被达尔一家的亲密关系感动了，罗尔德在孩子们面前很有吸引力、很有爱，他母亲宠溺他——可没人拥抱、亲吻帕德里夏，让她感到宾至如归，索菲对她挑挑剔剔、态度严肃。新婚的她感到像个局外人。"我们所有人第一次一起坐下吃饭的时候，"她回忆说，"九双眼睛齐刷刷看着我。"

帕德里夏可能猜到了罗尔德去她家的事不会太顺利，他的表现超乎她的想象。她喜欢他的家人，即使他们并没有温暖接待她，可罗尔德丝毫没有掩饰他对她家人的蔑视。他认为他们是小地方思维，太无聊，他大部分时间都在卧室里看书，只在吃饭时间出现（他抓住这个机会来侮辱欧瑞的南方菜谱）。"我家人并不像罗尔德想象的那样富裕、有文化。"

"母亲和(玛格丽特)觉得他是世界上最粗鲁的人。"

圣诞节之后,一天晚上睡觉时,罗尔德转向妻子,毫无预兆地说他想离婚。

他的表现好像很无所谓,像是在要一杯茶。他们当时才结婚8个月。"但现在别担心,"他补充说,"先睡觉吧。"他翻了个身,开始打呼噜。焦急的帕德里夏离开了公寓,在街上游荡了一整夜,想弄明白她的婚姻怎么突然崩塌了,下一步该怎么办。"我一点都没想到在深夜的城市街道上会遇到危险。"她回忆说,"我为什么这么绝望呢?那段婚姻本来就没有爱,不是吗?"她跟罗尔德结婚是为了纾解失去加里的绝望,拥有她渴望的孩子。

可她确实觉得丈夫很优秀,确实觉得她需要他。她走到了黎明,决心要为她的婚姻斗争,让它走下去。罗尔德说他的决定不是最终决定,早晨的他举止也更温和了,建议妻子跟查尔斯·马什谈一谈。罗尔德几乎总是把情绪憋在心里,但他经常向自己的代理父亲吐露心声。除了婚姻中的其他问题,他还在给马什的信中提到了两人不协调的问题:

不论我从哪个角度看,不论我有多努力地改变自己的想法,我还是会得到同样的结论——我不相信我们可能完全平静地生活在一起。她依然是我认识的最善良的女孩,有两个很好的品质——勇气和诚实。但这并不意味着我们在一起感到舒适、感到完整。很不幸,晚上我们独处的时候,我感到自己极度不适,因为我不停地在想她到底做什么事来消遣。我读书。

她不读。我们会说一会儿话——说剧院的人、舞台,但除此之外就没了。我知道她渴望自己那群剧院朋友的陪伴,而我(即使我很努力地尝试了)受不了他们。

帕德里夏对自己婚姻的看法则乐观一些,但私下里,她也承认有些事是真的:她是家里挣钱的那个;她的名气削弱了他大男子的地位;她不是个好的家庭主妇;她丈夫渴望崇拜;他们并不相爱;性生活很好。

夫妻二人短暂分居,马什给帕德里夏提供了一些简单的建议。"你可以赚钱养家,"他告诉她,"但是必须让罗尔德来管钱。钱放在一个账户里,让他来签支票,我跟你保证,你的婚姻会没事的。"他还说:"必须所有的饭都由你来做,所有的碗都由你来洗,家里的家务全包。你不能躺在床上。你必须努力干活。"简单来说,她在家务方面的失败不能再继续下去了。欧瑞·尼尔给女儿提供了类似的建议:"记住,帕西,做饭和做家务不是降低身份的事,而是一个好妻子的特权,不论她在外有工作与否。"对罗尔德来说,模范的理想妻子是他的母亲,她以严格的纪律管理家,将自己全部贡献给孩子们。他在给马什的一封信中说,哈罗德活着的时候,索菲做了一个好的家庭主妇该做的一切:"管理家庭,保证家里是干净的,还在某种程度上为他服务。"他理解他的妻子:"自然有些自我沉醉,因为她是个成功的好演员,但我不相信自我沉醉的人能做一个好妻子,除非你非常非常聪明。"部分问题在于,他写作的时候,妻子似乎觉得他什么也没在做。于是她躺在床上,打电话,而他被逼去做咖啡,"用罐头汤给自己做午餐"。这对他来说都是绝对错误的。

帕德里夏决心改善他们的关系。她开了双人银行账户，这似乎是个智慧的决定，立刻有了成效："罗尔德感到他成了这个家里做主的，这就是最重要的。"他不再像之前那样一连数日对她冷暴力，他对她的朋友也没那么粗鲁了。他听说他的恐怖故事集《像你一样的人》被克诺夫出版社出版后卖得很好，精神头好多了：首印5000本，一周内售罄。1954年4月，这本书已经加印4次，入选每月一书读书俱乐部。

"如果你想买点好书，就买《像你一样的人》，我记得是叫这个名字，作者是罗尔德·达尔。"P.G.沃德豪斯在5月21日给朋友丹尼斯·乔治·麦基的信中写道，丹尼斯是画家爱德华·伯恩·琼斯的孙子。"我觉得他是个未来之星。一两周前，《纽约客》发了一篇他的故事，超级好，我都震惊到需要返回去看封面，不敢相信我读的是《纽约客》。我一直以为《纽约客》故事没有任何意义呢。"

罗尔德靠他的智慧和幽默在书的巡回宣传中迷住了他遇见的记者们，赢得了美国推理作家协会颁发的爱伦坡奖。他继续嫉妒妻子的成功，无法忍受她是夫妻二人中更出名的一个。是她在电视、剧场、电影的收入让他得以继续按自己的节奏写虚构文学，不需要做一份"体面"的工作——而他为此痛恨她。更糟糕的是，他还要面对接连不断的屈辱，看到自己的名字被媒体印错：罗杰、罗纳尔德、罗尔，甚至被印成果福尔德。最让他受不了的是根本不提他名字的那些媒体，只说他是"帕德里夏·尼尔的丈夫"。

1954年夏天，夫妻二人决定在英格兰买房，他们想开始每年夏天都去那里度假。他家人找到了一栋乔治亚风格的旧农场房，有配套的两万平方米地，叫小怀特菲尔德（后来被起名吉卜赛房，按照原房契）。那栋房子没有通电，没有集中供暖，拍卖价4500英镑。索菲付了一半的钱，帕德里夏用自己的存款付了剩余的。这期间，帕德里夏最想要的就是做母亲，她继续扮演顺从的妻子角色——收拾公寓，为丈夫做早餐，做电视工作，拍了两部电影，因为罗尔德坚持说他们需要钱，她还怀孕了。

同时，罗尔德写下了他的第一部剧——《蜂蜜》，获得了在几个城市试演的机会（纽黑文、费城、波士顿），这部剧由休姆·克罗宁和洁西卡·坦迪主演。这次经历对罗尔德来说并不愉快，但帕德里夏一如既往地支持他。"虽然我总是读他的故事，给他提供我的想法，他也一直会读我收到的剧本，帮我评估，"她回忆说，"但这是他第一次跨界，进入我的领域——戏剧，他当时过得很糟糕。"一个导演被开除了，罗尔德总是在跟克罗宁吵架，剧组请了新编剧来修改剧本。然后，他们迎来了一件快乐的事。

奥利维亚·二十·达尔于1955年4月20日在曼哈顿出生。

罗尔德从波士顿飞回医院，《蜂蜜》当时在波士顿准备演出。他和帕德里夏给女儿起名"奥利维亚"，因为帕德里夏在西北大学上学的时候在《第十二夜》里演了这个角色。奥利维亚名字里还有"二十"，因为这是孩子出生的日期——也是罗尔德在他的剧试演期间每天获得的花销费用。奥利维亚出生8天后，《蜂蜜》在百老汇上演，但是很失败，演了36场就结束了。罗尔德为此闷闷不乐,帕德里夏却已经重新开始工作:她当时才离开医院几天,她被邀请加入一部百老汇剧——《满屋玫瑰》,计划下一季上演。这部剧虽然剧评很好,但票房不出色。帕德里夏还是很为复工而激动,她精疲力竭,但是很开心。她还跟演员工作室的同行们重新取得联系,现在的演员工作室由李·斯特拉斯伯格领导,又开始活动了。她回忆说,有一次活动的时候,她坐在一个年轻演员的旁边,他的眼睛是她见过最蓝的,那是保罗·纽曼。继续工作对她来说收获很大,但是帕德里夏更自豪的是,她成了丈夫想要的妻子。"我早起,给6个月大的宝宝洗澡、喂奶,带她去公园里散步,然后购物。"她回忆说,"我给丈夫做早饭和午饭,跟保姆商量事,收拾公寓,准备晚餐,洗碗,然后8点半在剧场开演前到达。我保证自己总有足够的时间带着感激讨论丈夫的作品。"

几个月后,一家人搬到了更大的公寓,新公寓在东81街和麦迪逊大道交叉口,帕德里夏回到了百老汇,加入伊利亚·卡赞导演的《热铁皮屋顶上的猫》,他还邀请她主演他的下一部电影《登龙一梦》,其他主演包括安迪·格里菲斯、沃尔特·马修、丽·莱米克。"我希望我可以给她喂点魔法药片,除掉她身上那种女演员似乎都有的烈性野心和动力。"罗尔德在一封信中抱怨道。

在忙碌的工作中,帕德里夏又一次怀孕了,她和罗尔德带着奥利维亚回到英格兰,准备在那儿生下孩子。1957年4月11日,奥利维亚快过2岁生日的时候,尚塔尔·索菲亚·达尔在牛津出生。罗尔德意识到女儿的名字和姓押韵(以后会被人取笑),给她改名为泰莎。一家人在白金汉郡大米森顿安定下来，成了"乡下人"，这是帕德里夏说的。他们去伦敦看剧，偶尔会见到帕德里夏的好莱坞朋友来访，比如贝蒂·戴维斯，但是生活主要围绕着罗尔德的家人，在家里待着。

罗尔德在他们的地上建了一个小屋，用来做他的工作室，修复古董镜子。他还从一个姐妹那里回收了一辆旧拖车，改造成了给孩子们的幼乐房。他是个宠溺的父亲，喜欢园艺（种了200种不同品种的玫瑰），享受给家里添置漂亮的家具和油画。他在苹果树和梨树园里建了一个棚屋用来写作，每天从早上10点工作到中午，下午从4点工作到6点。"每天4个小时，"他曾经说过，"这是创意的极限了。"他总是用削得整齐而尖利的狄克松·提康德罗加铅笔在黄色横线纸上写作。在1970年的一次广播采访中，他谈到小棚屋是他逃离家庭生活的必要避难所。"你会变成另一个人，"他说，"你不再是一个普通人，走来走去，看孩子、吃饭、做些愚蠢的事。你会进入一个全新的世界。我个人喜欢在房间里把所有窗帘都拉上，那样我就不会看窗外……时间完全消失了。"他继续说，最好的艺术家是"普通人，但他们脑子里有一个秘密舱，能在他们安静独处、开始工作的时候打开"。

他的小棚屋里有一张茶几，他在上面摆着（还在继续加工）多年前他在壳牌工作的时候开始做的那个巧克力包装纸金属球，还有一个罐子，里面装着他的脊柱当年做手术时从下背部取出来的那一块。冬天里，外面温度太低，罗尔德为了取暖，用一条线将电暖器固定在天花板上，这样做很危险。但是不论天气如何，他都按照习惯工作，坐在他的扶手椅上，把他自己做的肤感布板子放在大腿上写作。他的烟灰缸里总是装满了烟蒂，小棚屋的墙最终都被烟染成了深褐色。他现在40岁出头，跟弗吉尼亚·伍尔夫很像，帕德里夏回忆说："我总觉得弗吉尼亚就是罗尔德·达尔的变装皇后扮相。"他穿着通常的那套装扮，条纹衬衫、羊绒衫、灰色长裤，看起来很邋遢，帕德里夏却觉得这是"研究过的"打扮，因为这些衬衫是在苏格兰定做的，毛衣也是上好的羊绒。

帕德里夏不得不资助他在衣着方面的爱好，还有其他各方面。很幸运，她有稳定的工作来源。她的下一份工作是BBC制作的《皇室家族》，让她得以在职业上立足英格兰。1958年9月，她首次登上西区舞台，非常激动。她在田纳西·威廉姆斯的剧《夏日惊魂》中扮演凯瑟琳·霍莉，反响很好。她后来描述说，那是她一生中最激动人心的一次演出经历。剧评家肯尼斯·泰南称赞她的表演"令人肝肠寸断"，在他的《观察家报》杂志剧评中专门评价她："我必须在这里停顿一下，向帕德里夏·尼尔致敬，她是个伟大的美国方法派女演员。她深褐色的声音极具穿透力，还有丰富的层次，她仿佛一个大提琴大师，用这个声音演奏，这让她将华彩段从前后文中提取出来，造就一段来自记忆深处出来的哀婉哭喊。"她得知这部剧的电影版把这个角色给了伊丽莎白·泰勒之后伤心欲绝。

但是她开始得到一些高质量的美国电视角色，也有BBC的工作，收入提升让她松了一口气。

她后来回忆说："罗尔德的写作那时候还不怎么赚钱。"接下来的两年里，他几次被《纽约客》拒绝投稿，这让他很抑郁。他卖了一些故事给《花花公子》，这让他跟阿弗雷德·克诺夫的关系变得紧张，克诺夫看不起这种上不了台面的杂志。但罗尔德还是继续工作，写出了他的第一本童书——《詹姆斯和大仙桃》。1960年2月，克诺夫出版了他的另一本短篇集——《亲亲》。这本书里的故事恐怖、阴暗、残忍。（诺埃尔·考沃德曾这样评价罗尔德的成人文学："故事是极为出色的，想象力绝妙无比。很不幸，在所有这些故事中，都有一种潜在的残忍和令人毛骨悚然的不适感，还有一种奇异的对性的强调，像是青春期的好奇。"）不论如何，《亲亲》成了《纽约时报》畅销书，在英国也广受好评，但是罗尔德感到自己被英国文学界忽略了，认为自己的国家没有给他应得的赞誉。这在之后的很多年里都成了他的一个心病。《亲亲》的海外版权出售到意大利、德国、日本等国家。

1960年7月30日，帕德里夏生下了他们的第三个孩子——西奥多·马修·罗尔德·达尔。接下来的5年里，罗尔德出版了儿童文学史上最畅销的两本小说，奠定了自己作为有史以来最伟大、最具想象力的儿童作家之一的地位。也是在这个时期，他和家人遭遇了灭顶之灾，随之而来的是痛苦、创伤、失去。

帕德里夏和罗尔德很爱孩子们——她说丈夫"是个非常有母性的爸爸"——对罗尔德来说，做儿子的爸爸是格外有意义的，因为他年幼时就失去了自己的父亲。他们在曼哈顿上东区生活得很舒适，罗尔德用楼上的公寓做他的写作工作室，那是戏剧编剧克利福德·奥德茨的公寓。他们每年夏天回到英格兰，经常去挪威度假，这是他们发展出来的家庭传统，很受喜爱。抚养孩子让夫妻二人关系近了一些，有时候，帕德里夏会对丈夫感到真诚的爱。奥利维亚和泰莎都在附近上学前班，她们的母亲有稳定的工作。到了深秋，她完成了《蒂芙尼的早餐》的拍摄，这部电影由布莱克·爱德华兹导演。罗尔德则不那么暴脾气了，他把《詹姆斯和大仙桃》签给了克诺夫，已经完成了一稿《查理与巧克力工厂》，这原本是他讲给奥利维亚和泰莎的故事。

1960年12月5日，达尔家的保姆正推着西奥多的婴儿车在麦迪逊大道上走着，带泰莎回家吃午餐。这时，东85街的红绿灯变了，保姆推着婴儿车下了人行道，正要过马路，一辆出租车从街角猛冲过来，撞在了婴儿车上，把它撞飞了出去，落在十几米远的一辆公交车旁边，西奥多还在婴儿车里。他的头骨被撞碎了。帕德里夏当时在附近的一家超市买东西，听到了警笛声，但并不知道那是因为自己的儿子。救护车将西奥多送到了勒诺克斯山的急救室，所有人都以为他会死。"那之后的几个小时就是地狱。"帕德里夏回忆说。

她和罗尔德在医院里坚持守夜，经历过一系列脑积水（脑内累积脑脊液）引发的可怕的并发症之后，西奥多坚强地活了下来。1961年1月20日是帕德里夏35岁生日，西奥多的存活就是她得到的最奇迹的礼物。到了复活节，儿子可以对她微笑了，最糟糕的时期已经过去了。可是帕德里夏和罗尔德总是处于焦虑状态。西奥多需要持续不断的关注，他经历的疾病复发也很可怕。一个神经外科医生在西奥多大脑里装了一个分流管，把多余的脑脊液分流到血管里，进入他的血液系统。可是，那个分流管的单向活门总是堵住，造成吓人的复发症状，比如发烧、暂时失明，还要再做手术。罗尔德从不停歇的好奇心、对发明的爱好，还有他的控制狂本性在这件事上发挥了前所未有的积极作用。他执迷于研究出问题的活门，决心要为儿子发明一个更好的、不会堵住的仪器，他跟一个神经外科医生和一个液压工程师合作，发明了一种活门，被称为"Wade-Dahl-Till"（WDT）。他一向对医药感兴趣，说如果他没有当作家，就会做一个医生。

除了照顾西奥多，他们还要应对成千上万美元的医药费，要工作，要照顾奥利维亚和泰莎。纽约现在比往常更加显得不适合抚养孩子，罗尔德渴望白金汉郡的舒适和离家人近的感觉。他们在大米森顿的农场屋似乎是全世界最安全、最平和的地方。1961年夏天，一家人回到了他们的乡村避难所。那一年，《詹姆斯与大仙桃》被克诺夫出版社出版，这本书再次被伦敦出版界拒绝，没有英国出版社买下它。在美国，这本书小获成功。"这本书里有很多8到10岁的孩子读不懂的生词，但是如果成年人以戏剧化的方式来读，就能让孩子全神贯注地投入。"评论家艾琳·皮培特在《纽约时报》中写道。罗尔德将这本书献给了奥利维亚和泰莎。

他们开始适应在大米森顿的单一生活时，帕德里夏对罗尔德的爱加深了。她很高兴看到丈夫处于自己舒适的环境中——写作、做园艺、修复他的古董画框，最重要的是，温柔地照顾他们的儿子。"西奥多是我们的定心力，"她回忆说，"不光是对罗尔德和我来说，对我们的女儿来说也是。"在一次跟《家庭主妇》杂志的采访中，她表达了她对这个"充满睡意和绿叶的地方"有多喜爱，说她很自豪自己是个好妻子——她的丈夫是"她最好的、最真实的朋友"。工作不再是她的重点,她拒绝长期离开家人。"我很高兴我为这段婚姻斗争了,"她在回忆录里写道,"我没能成为世界上最伟大的女演员,但我依然拥有名气不错的职业生涯。"除了在圣诞节前几周去纽约跟杰森·罗巴兹拍一部电视剧、演了一部BBC剧的主角,帕德里夏感到自己是提前退休了。她并不感到遗憾。

帕德里夏忙着做"母亲,还有小怀特菲尔德的女主人、经理",罗尔德则继续遵守他的工作法则,上午工作两小时,下午工作两小时。他在自己写作的小棚屋里拉了一根电线,装了灯,主房的后门外装了这盏灯的开关。帕德里夏可以按这个开关来喊丈夫:闪一下意味着有人来访,有电话,或者她需要跟他说话;闪两下意味着有急事。不然的话,谁也不能打扰他。1962年秋天,西奥多恢复得很好——他已经不需要用WDT活门了,可他父亲的发明还会被用于治疗全世界其他小儿头部创伤患者,帮助成千上万的儿童。西奥多的平衡感依然不太好,但是语言已经进步了很多,在父母眼中,他就是一个快乐、可爱的孩子。帕德里夏回忆说,那一整年都"很辉煌":奥利维亚和泰莎在学校很满足,罗尔德将《查理与巧克力工厂》的书稿提交给了他的编辑弗吉尼·富勒。("如果她不喜欢,我猜我们可以直接把它扔掉。"他对自己的经纪人说。)达尔一家的房子被附近人当作有魔法的地方,经常让朋友去拜访。除过花园里孩子们玩的那个老式拖车,女孩们精灵古怪的父亲也因为喜欢给来访者送糖而受欢迎。

11月里的一天,奥利维亚回家的时候带了女校长的一张纸条,通知父母学校有麻疹感染。虽然当时英国还没有普及麻疹疫苗,但罗尔德知道一种丙种球蛋白针剂，可以提高孩子们的免疫力。因为西奥多免疫系统脆弱，他打了这个针，但是一个医生向帕德里夏打包票，说泰莎和奥利维亚得麻疹不会有事。"这对她们有好处。"两个女孩都得了麻疹，几天后，奥利维亚开始发烧，浑身都是点点。她没精打采，即使罗尔德试图安慰她时也是这样。一个医生来家里看诊，检查过奥利维亚之后，安慰紧张的父母说这是这种病的常见症状。两天后，奥利维亚昏迷，被匆忙送去附近的医院，死于麻疹脑炎。这是一种罕见的并发症，她去世时才7岁。西奥多悲剧的意外激发了罗尔德，他采取行动来救儿子的命，在他康复的时候照料他，可他无法为奥利维亚做任何事。她已经走了。"我希望我们有机会为她而斗争。"他在一封信中写道。

奥利维亚死后，罗尔德失去了活下去的意志。帕德里夏也陷入巨大的悲痛，总是忍不住想，这是不是上帝在惩罚她，因为她流掉了跟加里·库珀的第一个孩子。对罗尔德来说，这份创伤因为姐姐阿思翠的早夭而更加沉痛，阿思翠因阑尾炎去世时也是7岁。"帕德里夏和我觉得闲着很难。"他在1963年2月4日给阿弗雷德·克诺夫的信中写道。即使罗尔德身上有妻子口中"那股来自北欧的深深控制力"，到了4月份，他还是完全无法写作了："我现在感到我这一辈子都没法再写作了！我就是没办法再次开始。"他在所有方面都把自己封闭起来。奥利维亚原本是他最偏爱的孩子，他让泰莎觉得自己永远都比不上奥利维亚。

泰莎原本就因为目睹了弟弟的意外而深受创伤，她因为罗尔德的举止而感到自己"是个可悲的替角，一个降级的替代品"，她几十年后回忆说："'你为什么不能像她一样呢？'她尖叫道。我尿床了。我很努力地想成为另一个人，而'他们'——虽然我说的其实只是我父亲——给我加了用药量。于是，我不能正常消化悲痛、伤心、疼痛，或者任何自然的情绪。"

罗尔德没有去找家庭心理诊疗师，他认为那是唬人的，他只是把自己的情绪埋藏起来，通过给泰莎喂药来应对她的情绪。

"于是，我就在用药的情况下继续缓慢前行。"她回忆说，"我也靠吃药来睡觉。糖浆放在《爱丽丝梦游仙境》的那种瓶子里。"泰莎一直挣扎着在家里寻找自己的位置，她被标记为脾气不好的问题孩子。她对心理安全感完全没有意识："我被疾病、脑损伤包围，得到的知识就是，只有你病重或者要濒死的时候，才会得到关注——但最好的还是已经死掉。我还知道，任何不适都能靠药来驱赶，药是爸爸给的。"

奥利维亚死后，罗尔德和帕德里夏被"一连串的怒火和挫败"击垮了，但是帕德里夏的处理方式跟丈夫完全不同。她尽可能每时每刻都多做事，"像个疯女人"。演戏的工作她来者不拒，所有家务都值得动手。她担心如果自己不把这个家撑下去——不论是情绪上还是经济上——他们就要完蛋了。

她接电视剧工作完全是为了钱，高人气医疗剧每集报酬很丰富，能覆盖一家人坐飞机去好莱坞的费用。帕德里夏告诉专栏记者洛拉·帕森斯："我们感到自己像是活在《约伯记》中。我们不想分开，再短暂也不行。"

接着,她拿到了一个让她激动的电影角色。她在西部剧情片《原野铁汉》里只有22分钟的戏份,跟保罗·纽曼一起主演,她没想到,1963年5月29日电影上映后,影评人对她的表演大加赞赏。"尼尔小姐,迷人的女中音再加上,可以这么说吧,迷人的女中音眼睛,献出幽默、女人味十足的表演,还带着少言寡语的高傲。"斯坦利·卡夫曼在《新共和》杂志中写道。

帕德里夏赢得了最佳女主角奖。她还获得了纽约电影评论家协会奖、英国电影学院奖(也被称为BAFTA)、美国国家评论协会奖。"整个业界都认为我足够好。"她回忆说,"不光如此,我还终于等到了这个时刻,一个崭新的职业生涯就在转角处。我们还赚了一大笔钱。"电影和戏剧角色不断朝她涌来,她的职业生涯似乎达到了巅峰。罗尔德这时也很成功,出版了《查理与巧克力工厂》。

这本书的首印一个月内就售罄了。(1972年的续集《查理和大玻璃升降机》也是畅销书。)虽然孩子们很爱罗尔德——他每周都能收到几百封粉丝寄来的信——一些成年人却抱怨他的作品内容污秽。面对这些批评,罗尔德不思悔改,轻蔑地忽视。"一些图书管理员会一下子订40本我的书。"他在一次采访中说,"但是某些美国女性图书管理员因为自己认为我的童书里有暴力内容,就来批判我。这些愚蠢的婊子没有一点幽默感。"

《查理与巧克力工厂》还因为对奥帕伦帕人的刻画而陷入争议。他们被从非洲运过来,在工厂里工作,工作时载歌载舞,被用于科学实验，这些角色因为代表种族歧视的刻板印象而被人抨击，全美有色人种协进会呼吁禁映即将上映的电影。

对这对夫妻来说，这个时期最大的安慰就是帕德里夏怀孕了。（她无法参加奥斯卡颁奖礼，因为颁奖礼离她的预产期只差一个月。）1964年5月12日，奥菲利亚·玛格达莱纳·达尔出生，这是帕德里夏很久以来第一次感到幸运。

经历过两次灾难事件后，她再次相信，最糟糕的时期已经过去了。秋天里，她在跟《大观》杂志的采访中细数她职业生涯中的幸运，她丈夫也提供了自己的观点。"她不是一心扑在事业上。"他说，"她对自己的家庭和孩子更感兴趣。所以她才满足于生活在英格兰一个偏远的村子里。"他不顾妻子的感受，继续说："大部分美国女孩都独立、反叛，为此感到骄傲，我刚跟帕特结婚的时候以为训练她会很难，但这并不难。"他说："在英国，你知道的，如果一个女人被允许掌控一切，这个家就没救了，我觉得美国妻子很容易这么做。这让她痛苦。她希望不要如此，但她忍不住，因为很多美国丈夫放弃了他们的权利和义务。我不是那样的。做饭的事全归帕特，我们有一个保姆会在帕特拍戏的时候帮忙看孩子。"

奥菲利亚出生后，帕德里夏接了下一部电影——《火海情涛》，与约翰·韦恩、柯克·道格拉斯、亨利·方达搭戏。导演奥托·普雷明格付钱让帕德里夏一家可以在拍摄期间住在火奴鲁鲁。拍摄只花了17天，帕德里夏感到这么容易赚一大笔钱有些好笑。他们赶在圣诞节前回到了大米森顿的家，她的下一个项目已经签好了。

1965年的情人节，帕德里夏开始拍摄约翰·福特的电影《七女人》。达尔一家搬去了洛杉矶，租了马丁·里特的宝马山花园别墅，那时候他在爱尔兰。帕德里夏当时39岁，怀着她的第五个孩子。"我快没时间了，我想尽可能多生几个孩子。"她回忆说。这个项目正赶上罗尔德听说查托与温德斯出版社拒绝了《查理与巧克力工厂》。这又是英国出版界给罗尔德的一记耳光，他在那里似乎无法得到任何尊重。帕德里夏忙着排练、试装，跟好莱坞的朋友们叙旧，罗尔德则开始写一个故事，这个故事一开始被《纽约客》拒绝了，后来卖给了《花花公子》。《最后的举动》展现了他最恶毒的一面，想象一个妇科医生强奸更年期的寡妇，这还是这个医生曾经爱过的女人。这个故事后来被收录在罗尔德1974年出版的《切换娘子》中，这是一个短篇故事集，收录的故事都是复仇、丑恶的对性的描写。《最后的举动》是一扇有趣的窗户，可以窥探罗尔德当时的思维：嫉妒、焦虑，充满愤怒。

1965年2月17日，帕德里夏刚拍摄完她在《七女人》中的第一场重要戏份，傍晚回家喝了一杯马蒂尼，上楼去给泰莎洗澡。几分钟后，帕德里夏喊着说她头痛，出现了幻觉，还感觉恶心。罗尔德扶着她上了床。他打电话向跟他一起发明WDT活门的神经外科医生寻求建议时，他的妻子失去了意识。帕德里夏后来得知，她两次中风，被送进了加利福尼亚大学洛杉矶分校医学中心的急救室，她在那儿又经历了她最严重的一次脑出血，陷入"类似于植物人的昏迷状态"。美联社都把她的讣告电报发出去了，几家报社报道了这个故事。"如果我们做手术，她有可能活不下来。"医生告诉罗尔德，罗尔德问如果不做手术会发生什么。"那她肯定会死。"他答道。罗尔德同意手术，凌晨，一个医疗团队开始7个小时的手术，试图拯救帕德里夏的性命，他们需要取出她大脑中的血栓，止住破掉的血管造成的大出血。"我不是很确定我这么做是不是对你好。"主刀医师后来对罗尔德说。

10天后，罗尔德给他80岁的母亲写了一封信，信的内容是相当冷淡的报道，只是直白地有一说一叙述了这次紧急状况和帕德里夏之后的状态。"今天早晨的脊椎穿刺显示，脊椎液清澈多了，没有那么多血了。"他写道，"现在我们只能等着看了。"她偶尔会睁开眼，面部表现"正常"。他说"出血的部位在大脑控制语言的部分"，所以他推测这可能造成永久性损伤，但是"当然了，那就是想太远了。当下首要的是让她清醒过来"。

1965年3月10日，帕德里夏从昏迷中醒来，有失语症、视线模糊、右半身瘫痪等症状。有人来访时，她会微笑，但并不清楚他们都是谁，来的人包括莉莲·赫尔曼、加里·格兰特、约翰·福特。她立刻开始接受高强度的物理诊疗训练，每天都要刺穿背部取脊髓液做化验。罗尔德守在妻子床边，决心要让她再次走路、说话。得到他允许前来拜访的朋友们看到罗尔德在他妻子耳边大喊的样子都被吓到了，他甚至还会扇她的脸，就为了得到一些回应。

进医院一个月后，帕德里夏可以弯曲腿了，也能发声了，但是只能唱歌。她跟一个朋友唱了《我亲爱的克莱蒙汀》和其他几首她最爱的歌。3月17日傍晚，帕德里夏从加利福尼亚大学洛杉矶分校医学中心出院，戴着眼罩，右腿架着支架。"医生不相信她有机会康复，"赫达·霍珀在她的八卦专栏中报道说，"但她现在有可能完全痊愈"。

两天后，随着一支美国战斗部队落地，越南战争战况继续升级的报道，《洛杉矶时报》刊登了头条文章《帕德里夏·尼尔怀孕五月，局部瘫痪，丈夫发言》，并配了一张大大的照片，8岁的泰莎·达尔露出微笑，抱着10个月大的妹妹奥菲利亚。报道中，罗尔德"在一月之后打破沉默，透露尼尔小姐的健康状况"，他赞美了妻子在医院所接受的救命治疗——"最顶级的神经外科医学，完成得迅速又完美"——但也说目前为时尚早，妻子是否能痊愈、生下孩子还未可知。可他还描述了帕德里夏跟孩子们重聚之后的"许多欢笑和激动"，说她"格外开心"，而且"可以完全理解、遵循命令"。他补充说，一个护士在他们位于宝马山花园的暂时居所里住着。语言治疗师和物理治疗师在他们回英格兰之前都会定期到访。

帕德里夏被来自各方的问候淹没了，各种祝福、鲜花、礼物，来自好莱坞的朋友和其他人，包括朱迪·嘉兰、弗兰克·辛纳特拉，就连她在田纳西诺克斯维尔的小学同学都发来了电报。导演罗伯特·奥特曼曾经请罗尔德为他写过一个剧本（不过电影并没有拍成），为表示遗憾，他来为一家人做了一顿饭。梅尔·布鲁克斯和安妮·班克罗夫特在帕德里夏出院一周后就邀请帕德里夏和罗尔德去他们家。"我们还以为帕特会坐着轮椅来，"布鲁克斯在专栏采访中告诉洛拉·帕森斯，"可她可以走路，还能在没人帮助的情况下满屋子走。"帕德里夏一晚上也没听懂谈话中的一个字，但她很开心能跟朋友聚一聚。

虽然罗尔德对《洛杉矶时报》描述的家庭生活很阳光，现实却大不相同。帕德里夏没精打采、抑郁、疲惫、孤独。有一次，她试图伸手去够奥菲利亚，结果手不听使唤，还是婴儿的奥菲利亚恐惧地哭嚎。帕德里夏也哭了起来，保姆抱起奥菲利亚来哄她。

即使是最微小、最平常的动作对帕德里夏来说也变得困难重重——拿水喝、穿上毛衣、刷牙——对他人的依赖让她烦躁。一些来做客的人把她当做孩子一样跟她说话，这让她愤怒。有时候，她希望自己死了。后来，她回忆起自己的绝望："神志不清的迷雾将你困住，让你无法与外部世界接触，这其实是一种因祸得福。"她在传记中写道："一开始，你就像没有躯体的灵魂，但是你的灵魂被下了药。然后，灵魂醒来了，但被困在了你无法控制的躯体里。你是个被关在私人监狱里的犯人。所有人都在把你推来推去。他们推着你的手臂、腿和身体。他们说一些东西，喊一些话，期待地看着你，可你不知道他们想要什么。"

尼尔—达尔两人的婚姻进入了一个新的阶段：丈夫成了霸凌者、折磨者、保护者；妻子是病人、勇士、受害者。帕德里夏想要什么东西的时候，罗尔德就会把那东西放在她差一点就能到的地方，直到她说对话。她的句法结构很混乱，即使她知道一样东西叫什么，也不总是能说出来。（她想不起来丈夫的名字，习惯了叫他爸爸，就像海明威的外号。）这个时期见过她的朋友对罗尔德的描述多种多样——训狗人、舞台经理、操练军士、交通警察——他刺激妻子、侮辱她，以此来帮她康复，一步一个脚印。欧瑞终于来跟他们一起住了，住进客卧，她被罗尔德对待自己女儿的专横傲慢惊呆了，但她什么也没说。帕德里夏知道不能指望丈夫展现同情或者温情。他决心不给她"特殊对待"——她怀着孕也无所谓，中风康复中也无所谓，半身瘫痪也无所谓。夜里，帕德里夏如果需要上厕所，就需要在黑暗里在地板上挪动，尴尬地把自己撑到马桶上，挣扎着用左手去冲水。她不敢惊动正在打鼾的丈夫让他来帮忙。早晨，她学会了7点半自己醒来，穿衣服，戴好腿部支架，穿好鞋，自己走下楼。

罗尔德对帕德里夏的康复十分执迷。一天，他给她和老朋友、演员格洛丽亚·斯特洛克端茶，用"严厉、无情的语气"对妻子说话，缠着她让她要糖，斯特洛克回忆说："我必须得说，我敬佩他，那么坚持不懈、那么用尽全力，但我离开的时候忍不住想，这让我想起来训狗的方法。糖？糖？你说糖，就能拍拍你的脑袋。我不知道我所认识的帕德里夏·尼尔会不会愿意那样被驯服。"

罗尔德的方法很严苛，但也同样有效。帕德里夏后来回忆说，西奥多大脑受损之后，罗尔德就决心不让儿子在发展上落后于人，他做到了，西奥多——做了8次手术之后——4岁半的时候就能流畅阅读了。西奥多的经历激励着她："他是个活跃又活泼的孩子，他就是无可辩驳的证明，大脑愈合的能力是有魔法的。"面对母亲突然出现奇怪问题——词汇量骤减——西奥多并没有感到困惑或者害怕，看母亲从字母表重新学起让他很开心。有一天，帕德里夏在接受语言诊疗师的训练，西奥多蹦跳着进了房间，手里拿着词汇卡，开始提问母亲：姐妹，蛋糕，橙子，裤子。西奥多找到陪他玩图片和词汇配对的游戏的人，可泰莎却遭受了重创。"在我们家里，"她后来回忆说，"你只有严重脑部受损、死了，或者生重病的时候才会得到关注。做个正常人是没有回报的。"她得知父亲最爱的是奥利维亚，这给她留下了伤疤，两个女孩都得了麻疹，但只有奥利维亚死了。几十年后，泰莎在2012年接受《每日邮报》的一次采访中说："24小时内，我母亲从一个美丽、光彩照人的电影明星变成了没有头发、身上所有孔都插着管、无法说话的怪物。她从昏迷中醒过来之后，爸爸带我去看她，没有任何预警。我害怕极了，但什么都没说。我给她喂食，但没有表达任何情绪。我吓坏了。我们开车离开医院，再也没有提起过这件事。"

这个家里的人已经想不起来家中没有危机的时候了——一开始是西奥多，然后是奥利维亚，现在又是帕德里夏。除了每天要面对压力，这家人还被在加利福尼亚州每个月的花销淹没，债台高筑，罗尔德担心他们的存款会被花光。为了多赚钱，他接了一些他并不想做的杂志兼职，在1965年9月刊的《妇女家庭杂志》写自己妻子生病的事（杂志封面上印着夸张的标题"帕德里夏·尼尔为生存斗争"）。到了5月中旬，医生们认定帕德里夏已经恢复到可以旅行了，他们该回英格兰了。在5月14日登报的一条新闻中，罗尔德大胆宣布："帕德里夏会走上飞机的，她不需要任何帮助。我们要开一次短发布会，到时候所有人都可以看她恢复的情况。"（加里·格兰特开车送达尔一家去了机场。）

到了希思罗机场，帕德里夏被迎接她的热情惊到了。接机区挤满了摄影师、成百上千的粉丝，还有家人、邻居来拥抱她。她喜极而泣，开心又宽慰。回到大米森顿，人们送来一篮一篮的花和自制食物迎接帕德里夏。她回忆说，邻居、雇员、朋友都不停地说她很美——但是其中一个人后来向帕德里夏坦白，她看到帕德里夏的样子被吓到了，回家后大哭了一场。对所有人来说，跟帕德里夏见面都是一件痛苦的事，曾经的电影和舞台明星戴着眼罩，脸垮了，面容憔悴，无法表达情绪。"我没办法涂口红，"她回忆说，"我都找不到自己的嘴。"

罗尔德以猹犬的韧性给帕德里夏安排了残酷的日程，每天整整6个小时的课程，不停地跟轮班的志愿者上课。虽然医生建议每天1小时的复健就够了，再多的话可能会有负面影响，罗尔德却无视了他们的指导。"一天1小时肯定不够啊，"他后来说，"一个孩子一天只上1小时学的话，你能教会她什么呢？这就是帕特当时的状态——一个孩子，甚至不识ABC。"他害怕妻子变成"巨大的粉色卷心菜"，自己动手设计课程，像个有虐待倾向的木偶师一样监督着。"除非我准备好家里住着一个脾气糟糕、非常不幸福的傻瓜，"他说，"不然我就必须采取重大措施，而且要立刻执行。"

连续不断的外界刺激是保持她积极状态的关键。罗尔德一闲下来就会给她的恢复过程带来伤害，于是她不允许"坐下盯着看"，她后来这样回忆。罗尔德说，只有努力才能救她，他把她的生活变成了集训营，阅读、写作、拼字课，再加上复健训练，把她的一天塞得满满当当。她在重新学习做饭，做基础的算术，玩简单的游戏，比如多米诺骨牌和井字棋。谁也不许"拯救"帕德里夏，帮她上下楼梯或者上下车。罗尔德在妻子说不出话、思绪断掉、像学步幼儿一样阅读时不会表现出任何怜悯。每一天,他都会以量化的形式评估她的进步:她今天比昨天好42%,比前天好51%。他并不是在照顾妻子,让她康复,而是在逼着她康复。"上帝,我当时受够了他的百分数、他的计划、他的安排、他的世界,"帕德里夏回忆说,"他是个英雄,而我在恨他。"罗尔德厌烦她的哀伤,认为这是软弱和自我放纵的表现。这是需要征服的事,或者至少要无视。"爸爸一心只顾着要进步,"泰莎在一次采访中回忆说,"他过去总是说:'你必须咬牙忍着。'甚至他还会吼'我想让我的所有孩子都勇敢'。"

6年后,罗尔德有一次在语言康复中心演讲,他为自己严厉的计策辩解。"当你面对的选择是让对方过真正的生活或者让她成为植物人时,这是个危急时刻,你不会停下来问自己病人是否舒适,"他说,"任何事都不是一帆风顺、一蹴而就的。实际上,有一次,我带(帕德里夏)去看心理医生,怕她真的打算像她威胁的那样自杀。"(罗尔德没有提的是他当时对帕德里夏冷酷的回应:"我们家里有刀,你用着方便,"他大笑着说,"还有我的剃须刀。或者,你可以把自己锁在车里,打开发动机。")

帕德里夏还不到40岁,就失去了自己的第一个孩子、她的职业生涯、她的独立、她的美丽。她将自己献给了妻子和母亲的角色。罗尔德的主导地位是全面的:他放弃了曼哈顿的公寓,斩断了他们跟纽约生活的一切联系。他给吉普赛房扩建了一部分,让新的员工住进来,每天开车送孩子们去上学,安排他们跟玩伴玩。他选择晚餐喝什么葡萄酒,跟厨师计划好吃什么。没有人需要帕德里夏。这让她感到在自己家里像是个陌生人，孩子们失去了健康的母亲，任何事都找爸爸，不论是玩耍还是寻求安全、安慰。帕德里夏担心保姆和罗尔德总是在，奥利菲亚甚至会不知道她才是自己的妈妈。她又遭遇了新的低谷，因为她听到罗尔德跟孩子们说："妈妈是可以为你们做事的，她只是不愿意。"

1965年8月4日，帕德里夏大脑中一条动脉破裂的六个月后，露西·尼尔·达尔出生了。母女健康、平安。产房里除了罗尔德还有一个记者，巴里·法瑞尔，以及一个摄影师，两人都是《生活》杂志的，来报道这个大事件。

4年后，法瑞尔把他当时的报道扩充成了一本书——《帕特和罗尔德》。该书由兰登书屋出版，还配了一套一家人的亲密摄影。（戴尔出版社版平装本封面是插画版的帕德里夏，画中的她微笑着，宣传语是"一个女性胜利的精彩故事——帕德里夏·尼尔和她爱的男人、她的孩子、她拯救的事业，感人至深的人类故事"。）

露西出生的消息很快就被新闻社发出去了，媒体称她是"奇迹宝宝"。（她确实是。）罗尔德每天去帕德里夏摆满鲜花的小房间里看她，虽然并不亲昵，但关怀备至。他帮她写感谢信，保证她被照顾得好。出院前，帕德里夏终于可以脱掉右腿上的支架了。她可以独立走路，走得缓慢而犹豫，罗尔德走在她身后，严肃地催她，一步又一步，像个军官。回到家，帕德里夏开始每日接受附近熟人瓦莱丽·伊顿·格里芬的家教课，她后来成了帕德里夏的好朋友。这些课带来的改变是巨大的。她们刚见面的时候，帕德里夏的词汇量很有限，会用一些奇怪的词和说法——冷咖啡是"邪恶的",她如果不能抽烟,就要"杰克我的涂鸦"。(罗尔德都记在心上,后来把妻子当时用的一些词汇写进了1982年出版的《好心眼巨人》中。)帕德里夏经常会放弃,说:"我的意识没了。"

瓦莱丽理解帕德里夏有多孤独、脆弱、没落:"你没有得到人应该有的尊重。"她告诉帕德里夏。她耐心地帮帕德里夏重新学习如何管理钱,如何做拼字游戏,如何表达自己,帮她重新回归生活。帕德里夏的头脑一天比一天更清晰。这时候,她几乎没有选择了——她不仅是一个著名演员,还成了创伤幸存者,她回忆说,她成了一个"个人的进步对其他人的士气来说很重要的人"。每周,来自世界各地的报纸和杂志都想采访这个鼓舞人心的出色、坚韧的人物。她源源不断地收到来信,不光有朋友,还有粉丝表示支持、寻求建议、要签名。她很高兴地再次用起打字机,慢慢用左手打字。"我缓缓打出'亲爱的劳伦斯先生。感谢你善良的来信,想象一下我期待已久的喜悦。'"她后来在回忆录中说。

帕德里夏靠《火海情涛》获得英国电影学院奖最佳女主角奖,她艰难地前往伦敦参加颁奖仪式,亲自领奖。在家里,她还是感到自己没有权威,但至少她又能给孩子们读书,跟他们玩了。即使她跟罗尔德并没有争吵,但"这主要是因为他让我做什么我都做,从不质疑"。

1966年元旦这天,罗尔德向媒体宣布他妻子说,她有自信在这一年复工。(她并没有这么说。)帕德里夏记性很差,根本记不住台词,而且她走路时还是严重地一瘸一拐。她痛恨丈夫给她施加的复工压力。同时,罗尔德快过50岁生日了,除了在家里的强权监督,他唯一的目标就是赚钱——赚很多钱——他达成了目标，因为他得到了为下一部007电影《雷霆谷》写剧本的工作。这份工作的酬劳比帕德里夏整个职业生涯赚的都多，他的几稿剧本被专车司机开着劳斯莱斯送去伦敦。

1967年，帕德里夏在纽约华尔道夫酒店首次公开演讲，这是一次为脑部受损儿童举办的慈善活动（"帕德里夏·尼尔之夜"），她进行了15分钟的演讲。她并不想参加这次活动，也认为自己做不到，但是在罗尔德的逼迫和瓦莱丽的安慰下，她不断练习，直到终于能流畅地演讲。

在华尔道夫酒店，帕德里夏惊讶地发现自己的套房里摆满了鲜花和信件。几天里，她接受了多次采访，记者们都急切地询问她复出的情况。帕德里夏在晚餐时演讲，洛克·赫德森介绍她上台，全体起立鼓掌，她完成演讲后，观众席的很多人都在哭、为她喝彩。这反应让她欣喜，她意识到，"罗尔德是个奴隶主，罗尔德是个混蛋，他拿着鞭子从来都不知道停歇，罗尔德是个烂人，我这样说过他很多次，他又一次把我扔进了深水之中，而我就属于这里。"

1968年春天，帕德里夏开始参与拍摄《昔日玫瑰》，改编自弗兰克·D.吉尔罗伊的普利策奖获奖剧，一同主演的是扮演她儿子的马丁·辛和扮演她丈夫的杰森·艾伯森。这阵容简直太好了——她很喜欢这个剧组对她全力支持的同事们，他们安慰她说她不会失败的——更幸运的还在后面：帕德里夏敬佩的凯瑟琳·赫本从共友那里得知她想认识自己，于是到片场给帕德里夏惊喜，拜访这位感激、欣喜的粉丝。

《昔日玫瑰》从制作一开始,摄影师和电视镜头就无时无刻不跟随着帕德里夏,让她没有一点隐私。她为杂志、报纸、电视、电台做采访,她成了其他中风患者的发言人——有些坐着轮椅,有些还在重新学习走路和说话——她感到自己有义务跟记者说话。帕德里夏想向世界展示,人在经历大病之后依然可能活得精彩,找回从前的自己。她经历过一次差点要了她命的中风,活了下来。她现在再次成为电影明星。《昔日玫瑰》在1968年10月13日于纽约首映,帕德里夏在罗尔德的陪伴下进入剧场,观众集体起立为她鼓掌。这部电影上映后评价褒贬不一,但是《纽约时报》的文森特·坎比在影评中说帕德里夏"给这部电影带来了它原本不可能有的情感冲击"。她靠这个角色被提名奥斯卡最佳女主角奖。

那一年,罗尔德认识了罗伯特·戈特利布,克诺夫出版社的新总裁。(热爱阅读的戈特利布在2016年的回忆录中称罗尔德和V.S.奈保尔都是"后来让我讨厌的顶级作家"。)虽然戈特利布不是童书编辑,但他还是得接下罗尔德,因为很显然这个自负的作家不愿意跟掌门人以下的任何人合作。即使戈特利布享受跟这个"魅力十足的人"相处,甚至"更喜欢他美丽又悲剧的妻子",他还是被罗尔德对家中雇员的虐待行为震惊了。"要求特别多,很粗鲁,没有人想跟他合作。"戈特利布在他的书中回忆道,"他像对待仆人一样对待自己的秘书,不论是当面交往还是在通信中,他都爱发脾气。当兰登书屋的总裁鲍勃·伯恩斯坦不愿同意他那极端、激进的金钱要求时,我们感到他的态度有些歧视犹太人。"罗尔德"冲动、粗鲁的"行为持续了数年,再加上一次合同纠纷,他威胁要离开克诺夫,戈特利布终止了合作,在信中的态度是"出门时小心别被门拍了",信的署名是"很遗憾,鲍勃"。这个脾气暴躁的作家可能对公司盈利有好处,但是他实在太难相处了。"不论你从哪个角度看,罗尔德·达尔都是一个彻头彻尾的烂人。"英国记者凯瑟琳·休斯曾这样写道,"他在人生中十分冲动,像个糟糕的大孩子,他几乎把自己认识的所有人都变成了敌人。"

即使《昔日玫瑰》的上映对帕德里夏来说是很大的胜利,大多数时候,她还是感到并不稳定,记性依然很差。有一次,她给朋友保罗·纽曼打电话祝贺他有新电影上映,却在他接电话的时候说:"哦,你叫什么名字?"她接下来的三年都没有工作,告诉记者她认为自己是个"母亲、家庭主妇"——只是有厨师、女仆、秘书,秘书还充当她的司机。同时,罗尔德以一种微妙但是很明显的方式从他们的婚姻中抽身。

帕德里夏感到自己不像他的妻子,倒像是一个孩子,他们都在为了爸爸的注意力竞争。她经常说一些不加考虑的大实话,比如她在一次采访中承认,她跟罗尔德结婚的时候并不爱他。他经常出远门,有一次出发前告诉帕德里夏,因为他太忙了,她不应该联系他。

他如果有空,会给她打电话。不久后,家里的信箱中出现一封信,是一个女人写给罗尔德的,他说这是他去好莱坞时认识的人。就算他对帕德里夏不忠,她也没有精力去纠结。(据说,在这段婚姻存续期间,他经常跟他人调情,至少有过几次外遇,在妻子中风之后也是如此。)1971年《卫报》的一篇侧写中,记者汤姆·哈钦森观察道,帕德里夏"经常大笑,有着像酒吧女招待一样的活力,让人怎么也看不出生活给她的重担"。她谈起婚姻早期，说："我当时就是个典型的美国妻子。更糟糕的是，我还是个被惯坏的好莱坞女演员。我从来不会给他做早餐，从来不做欧洲妻子为了留住丈夫所做的那些事。他都一心要离开我了。"她补充说："我就是需要拯救我的婚姻。但我还是不给他做早餐。"

因为罗尔德的事业发展得很好，工作给他提供了一个无视妻子的好理由。达尔一家变得富有（"他现在成了更成功的那一个。"帕德里夏回忆说。）家里有了整个大米森顿第一个室内泳池。他们拥有昂贵的古董，还有马蒂斯、毕加索、弗朗西斯·培根等著名画家的画。

除了写《雷霆谷》剧本，罗尔德还写了《飞天万能车》的剧本，也是根据伊恩·弗莱明的小说改编的。（这两次经历对罗尔德来说都不太好，他讨厌跟人合作，且无法掩饰他对这个需要合作的行业有多鄙视。）他现在是个国际著名作家了，《查理与巧克力工厂》的电影改编权在1969年售出。虽然一开始他打算亲自写剧本，但后来还是另外有人写了，他讨厌最终的电影。1971年，电影上映的时候（片名叫《威利·旺卡和巧克力工厂》），他因此而变得更加出名。那时候，这本书已经在美国售出了60万册（《詹姆斯与大仙桃》也售出了25万册以上）。有一天，泰莎给一个朋友送了几本父亲写的书，那个女孩的父亲看了这些书。这个父亲是艾伦&恩温出版社的雷格纳·恩温，J.R.R.托尔金的出版社，他并不知道罗尔德的作品几乎被英国的所有出版社拒绝过。恩温签下了罗尔德，终于促成了他在英国渴望已久的成功。不过他还是没有得到主流文学界的认可。作为一个童书作家，罗尔德感到自己像个二等公民，不论他变得多么富有、多么出名，他永远也摆脱不了那份怨气和不安全感。

接下来的几年里,他的婚姻破裂到无法补救的程度,他写出了有史以来最受欢迎、最畅销的一些童书,包括《了不起的狐狸爸爸》和《女巫》。这些书的吸引力显而易见。"在每本书中,他都是站在孩子这边的,"前英国桂冠作家迈克尔·罗森评价道,"他总是在想着孩子们的欲望,不过他也创造了其他一些角色,让孩子们可以体验他们对成年人的复杂感受。"当然了,这位深受喜爱的作家——在外亲切、有魅力、幽默——在家里糟糕透了。"成功并没有让我的丈夫变得温和,"帕德里夏后来回忆说,"事实正好相反,这只让他更加坚信虽然生活是双向道,但他总是站在正确的那一边。"

1972年,通用食品公司请帕德里夏做麦馨咖啡的代言人,给她一份丰厚的一年期合同,还有可能续约。她当时46岁,罗尔德已经年近60岁了。

对方邀请两人提前试用商品,确保他们喜欢。(公司希望代言人对他们的赞美是真诚的。)正如帕德里夏所说,咖啡必须是"讨好丈夫的",而"麦馨咖啡认为我最能说服美国女人,让她们认为我永远也不会做丈夫不喜欢的事——包括给他一杯难喝的咖啡"。这次合作很成功。

只不过,它带来了一个小问题,这个问题实际上并不小,但帕德里夏当时并不知道这是个问题。

她的名字叫菲丽希缇·克罗斯兰德（出生时姓达布雷乌）。她于1938年在威尔士卡迪夫出生，是个年轻、优雅、美丽的女人，最近刚离婚，有三个孩子。人们叫她丽西，她母亲的血缘可以清晰地追溯到中世纪。

（"她有蓝血血统。"帕德里夏后来写道。）丽西是理查德·查尔斯·艾登·斯洛克莫顿的孙女，他是第十任准男爵，她的一个祖先贝丝·斯洛克莫顿——伊丽莎白一世女王的一个宫女——怀了沃尔特·罗利爵士的孩子之后跟他秘密结婚了。

丽西被大卫·奥格威的广告公司雇佣，做这个广告，通用食品公司是他们的客户。导演让丽西帮帕德里夏整理拍摄所用的衣物。丽西是个性格活泼的人，急于讨好帕德里夏，第一天就把候选的衣物送到了达尔家，让帕德里夏选择。可着装选择都是罗尔德点头通过的。很快，丽西就开始经常出现在达尔家，给孩子们带来礼物，时刻帮忙。帕德里夏相信自己找到了一个新朋友，经常邀请丽西跟他们一同去伦敦。在柯曾俱乐部，帕德里夏发现丽西跟罗尔德一样热爱赌博，尤其喜欢黑杰克，"她经常能赢"。

罗尔德经营家庭、照顾孩子们的需求、处理自己的工作，感到精疲力竭。他还有战时留下的病根，遭受严重的背痛和头痛的折磨，年纪越大越严重，其他健康问题也层出不穷。（1977年，他需要做髋关节置换手术。）而且他因为在帕德里夏惊人的康复过程中扮演重要角色而吸引了不少注意力，中风病人和他们的家属纷纷给他写信寻求建议。他决定帮助瓦莱丽·伊顿·格里芬把这项指导服务写成一本书,《家中的一次中风》在1970年出版。这本书收获好评,推动他在英国成立了"胸、心中风联合会"。

家里的所有人都靠罗尔德来维持稳定。"他喜欢给予,但他不喜欢被要求。"露西回忆说。西奥多后来说:"爸爸有一副好脾气和一副坏脾气……你不想碰到他不好的那一面。"(他还曾经把父亲描述为"马蜂窝"。)罗尔德开始更经常不断地发脾气,对帕德里夏的朋友很粗鲁,在打桥牌的时候侮辱妻子。(他非常争强好胜。)他批评她所谓的缺点——指责她情绪阴郁、自我沉醉、在智力上懒惰,等等。罗尔德和帕德里夏经常争吵,他喝酒也更多了。("爸爸喝醉了很坏。"泰莎后来回忆说。)罗尔德承认他脾气很暴躁,远远称不上完美。"我犯的错和缺点能组成军团了。"他在1972年写道,"我在跟成年人相处时很容易感到无聊。我傍晚时喝太多威士忌和葡萄酒。我吃太多的巧克力。我抽太多的烟。我背痛的时候就脾气很差。我不经常清理我的指甲。我已经不在睡前给孩子们讲长故事了。我赌马,还因为这个输钱……我快秃了。"即使是衷心的瓦莱丽·伊顿·格里芬也承认,跟帕德里夏住也不是一件容易的事:"(她)开始表现得很糟糕,让人受不了,她会冲人吼,她渴望关注,所以她几乎所有事都做得很夸张,以一种演员的方式,这让家里的人很难过平静的生活。"

丽西和罗尔德认识后不久,他们就开始了外遇。几十年后,一个记者问她是否为跟罗尔德的关系感到愧疚,丽西答道:"是,又不是。当时的情况很艰难,因为帕特中风了,状态不好。我不知道他怎么做到的，抚养孩子、经营家庭、去学校接送、写这么多作品。他累坏了，太需要被人照顾，当然了，帕特做不到。所以，那是极大的痛苦。"

1974年，帕德里夏在纽约拍完麦馨咖啡广告之后回到家，被丈夫的冷漠惊呆了。"我点了一根烟，"她回忆说，"我现在一天抽很多根，全都归结于心情不好。"罗尔德宣布丽西和她的女儿们要跟我们家一起去过暑假，他补充说，他们要去西班牙的梅诺卡岛，而不是像往常一样去挪威。帕德里夏没有话语权。

丽西做了扁桃体切除手术之后，罗尔德通知妻子，丽西要在吉普赛房康复。一天晚上，帕德里夏听到罗尔德离开他们的床，但她翻了个身，继续睡觉了。"没有女人会相信我当时有多瞎，可能只有一个经历过同样事的才懂吧。"帕德里夏后来写道，"真的很疯狂，但我就是不想知道到底在发生什么。"

泰莎知道，她后来给传记作家杰瑞米·特里戈罗恩讲述了这段令人不适的经历，她回忆说自己有一天夜里无意中听到父亲在打电话，很显然是在跟情人说话。当时她是个青春期少女，经历着上瘾问题和进食障碍。她回忆说，她找罗尔德对质的时候，他愤怒地答道："你一直都是个麻烦，你就是个爱管闲事的小婊子。我要让你现在就滚出这个房子。"这次糟糕的经历又给她带来了来自罗尔德和丽西的威胁、操控。泰莎说，他们逼她保守秘密——也许还希望这样能让她跟父亲亲近一些。（西奥多、奥菲利亚和露西都对这次外遇一无所知。）

帕德里夏找丽西和罗尔德对质之后，生活一如既往。帕德里夏和罗尔德像僵尸一样过着每一天——"他很无聊，我被忽视"——但是，他们什么也没谈，什么也没改变。她感到她要疯掉了。她现在知道她丈夫肯定在婚姻存续期间不停地出轨，而丽西现在可能会让她的婚姻结束。

帕德里夏尴尬地试图"和好"，甚至为丈夫的情妇办过一个晚餐派对。她收到丽西的一封道歉信，表示对自己所造成的痛苦感到悲哀，说她要离开一段时间。那段时间，一个记者问帕德里夏她是否幸福。"谁会真正幸福呢？"她答道，"咱们这么说吧，没有不幸福，放过这件事就够了。"

罗尔德写了一封信。信里写了6点内容，标了编号。前两个主张显得很空洞："1.我爱你。你肯定是知道的。2.我永远不会想离开你这件事的。"然后他承认他喜欢丽西，他坚持说，"这不是性。你觉得是。我向你保证，并不是那样的"。他提到他"可能会偶尔找她陪伴"，要求妻子不要有任何嫉妒的情绪，只是"偶尔，不是很经常，我跟丽西见面，跟她一起吃午餐"。他说因为自己个子太高，很难感到有活力，他"在体型上是个大家伙"，而"跟我一样的大家伙，我是说，个子真的很高的，比如一米九五到两米，比其他人更容易累。当然了，我如今就经常感到累"。

这封信令人震惊，不光因为写信人的大胆，还因为他根本没注意到这封信在别人读来会是什么感觉。他继续直白地表达自己的诉求，好像他这种"鱼与熊掌兼得"的解决办法很有道理似的。

5. 我不懂为什么一个59岁的男人不能在爱自己妻子的同时，也有自由对其他女人有强烈的情感。他要是没有，那才奇怪吧。

6. 这一切对丽西来说显然也很艰难，我有些希望她不会坚持这么久。这对她来说是没有未来的。等时候到了，她会遇见其他人，然后这就结束了。但如果我现在就亲手将她推开，那也不对，而且很残忍、不善良。我很久以前就告诉过她我是不可能离开你的。她是知道的。

帕德里夏在接下来的几年里大部分时候都不在大米森顿住，除了几份表演的工作，"我最重要的表演就是扮演帕德里夏·尼尔"。她经常受邀去演讲，去中风医疗中心露面，为中风病人筹款，等等。1978年，帕德里夏·尼尔康复中心在田纳西州诺克斯维尔成立，成为中风、脊柱损伤、脑损伤病人康复中心中的翘楚。（这家中心如今仍在运营中。）她继续做媒体采访，采访标题经常用各种版本的"充满悲剧"来总结她的人生。CBS制作了电视《帕德里夏·尼尔的故事》，改编自巴里·法瑞尔的书，由格林达·杰克逊扮演帕德里夏，播出后，记者和八卦专栏记者都急于让帕德里夏评价她故事的电视版演绎，让她回顾自己的困难。"中风之后，你要做的第一件事就是告诉自己，你不会放弃，你不想死，也不想余生都被人像婴儿一样照顾。"1981年秋天，她在萨迪斯饭店对一个《纽约时报》的记者说，她还提到丈夫"用爱和耐心威吓我"让她再次学会走路、说话。帕德里夏的母亲接受当地电视评论家的采访时，直白地批评了德克·博加德在《帕德里夏·尼尔的故事》中对罗尔德的演绎。欧瑞说演员把罗尔德演成了圣人，她说："他离圣人可差远了。我觉得电影里的达尔先生比我记忆中的要善良一点，耐心一点。"

帕德里夏忙着演讲、做媒体采访，总是来去匆匆。罗尔德鼓励她外出。他从家里寄去亲切的信，即使他还跟丽西卿卿我我，一有机会就私下见面。他无法跟她见面的时候，比如帕德里夏在家的时候，罗尔德就会烦躁地开车去公共电话亭给她打电话。

帕德里夏和罗尔德之间的距离在很多方面都很明显。两人都放弃了假装想跟对方亲密。帕德里夏在几年前爱上了玛莎葡萄酒庄园，她得知埃德加敦有一栋希腊复兴老房子在出售，她在没看房的情况下，于1980年买了下来，花了40万美元。（原房主是阿库希奈号捕鲸船的船长瓦伦丁·匹斯，据说他是赫尔曼·梅尔维尔《白鲸》的原型。）第二年夏天，罗尔德来看她。回到英格兰的家中后，他给帕德里夏写了一封信，说这次短暂的拜访对他来说有多不愉快，他不打算再去了。两人在1981年接受了《波士顿环球报》的采访，他们没有掩饰对对方的厌弃。"两个人相处多年肯定会互相厌倦的——日日夜夜，"罗尔德没好气地说，"人都需要分开过一段时间。"帕德里夏插话说："男人都是自负的混蛋。"然后她继续欢快地讨论她第二天晚上要办的晚餐派对，"卡格尼会来，赫尔曼也会来"。记者观察到帕德里夏笑得很灿烂，但是"微笑跟她眼里那口似乎很深的悲伤之井显得很不协调"。

帕德里夏继续住在埃德加敦，很高兴自己和丈夫之间隔着大洋。她开始了忙碌的表演工作，获得一些终身成就奖和其他荣誉。这段时间里，她有一个最大的安慰，那就是她跟加里的遗孀罗姬·库珀和解了。（帕德里夏中风之后已经收到了罗姬的女儿玛利亚寄来的卡片，善良地表示了原谅。）

圣诞节前不久，帕德里夏惊讶地收到了一封罗尔德的信，他说她不需要回英格兰过圣诞节了。这太诡异了，她心想。她当然要回家了。

但是她到了之后，罗尔德一如既往地冷漠。那天晚上，奥菲利亚爆料说"爸爸还在跟菲丽希缇·克罗斯兰德见面"。

帕德里夏记得她当时哭了，唠叨了很久，这把她的孩子们吓坏了。

那晚晚些时候，罗尔德睡着之后，气愤的帕德里夏上了床，在丈夫耳边低语："我真希望你死了。我希望你会被什么东西弄死。"第二天，罗尔德为帕德里夏买了去纽约的单程机票，开车送她去希思罗机场，他们的孩子在路上大哭。进登机口的时候，她回头看到"罗尔德仰着头在大笑"。（可是，奥菲利亚后来说她记得父亲当时很沮丧、不开心。）无论如何，孩子们都被卷入了这混乱而痛苦的局面中。奥菲利亚后来说："我们都意识到（我们的父亲）在丽西身上找到了一生的挚爱，而当我们意识到这点的时候，都会松一口气。"

帕德里夏跟朋友住了一段时间之后，在上东区东大道45号买了一间公寓，是埃默里·罗斯和儿子设计所合作设计的，能看到东河的河景。帕德里夏没有把她的众多奖项和好莱坞纪念品藏起来，而是把它们摆在公寓各处显眼的地方。1983年7月5日，她的婚姻正式终结了。路透社用《帕德里夏·尼尔离婚》这个标题发了三行新闻故事。她现在57岁，已打算好离开了跟她共度30年的男人，余生要怎么过。写她的自传《我这样》一定起到了一些宣泄作用。

这本书成了畅销书,还收获了书评人的赞誉。

1983年12月15日,丽西的45岁生日才过了三天,罗尔德和丽西在伦敦布里克斯顿市政厅结婚。她在多年后的一篇采访中说:"我们从没想过我们会结婚;我们还以为我们会一直保持地下情关系。全世界的离婚没有一次是幸福的,我想,丈夫爱上一个年轻女人肯定是最糟糕的。"对罗尔德来说,她是"一个妻子应该有的全部样子",这意味着,她放弃了工作,把吉普赛房这个家打理得舒适、平静,这样他就能专注写作。罗尔德的美国出版社现在换成了法勒、施特劳斯和吉劳克斯出版社,他还是每周都躲在自己的写作小屋里。他可能很幸福、沉浸于爱河,但这并不意味着跟他同住就很容易。罗尔德写完一本书的时候总是会变得脾气暴躁。"我记得我说过,'但是你快写完了,应该开心啊!'"丽西曾在一次采访中回忆说,"他会这样回我:'你不理解——这是一种恐惧,害怕我不会再写下一本了。'"两人在一起7年。1990年11月23日,74岁的罗尔德在伦敦的约翰·拉德克利夫医院去世,死于一种罕见的白血病。他被埋葬在大米森顿,离吉普赛房不远的地方,他的外孙女索菲(泰莎的女儿)提起他时有很多美好回忆:"他了解每一种巧克力的历史,它们是什么时候发明的,谁发明的,哪一年发明的。"她在1997年接受《独立报》的采访时说,"他去世的时候,我们把他像法老一样埋葬,身边摆满了他最爱的东西——红酒、香烟、他的英式台球杆,还有一个最大号的箱子,里面装满了巧克力:特趣、奇巧、玛氏……各种各样的,这样他去天堂的路上就有足够吃的了。"

丈夫去世前的几个月里,丽西已经在哀悼了:她27岁的女儿罗丽娜死于脑肿瘤。丽西继续打理罗尔德庞大的文学宝库，发展多项事业，还在1991年成立了罗尔德·达尔基金会（后来改名罗尔德·达尔奇迹儿童慈善组织）来支持英国成千上万的重病儿童。2008年，丽西被问到离开丈夫的生活怎么样，她答道："就是地狱。"

罗尔德去世前的那个夏天，帕德里夏跟他有了某种和解，她去吉普赛房一同庆祝西奥多的生日。在回忆录的结尾，帕德里夏对丈夫的评价很大方。"如果我没有跟罗尔德·达尔结婚，"她写道，"我就不会有我的孩子们，甚至不会有我的生命，因为他确实拯救了我，我永远会为此感激他。"

帕德里夏没有第二任丈夫，她一生唯一的挚爱早就去世了。她现在跟孩子们之间有了更加平和、亲近的关系。1996年，她70岁生日的时候，他们给她在纽约的卡莱尔酒店举办了盛大的派对，名人、朋友挤满了会场。她依然接连不断地得到终身成就奖，偶尔还能因为新角色获奖，包括罗伯特·奥特曼1999年的电影《秘密遗产》。她甚至还出现在BBC的一部纪录片中，那部纪录片讲述的是罗尔德·达尔的一生和作品——几年后，她回到了大米森顿，跟家人一起参加一次慈善活动，读罗尔德的作品来为以他名字命名的慈善基金会筹款。但是她感到自己此行的主要目的是用自己的能量给其他中风幸存者带来希望和激励。"注意到了吗？我说的是幸存者，不是受害者。"她曾经说过。她很久没有这样幸福过了。

2002年，我在田纳西·威廉姆斯&新奥尔良文学节前电话采访了帕德里夏·达尔,那是在新奥尔良法国区举办的一年一度的活动。我当时很年轻、很愚蠢,不够珍惜跟这个活传奇谈话的机会,但是她是个耐心的倾听者,极度善良,大方分享自己的时间。我读过她的自传,我害羞地问了她一个关于跟罗尔德·达尔婚姻的问题。她停顿片刻后,用美好的沙哑声音大笑起来。"哦,亲爱的,"她说,"你有一整天的时间吗?"

2010年8月8日,帕德里夏在埃德加敦的家中死于肺癌,享年84岁。许多讣告的标题都有相似的表达,说这位女演员经历了重重悲剧,取得很多成功。她居住地的当地报纸《葡萄酒庄园公报》赞美了这位名人居民谦逊、积极、平易近人的态度。她每年从6月份到感恩节都在玛莎葡萄酒庄园住,她的葬礼在埃德加敦的一个教堂举办。《葡萄酒庄园公报》的讣告还引用了一些她多年来接受他们采访说的话。"我并不智慧,我只是很难被打倒。"她在2000年的一篇文章中说,"我决心要活着,直至死亡。"附近居民讲述帕德里夏·尼尔的小趣事来表示哀悼,比如一个女人说她的姐妹在36岁时脑出血。女人的家人每年夏天去葡萄酒庄园,一天,她告诉姐妹说她们要跟帕德里夏·尼尔一起喝茶。"我不知道我哪儿来的勇气,不过我给尼尔女士写了封信,问她可不可以跟我们喝茶。她很慷慨,给了我姐妹许多希望……她现在恢复得很好,成了一位艺术家。我的家人会永远铭记帕德里夏·尼尔对我们有多善良,我们感到自己失去了一个朋友。"

也许,《葡萄酒庄园公报》登的最深刻的文字来自泰莎、西奥多、奥菲利亚和露西:"她面对人生中最后一次疾病时也跟从前面对许许多多磨难时一样，带着不屈不挠的优雅、幽默感，还有她自己口中的倔强。我们很感激她出色的一生过得精彩，这一生包括一段长久、卓越的职业生涯，在舞台上、银幕上都是如此，她还拥有很多来自世界各地的友爱朋友、家人……昨晚她告诉我们，'我度过了很美好的时光'。我们也一样。"

离婚后的这些年，帕德里夏学会了如何独自精彩，享受她的自由。"我真的很爱现在的生活。"她在1999年告诉一个记者，"我甚至喜欢生活中永远不知道下一分钟会发生什么。我现在就是要在这生活中努力过得最好。我可不会轻易停下。"

# Acknowledgements

# 致 谢

深深感谢蒂娜·贝宁特，感谢她多年来为我做的一切，在我写这本书的时候又站出来支持我。如果没有她的慷慨、智慧、指导，我会迷失。感谢C&W文学经纪公司的索菲·兰伯特和柯蒂斯·布朗文学经纪公司的海伦·曼德斯，感谢ICM经纪公司的莫莉·莱特在每一个阶段帮我们推进。

我感谢泰瑞·卡尔腾，这本书献给她，我感谢她的耐心、鼓励和爱。感谢丽贝卡·霍兰德，高级制作编辑和超级英雄，感谢哈珀·柯林斯出版社的所有人——尤其感谢乔安·奥尼尔、南希·辛格、贝卡·普特南、珊农·麦凯恩、海瑟·德鲁克。最重要的是，感谢莎拉和奥斯卡，感谢你们给我一切，感谢每一天。感谢弗莱迪，依然感谢，永远感谢。

# Selected Bibliography

# 参考书目

为了写这本书，我读了成百上千篇报纸、杂志、学术文章来做调研，另外还有以下列出的信息来源。我还列出了一些能够提供事件发生的前后文的书，即使我并没有直接引用其中的内容。如有疏漏或错误，纯属失误，并非有意，会在以后的版本中修正。

Abbott, Elizabeth. *A History of Marriage: From Same Sex Unions to Private VowsandCommonLaw, the Surprising Diversity of a Tradition*. NewYork: Seven Stories Press, 2011.

Amis, Kingsley. *The Letters of Kingsley Amis*. Edited by Zachary Leader. New York: HarperCollins, 2000.

———. *Memoirs*. London: Hutchinson, 1991.

Amis, Martin. *Experience: A Memoir*. London: Jonathan Cape, 2000.

Baker, Michael. *Our Three Selves: The Life of Radclyffe Hall*. London: Hamish Hamilton, 1985.

Calvino, Italo. *Letters, 1941–1985*. Translated by Martin McLaughlin. Princeton, NJ: Princeton University Press, 2013.

Castle, Terry. *Noël Coward & Radclyffe Hall: Kindred Spirits*. New York: Columbia University Press, 1996.

Chadwick, Whitney, and de Courtivron, Isabelle, eds. *Significant Others: CreativityandIntimate Partnership*. London: Thamesand Hudson, 1993.

Cline, Sally. *Radclyffe Hall: AWoman Called John*. London: John Murray, 1997.

Conant, Jenet. *The Irregulars: Roald Dahland the British Spy Ringin Wartime Washington*. New York: Simon & Schuster, 2008.

Coontz, Stephanie. *Marriage, aHistory: From Obedience to Intimacyor How Love Conquered Marriage*. New York: Viking, 2005.

Cooper, Artemis. *Elizabeth Jane Howard: ADangerous Innocence*. London: John Murray, 2016.

Dahl, Roald. *Boy: Tales of Childhood*. London: Jonathan Cape, 1984.

———. *Going Solo*. London: Jonathan Cape, 1986.

———. *LovefromBoy: Roald Dahl's Letters to His Mother*. Edited by Donald Sturrock. London: John Murray, 2016.

———. *Someone Like You*. New York: Alfred A. Knopf, 1953.

———. *Switch Bitch*. New York: Alfred A. Knopf, 1974.

———. *The Wonderful Story of Henry Sugar*. NewYork: AlfredA. Knopf, 1977.

Dellamora, Richard. *Radclyffe Hall: A Life in the Writing*. Philadelphia: University of Pennsylvania Press, 2011.

Doan, Laura, and Jay Prosser. *Palatable Poison: Critical Perspectiveson* The Wellof Loneliness. New York: Columbia University Press, 2001.

Doherty, Maggie. *The Equivalents: A Story of Art, Female Friendship, and Liberation in the 1960s*. New York: Alfred A. Knopf, 2020.

Dundy, Elaine. *Life Itself!* London: Virago Press, 2001.

———. *The Dud Avocado*. New York: NYRB Classics, 2007.

———. *Elvis and Gladys*. Jackson, MS: University Press of Mississippi, 2004.

———. *The Old Man and Me*. New York: NYRB Classics, 2005. Farrell, Barry. *Pat and Roald*. New York: Random House, 1969. Ferrante, Elena. *Frantumaglia:AWriter's Journey*. Translatedby Ann Goldstein. New York: Europa Editions, 2016.

Glasgow, Joanne, ed. *Your John: The Love Letters of Radclyffe Hall*. New York: New York University Press, 1997.

Hall, Radclyffe. *Adam's Breed*. London: Virago Press, 1985.

———. *A Saturday Life*. London: Virago Press, 1989.

———. *The Unlit Lamp*. London: Virago Press, 1981.

———. *The Well of Loneliness*. New York: Anchor Books, 1990.

Hardwick, Elizabeth. *Bartleby in Manhattan*. New York: Vintage Books, 1984.

———. *The Collected Essays of Elizabeth Hardwick*. New York: NYRB Classics, 2017.

Hartog, Hendrik. *Man & Wife in America: A History*. Cambridge, MA: Harvard

University Press, 2000.

Heilbrun, Carolyn. *Writinga Woman's Life*. New York: W. W. Norton, 1988.

Howard, ElizabethJane. *Getting it Right*. London: Hamish Hamilton, 1982.

———. *Mr. Wrong*. London: Jonathan Cape, 1975.

———. *The Beautiful Visit*. London: Jonathan Cape, 1950.

———. *The Light Years*. New York: Washington Square Press, 1995.

———. *The Long View*. London: Jonathan Cape, 1956.

———. *Slipstream: A Memoir*. London: Macmillan, 2002.

Johnson, Diane. *Lesser Lives: The True History of the First Mrs. Meredithand Other Lesser Lives*. London: William Heinemann, 1973.

Lahiri, Jhumpa, ed. *The Penguin Book of Italian Short Stories*. New York: Penguin Books, 2019.

Leader, Zachary. *The Life of Kingsley Amis*. London: Jonathan Cape, 2006. Lucamante, Stefania, and Sharon Wood, eds. *Under Arturo's Star: The Cultural Legacies of Elsa Morante*. West Lafayette, IN: Purdue University Press, 2006.

Malcolm, Janet. *TheSilentWoman: Sylvia Plath & Ted Hughes*. New York: Alfred A. Knopf, 1994.

Malcolm, Janet. *Two Lives: Gertrude and Alice*. New Haven: Yale University Press, 2007.

Middlebrook, Diane. *Her Husband: Hughes and Plath—A Marriage*. New York: Viking Penguin, 2003.

Morante, Elsa. *Aracoeli*. Translated by William Weaver. Rochester, NY: Open Letter Books, 2009.

———.*Arturo's Island*. Translated by Ann Goldstein. NewYork: Liveright, 2020.

———.*History: ANovel*. Translatedby William Weaver. Lebanon, NH: Steerforth Press, 2000.

Moravia, Alberto, and Alain Elkann. *Life of Moravia*. Translated by William Weaver. Lebanon, NH: Steerforth Italia, 2000.

———.*The Time of Indifference*. Translated by Tami Calliope. Lebanon, NH: Steerforth Press, 2000.

———.*The Woman of Rome*. Translatedby Tami Calliope. Lebanon, NH: Steerforth Press, 1999.

Neal, Patricia. *As I Am: An Autobiography*. New York: Simon & Schuster, 1988.

O'Brien, Edna. *Country Girl: A Memoir*. London: Faber and Faber, 2012.

Ormrod, Richard. *Una Troubridge: The Friend of Radclyffe Hall*. NewYork: Carroll & Graf, 1985.

Pierpont, Claudia Roth. *Passionate Minds: Women Rewriting the World*. New York: Alfred A. Knopf, 2000.

Rose, Phyllis. *ParallelLives: Five Victorian Marriages*. New York: Alfred A. Knopf, 1983.

Santamaria, Abigail. *Joy: Poet, Seeker, and the Woman Who Captivated C. S. Lewis*. Boston: Houghton Mifflin Harcourt, 2015.

Schiff, Stacy. *Véra: Mrs. Vladimir Nabokov*. New York: Random House, 1999.

Shearer, Stephen Michael. *Patricia Neal: An Unquiet Life*. Lexington: The University Press of Kentucky, 2006.

Shellard, Dominic. *Kenneth Tynan: ALife*. New Haven: Yale University Press, 2003.

Simon, Linda. *The Biography of Alice B. Toklas*. Lincoln: University of Nebraska Press, 1991.

Souhami, Diana. *The Trials of Radclyffe Hall*. London: Weidenfeld & Nicolson, 1998.

Sturrock, Donald. *Storyteller: The Authorized Biography of Roald Dahl*. New York: Simon & Schuster, 2010.

Treglown, Jeremy. *Roald Dahl: ABiography*. New York: Harcourt, Brace, 1994.

Troubridge, Una, Lady. *The Life and Death of Radclyffe Hall*. London: Hammond, Hammond, 1961.

Tuck, Lily. *Woman of Rome: A Life of Elsa Morante*. New York: Harper Collins Publishers, 2008.

Tynan, Kathleen. *The Life of Kenneth Tynan*. New York: William Morrow, 1987.

Tynan, Kenneth. *The Diaries of Kenneth Tynan*. Edited by John Lahr. London: Bloomsbury, 2001.

———.*He That Plays the King: AView of the Theatre*. London: Longmans, Green, 1950.

———.*Letters*. Edited by Kathleen Tynan. London: Weidenfeld & Nicolson, 1994.

Tynan, Tracy. *Wear and Tear: The Threads of My Life*. New York: Scribner, 2016.

Weaver, William, ed. *Open City: Seven Writers in Postwar Rome*. Lebanon, NH: Steerforth Italia, 1999.

Wodehouse, P. G. *A Life in Letters*. Edited by Sophie Ratcliffe. New York: W. W. Norton, 2013.

Wolitzer, Meg. *The Wife*. New York: Scribner, 2003.

Woolf, Virginia. *Essays on the Self*. London: Notting HillEditions, 2014. Yalom, Marilyn. *AHistory of the Wife*. New York: Harper Collins, 2001.

# Comparison Table

# 中英文对照表

## 书籍类

《第一任梅瑞狄斯夫人和其他不值钱的生命真实历史》
The True History of the First Mrs. Meredith and Other Lesser Lives

《两个人生：格特鲁德与爱丽丝》
Two Lives: Gertrude and Alice

《造就美国人》
The Making of Americans

《那些被铭记的》
What Is Remembered

《每个人的自传》
Everybody's Autobiography

《妻子与情人》
Wives and Mistresses

《书写一个女性的人生》
Writing a Woman's Life

《裸颜》
Till We Have Faces: A Myth Retold

《乡村女孩》
The Country Girls

《孤独的女孩》
The Lonely Girl

《爱的侦探》
The Love Investigator

《洛丽塔》
Lolita

《最蓝的眼睛》
The Bluest Eye

《平行人生》
Parallel Lives

《简·爱》
Jane Eyre

《性心理病》
Psychopathia Sexualis

《在大地与群星之间》
Twixt Earth and Stars

《一捆诗》
A Sheaf of Verses

《被遗忘的岛》
The Forgotten Island

《我的两个世界人生》
My Life in Two Worlds

《未亮的灯》（曾用名《八爪鱼》）
The Unlit Lamp (working title: Octopi)

《锻炉》（曾用名《锁链》）
The Forge (working title: Chains)

《星期六的生命》
A Saturday Life

《亚当的后裔》（曾用名《食物》）
Adam's Breed (working title: Food)

《汤姆林森》
Tomlinson

《印度之行》
A Passage to India

《克罗蒂娜的家》
La Maison de Claudine

《孤寂深渊》（曾用名《斯蒂芬》）
The Well (working title: Stephen)

《可口的毒药》
Palatable Poison

《自深深处》
De Profundis

《雷丁监狱之歌》
Ballad of Reading Gaol

《奥兰多》
Orlando

《衰落与瓦解》
Decline and Fall

《查泰莱夫人的情人》
Lady Chatterley's Lover

《时间与潮流》
Time and Tide

《盐的代价》
The Price of Salt

《房子的主人》
The Master of the House

《新约》
New Testament

《瑞克里芙·霍尔的生与死》
The Life and Death of
Radclyffe Hall

《谢里宝贝》
Chéri

《第六个主教》
The Sixth Beatitude

《琼斯皇》
The Emperor Jones

《唐·乔瓦尼》
Boris Godunov

《坏掉的牛油果》
Dud Avocado

《男人，女人和狗》
Men, Women and Dogs

《生命本身！》
Life Itself!

《扮演国王的人》
He That Plays the King

《斗牛热》
Bull Fever

《女性的奥秘》
The Feminine Mystique

《肯尼斯·泰南日记》
The Diaries of Kenneth Tynan

《寒冷舒适的农庄》
The Cold Comfort Farm

《磨损：我人生的丝线》
Wear and Tear: The Threads
of My Life

《幸运的吉姆》
Lucky Jim

《老人与我》
The Old Man and Me

《受伤一方》
The Injured Party

《芬奇，该死的芬奇：彼得·芬奇传记》
Finch, Bloody Finch: A
Biography of Peter Finch

《路易斯安那州菲芮戴小镇》
Ferriday, Louisiana

《埃尔维斯和格拉迪斯》
Elvis and Gladys

《阿加莎》
Agatha

《戏子人生》
Show People

《肯尼斯·泰南的一生》
The Life and Kenneth Tynan

《冷漠的人》
Gliindifferenti

《假面舞会》
La mascherata

《编辫子的凯瑟琳美丽冒险以及其他故事》
Le bellissime avventure di
Caterì dalla trecciolina e altre
storie

《莫拉维亚的一生》
Life of Moravia

《同流者》
Il conformista (The
Conformist)

《鄙视》
Il disprezzo (Contempt)

《阿戈斯蒂诺》
Agostino

《谎言与占卜》（英语版《骗子之家》）
Menzogna e sortilegio
(English Title: House of
Liars)

《罗马女人：艾尔莎·莫兰黛的人生》
Woman of Rome: A Life of
Elsa Morante

《阿尔贝托·莫拉维亚》
Alberto Moravia

《阿戈斯蒂诺》
Agostino

《冷漠的人们》
Gli indifferenti

《错误的野心》
Le ambizioni sbagliate

《卡拉马佐夫兄弟》
The Brothers Karamazov

《两个女人》
La ciociara

《流沙》
Quicksands

《通往城市的路》
La strada che va in città

《古格利兄弟》
Ifratelli Cuccoli

《罗马女人》
La romana

《尤利西斯》
Ulysses

《白帆》
Il Bianco Veliero

《亚瑟岛》
L'isola di Arturo

《罗马故事》
I racconti

《恩爱夫妻》
L'amore coniugale

《蜜月》
Luna di miele, sole di fiele (Bitter Moon)

《艾尔莎·莫兰黛的政治文学》
Elsa Morante's Politics of Writing

《不在场证明》
Alibi

《没有宗教的宽慰》
Senza i comforti della religione (Without the Comfort of Religion)

《被孩子拯救的世界和其他诗》
Il mondo salvato dai ragazzini e altri poemi

《烦闷》
La Noia (Boredom)

《历史》
La storia (History)

《豹》
The Leopard

《阿拉科利》
Aracoeli

《神曲·地狱篇》
Inferno

《那不勒斯四部曲》
Neapolitan novels

《海之变》
The Sea Change

《反死亡联盟》
The Anti-Death League

《傲慢与偏见》
Pride and Prejudice

《雷切尔文件》
The Rachel Papers

《成功》
Success

《其他人》
Other People

《金钱》
Money

《老恶魔》
Old Devils

《杰克的东西》
Jake's Thing

《斯坦利和女人》
Stanley and the Women

《沉默的女人》
The Silent Woman

《朱利叶斯之后》
After Julius

《伪装的东西》
Something in Disguise

《多出的女孩》
Odd Girl Out

《错误先生》
Mr. Wrong

《牛津英国文学指南》
The Oxford Companion to English Literature

《滑流》
Slipstream

《美丽的拜访》
The Beautiful Visit

《漫长的浏览》
The Long View

《唐璜》
Don Juan

《一个胖英国人》
One Fat Englishman

《做对》
Getting It Right

《经历》
Experience

《俄式捉迷藏》
Russian Hide and Seek

《回忆录》
Memoirs

《浮世画家》
An Artist of the Floating World

《使女的故事》
The Handmaid's Tale

《坠落》
Falling

《卡扎勒特编年史》
The Cazalet Chronicles

《一切都在改变》
All Change

《我这样》
As I Am

《五重奏》
Pentimento

《好小子：童年故事》
Boy: Tales of Childhood

《罗尔德·达尔》
Roald Dahl

《玛蒂尔达》
Matilda

《女巫》
The Witches

《蠢特夫妇》
The Twits

《詹姆斯与大仙桃》
James and the Giant Peach

《独闯天下》
Going Solo

《詹姆斯·邦德》
James Bond

《不同寻常：罗尔德·达尔和战时华盛顿的英国间谍系统》
The Irregulars: Roald Dahl and the British Spy Ring in Wartime Washington

《小顽皮》
The Gremlins

《献给你：十个关于飞行者和飞行的故事》
Over to You: Ten Stories of Flyers and Flying

《天下太平：超人童话故事》
Some Time Never: A Fable for Supermen

《像你一样的人》
Someone Like You

《亲亲》
Kiss Kiss

《查理与巧克力工厂》(曾用名《查理的巧克力男孩》)
Charlie and the Chocolate Factory(working title: Charlie's Chocolate Boy)

《约伯记》
The Book of Job

《查理的大玻璃升降机》
Charlie and the Great Glass Elevator

《最后的举动》
The Last Act

《切换婊子》
Switch Bitch

《帕特和罗尔德》
Pat and Roald

《好心眼儿巨人》
The BFG

《了不起的狐狸爸爸》
Fantastic Mr. Fox

《家中的一次中风》
A Stroke in the Family

《白鲸》
Moby Dick

## 报 刊 类

《培尔美尔报》
Pall Mall Gazette

《通灵电报》
Psychic Telegraph

《纽约客》
New Yorker

《伦敦星期天快报》
London's Sunday Express

《泰晤士报文学副刊》
The Times Literary Supplement

《星期日泰晤士报》
The Sunday Times

《观察家报》
The Observer

《每日电讯》
The Daily Telegraph

《标准邮报》
The Evening Standard

《新政治家周刊》
The New Statesman

《周六评论》
The Saturday Review

《纽约时报》
New York Times

《切尔韦尔》
Cherwell

《爱西斯》
Isis

《卫报》
The Guardian

《每周电影》
Film Weekly

《标准晚报》
The Evening Standard

《伦敦书评》
London Review of Books

《时代》
Time

《星期日书评》
The Sunday Book Review

《时尚芭莎》
Harper's Bazaar

《女王》
Queen

《时尚先生》
Esquire

《大都会》
Cosmopolitan

《科克斯书评》
Kirkus Reviews

《巴黎评论》
The Paris Review

《晚邮报》
Corriere della Sera

《伦敦书评》
The London Review

《非洲行动》
Afrique Action

《周六评论》
Saturday Review

《大西洋报》
The Atlantic

《纽约时报书评》
New York Times Book Review

《新论点》
Nuovi Argomenti

《文学论坛》
La Fiera Letteraria

《大杂烩》
Salmagundi

《哈珀》
Harper's Magazine

《星期日电讯报》
The Sunday Telegraph

《旁观者》
The Spectator

《每日电讯报》
The Telegraph

《纽约先驱论坛报》
The New York Herald Tribune

《亚特兰大日报》
The Atlanta Journal

《生活》杂志
Life magazine

《时尚芭莎》
Harper's Bazaar

《红书杂志》
Redbook

《百老汇关注》
Look for Broadway

《星期六晚邮报》
The Saturday Evening Post

《大西洋月刊》
Atlantic Monthly

《女士家庭杂志》
Ladies' Home Journal

《科利尔杂志》
Collier's

《花花公子》
Playboy

《家庭主妇》
Housewife

《新共和》
The New Republic

《大观》
Parade

《洛杉矶时报》
The Los Angeles Times

《波士顿环球报》
Boston Globe

《独立报》
The Independent

《葡萄酒庄园公报》
The Vineyard Gazette

## 影视

《欢乐的精灵》
Blithe Spirit

《小姑娘艾萝依》
Eloise at the Plaza

《礼物》
It's a Gift

《赌场风云》
A Day at the Races

《死路》
Dead End

《艳窟泪痕》
Marked Woman

《替身》
Stand-In

《公民凯恩》
Citizen Cain

《晚宴》
Dinner at Eight

《费城故事》
The Philadelphia Story

《深喉》
Deep Throat

《蒂芙尼的早餐》
Breakfast at Tiffany's

《窈窕淑女》
My Fair Lady

《悲剧一夜》
Tragica notte

《马太福音》
The Gospel According to St. Matthew

《浮生梦痕》
The Hasty Heart

《源泉》
The Fountainhead

《战地钟声》
For Whom the Bell Tolls

《太平洋行动》
Operation Pacific

《达拉斯》
Dallas

《地球停转之日》
The Day the Earth Stood Still

《正午》
High Noon

《皇室家族》
The Royal Family

《原野铁汉》
Hud

《火海情涛》
In Harm's Way

《七女人》
Seven Women

《雷霆谷》
You Only Live Twice

《昔日玫瑰》
The Subject Was Roses

《飞天万能车》
Chitty Chitty Bang Bang

《威利·旺卡和巧克力工厂》
Willy Wonka & the Chocolate Factory

《草原上的小木屋》
Little House on the Prairie

《帕德里夏·尼尔的故事》
The Patricia Neal Story

《秘密遗产》
Cookie's Fortune

## 剧 目

《疯狂女郎》
Girl Crazy

《育婴奇谭》
Bringing Up Baby

《女友礼拜五》
His Girl Friday

《耶尔玛》
Yerma

《奥赛罗》
Othello

《美狄亚》
Medea

《哈姆雷特》
Hamlet

《亨利四世》第二部分
Henry IV, Part Two

《雅典的泰门》
Timon of Athens

《悲哀的桃乐丝》
Thérèse Raquin

《亲爱的布鲁斯特》
Dear Brutus

《李尔王》
King Lear

《麦克白》
Macbeth

《仲夏夜之梦》
A Midsummer Night's Dream

《第十二夜》
Twelfth Night

《亲密关系》
Intimate Relations

《马丁尼》
Martine

《泰特斯·安德洛尼克斯》
Titus Andronicus

《愤怒的回顾》
Look Back in Anger

《彼得潘》
Peter Pan

《男孩朋友》
The Boy Friend

《我的地方》
My Place

《雾都孤儿》
Oliver!

《华府风云》
The Best Man

《噢！加尔各塔！》
Oh! Calcutta!

《推销员之死》
Death of a Salesman

《田纳西河谷玩家》
Tennessee Valley Players

《七镜》
Seven Mirrors

《海龟的声音》
The Voice of the Turtle

《约翰爱玛丽》
John Loves Mary

《孤寒财主》
Another Part of the Forest

《诗人的笔触》
Touch of the Poet

《小狐狸》
The Little Foxes

《双姝怨》
The Children's Hour

《稻草人》
Scarecrow

《丑闻学校》
School for Scandal

《奇迹缔造者》
The Miracle Worker

《蜂蜜》
The Honeys

《满屋玫瑰》
A Roomful of Roses

《热铁皮屋顶上的猫》
Cat on a Hot Tin Roof

《登龙一梦》
A Face in the Crowd

《夏日惊魂》
Suddenly Last Summer

## 艺术作品

《人间乐园》
Garden of Earthly Delights

《无悔》
Non, je ne regrette rien

《我亲爱的克莱蒙汀》
Oh My Darling, Clementine

## 其他

《淫秽出版物法》
Obscene Publications Act of 1857

《男女平等选举权法》
The Equal Franchise Act of 1928

**人啊,认识你自己!**